A*t*V **Texte zur Zeit**

Jan Stanisław Skorupski wurde 1938 in Podolien geboren. 1956 erschien sein erstes Gedicht »Die Stille«, gewann er einen Liederwettbewerb, stellte er erste Zeichnungen aus. Er studierte mehrere Fächer, übte verschiedenste Professionen aus: Lehrer für Musik, Mathematik, Sprachen, Philosophie, Leiter kultureller Einrichtungen, Schiffskapitän. Er arbeitete in einer Glashütte, im Kohlebergwerk, als selbständiger Landwirt und Gärtner, als Graphiker, Fotoreporter, Herausgeber und Publizist für Presse, Funk und Fernsehen. Skorupski war als Galerist tätig, organisierte Expositionen auf Kunstmessen, trat als singender Poet auf, entwarf Schmuck, verdiente sein Geld als Ladenbesitzer, Makler, Geschäftsmann und ... Vielfältige künstlerische Unternehmungen verbanden ihn mit Warschaus Altstadt.

Der seit 1973 freischaffende Dichter, Barde, Plastiker, Naturfreund und Aventurist ist Mitbegründer der ökologisch engagierten internationalen Künstlergruppe »nula horo«. Seit 1972 lebt er zeitweilig in der Emigration, seit 1981 hat er seinen Wohnsitz in Westberlin. Skorupski veröffentlichte zahlreiche eigene poetische und publizistische Arbeiten, Liederkassetten und Kunstkataloge. 1990 erschien seine Lyriksammlung »do, ut des. Gedichte von Kunst und Liebe«.

Bei internationalen Kontakten bevorzugt Skorupski die neutrale Plansprache Esperanto.

Jan Stanisław Skorupski

... um die Polen zu verstehen

Die längste Ballade der Welt

Meine Gespräche mit Andrzej Szczypiorski,
Andrzej Wajda, Izabella Cywińska, Lech Wałęsa,
Waldemar Fydrych, Wojciech Jaruzelski,
Jan Twardowski, Jerzy Urban

Aufbau Taschenbuch Verlag

Mit einem Geleitwort von Thomas Kornbichler
Mit 10 Fotos
Aus dem Polnischen übersetzt von Ingrid Buhl (Jerzy Urban), Joanna Diduszko (Andrzej Szczypiorski, Andrzej Wajda, Izabella Cywińska), Sigrid Moser (Jan Twardowski), Siegfried Schmidt (Lech Wałęsa, Waldemar Fydrych), Andrzej Szynka (Wojciech Jaruzelski).

ISBN 3-7466-0045-6

1. Auflage 1991
© Aufbau Taschenbuch Verlag GmbH, Berlin (deutsche Übersetzung)
Nadjdłuższa ballada świata ... zrozumieć Polaków
(c) Jan Stanisław Skorupski 1991
Reihengestaltung Sabine Müller, FAB Grafik-Design, Berlin
Einbandgestaltung Sabine Müller, FAB Grafik-Design, Berlin unter Verwendung einer Fotocollage von Gerhard Jende
Satz, Druck und Binden Elsnerdruck
Printed in Germany

Inhalt

Thomas Kornbichler: Geleitwort — 9
Cyprian Kamil Norwid — 15

Pentalogie
  Meine Lieben! — 19
  Als »Solidarność« kam, zerbrachen die Barrieren der Angst. Gespräch mit Andrzej Szczypiorski — 22
  Europa endet nicht in Berlin. Gespräch mit Andrzej Wajda — 36
  Das Europa der Zukunft. Zivilisationsgemeinschaft und Vielfalt der Kulturen. Gespräch mit Izabella Cywińska — 46
  Wir brauchen Kolumbusse, um Polen zu entdecken. Gespräch mit Lech Wałęsa — 59
  Ich entdecke einen Diamanten in Berlin in der zerberstenden Mauer. Gespräch mit Waldemar Fydrych — 68

Ektodram
  Das Interesse — 89
  Ich habe die rote Straßenbahn an der Haltestelle »Pluralismus« nicht verlassen. Gespräch mit Wojciech Jaruzelski — 90

Dilogie
  Die Geschichte dieser Welt — 131
  Gläubige, Ungläubige / uns alle verbindet / unverdienter Schmerz / der uns nähert der Wahrheit. Gespräch mit Jan Twardowski — 132
  Eine politische Richtung kann kein Diamant sein – ein Stück Geschichte wird niemals zur Asche. Gespräch mit Jerzy Urban — 172

Nachwort — 221
Anmerkungen — 234
Bildnachweis — 238

Sieh nicht darauf,
wer spricht, sondern was er spricht.

*Thomas Hemerken a Kempis
(1380-1471)*

Der »documenta« zugedacht
Jan Stanisław Skorupski

Thomas Kornbichler
Geleitwort

> Selbst die kurzen Gedichte
> liest nur zufällig ein Vogel.
> Selbst die farbigen Gemälde
> betrachtet nur der Lichtstrahl.
> Den Liedern gehören nur
> graue Wolken am Himmel zu.
> Aber ein Künstler gießt immer
> neue Werke von der Freiheit.
>
> *Jan Stanisław Skorupski*

Die Texte dieses Buches sind Dokumente aus der Anfangszeit der neuen, der vierten polnischen Republik. Das vorliegende Werk des polnischen Künstlers Jan Stanisław Skorupski ist jedoch mehr als eine Zusammenstellung interessanter journalistischer Arbeiten.

Als im August 1980 polnische Arbeiter den unabhängigen Gewerkschaftsbund »Solidarność« gründeten, wuchsen die Hoffnungen auf ein freies und unabhängiges Polen. Der alte Traum von der polnischen Republik wurde neu geträumt. Doch auf den Traum der 10 Millionen »Solidarność«-Mitglieder folgte das Trauma des am 13. Dezember 1981 proklamierten Kriegsrechts. Arbeiterführer und Intellektuelle wurden verhaftet. Lech Wałesa, Andrzej Szczypiorski und viele ihrer Freunde wurden für ein Jahr interniert. Jan Stanisław Skorupski blieb im Ausland.

Die Geschichte war genauer die: Der Aventurist war ausgezogen, um die Welt von neuem kennenzulernen. Am 17. Juni 1981 legte er mit einem kleinen Segelboot im Hafen des Potsdamer Yachtklubs in Berlin/West an. Er erhielt vom Kultursenat ein Schriftstellerstipendium und richtete sich auf längere Zeit in Berlin/West ein, zunächst in Friedenau, wo er in der Galerie »sztuka polska« Ausstellungen, Lesungen, Konzerte und Theaterabende moderierte, dann in Spandau, wo er das Atelier »pola arto« eröffnete. Beide waren bald eine erste Adresse für Freunde der polnischen Kultur: Ausstellungen, Lesungen, Theateraufführungen und Konzerte fanden statt, regelmäßig wurden Gesprächsabende veranstaltet.

Durch die Wende vom totalitären Regime zur parlamentarischen Demokratie eröffneten sich in Polen neue Lebensmöglichkeiten. Im Sommer 1989 konnte Skorupski wieder in seine Heimat reisen, wo er eine Reihe von persönlichen und künstlerischen Abenteuern bestand. Es begegneten ihm Isabella Cywińska, Waldemar Fydrych, Andrzej Szczypiorski, Andrzej Wajda und nicht zuletzt Lech Wałęsa. Sie wurden zu Akteuren eines spontanen Autorentheaters und standen dem Autor Rede und Antwort. Später suchte Skorupski weitere Protagonisten und gewann Jan Twardowski, Jerzy Urban. Die anscheinend vertraute Situation eines journalistischen Interviews war der kleinste gemeinsame Nenner der Akteure des Geschehens. Das Interview wurde vom Aventuristen Skorupski ins Arsenal der künstlerischen Mittel des spontanen Theaters aufgenommen. Lech Wałęsa bemerkte nicht ohne Grund, daß Skorupski sich auf das Gespräch nicht »regelrecht« vorbereitet habe. Skorupski fragte keinen gängigen Katalog politischer Themen ab. Statt dessen rezitierte er am Beginn des Gesprächs ein Gedicht Cyprian Kamil Norwids und setzte so seine Gesprächspartner in Erstaunen. Er suchte in den Gesprächen sein geistiges Zuhause und die Wahrheit einer besseren Welt. Ein Zugang zu dieser besseren Welt, davon war Jan Stanisław Skorupski schon immer überzeugt, muß sich auch über die Wendeltreppen der polnischen Kultur finden lassen, der er sich aus ganzem Herzen zugetan fühlt – die er repräsentiert.

Skorupski ist der Ansicht, daß der Dichter turmhoch über dem tagespolitischen Geschehen steht. Er sitzt allerdings nicht auf einem Elfenbeinturm. Vielmehr handelt es sich um einen Wachturm, von dem aus die strategisch wichtigen Bewegungen der Protagonisten auf der politischen Bühne deutlich zu erkennen sind. Diese Überzeugung stellt Skorupski in die Tradition des von ihm verehrten Dichters Cyprian Kamil Norwid.

Meine Abenteuer mit dem Künstler Jan Stanisław Skorupski begannen im Frühling 1984. Während eines Kunstmarktes vor dem Schloß Charlottenburg in Berlin trat Skorupski als Barde auf: Er rezitierte, er sang und spielte dazu auf seiner Gitarre – Texte und Lieder waren seine eigenen Werke. Ich war von ihm beeindruckt. Da stand eine starke, unabhängige und gebildete

Persönlichkeit. In einem seiner Gedichte schreibt Skorupski über den Barden:

> ... er selbst ist ein lyrischer Chronist,
> ein Interpret der Zeit und des Raumes,
> in dem das Schicksal ihn zwingt zu leben;
> er selbst bietet seine Werke öffentlich dar,
> rezitiert seine Verse, singt meistens seine Lieder.
> Er selbst ist ein Illustrator seines Innenlebens,
> zugleich aber fordert er and're heraus,
> bei seinen Darbietungen mitzuwirken ...

Skorupski kam, das sahen nicht alle Berliner und Berlin-Touristen vor dem Schloß Charlottenburg, aus einer anderen Welt. Er war wieder einmal in einen Hafen eingelaufen, hatte Anker geworfen und einen Blick auf das bunte Treiben der Menge. Aber seine Sehnsucht führte ihn die Spuren seiner Erinnerungen entlang hinüber nach Polen.

Jan Stanisław Skorupski ist Dichter, Sänger, Maler und Schauspieler. Das Schicksal, die Umstände des Lebens, die zeitgeschichtlichen Ereignisse liefen nicht selten quer zu seinen künstlerischen Intentionen und aventuristischen Projekten. Oft zogen schwere Stürme auf, die es zu bestehen galt. Doch Skorupski war von früh an darauf vorbereitet. In seinem Gedicht »Vertraulichkeiten«, abgedruckt in dem Band »do, ut des. Gedichte von Kunst und Liebe«, wird seine Person und seine Lebensgeschichte in ihrer Tiefenstruktur deutlich.

> Ich wurde in Europa geboren
> am 18. Juli 1938
> in der Imkerei meines Großvaters,
> und gleich nach der Geburt
> wurde ich von einer Biene gestochen.
> Aus dem Haus der Familie,
> wo Tradition das Brot,
> Freiheit das Salz und Kultur der Honig war,
> trug ich in die Welt:
> Unmittelbarkeit,
> Sehnsucht nach Freude,

> Liebe zur Natur,
> endlose Betrachtungen über das Geschick,
> Respekt für Mut,
> Gott im Herzen und den Teufel im Geist
> und Abscheu vor Erpressung,
> Mord und Verfolgung
> und anderen unwürdigen Taten ...

Pegasus, das geflügelte Pferd als Sinnbild dichterischer Phantasie, hat den Künstler von Kindheit an begleitet und entführt ihn immer wieder in luftige Höhen. Dann träumt der Dichter von fernen Ländern, wo Menschen einander mitmenschlich begegnen.

Wie so viele seiner polnischen Landsleute träumte auch Skorupski in den achtziger Jahren den Traum von »Solidarność« weiter, dichtete und sang vom Freiheitsverlangen seiner Freunde in Warschau und Danzig und Krakau ... Auf dem Rücken des geflügelten Rosses überschritt er willkürlich gesetzte Grenzen. Der Dichter auf dem Rücken des Pegasus greift weit in die Zukunft voraus, und ohne nachzulassen liebt er die Freiheit.

> Erst wenn ein Herz die Glocken rührt,
> Wird Asche zu Brillanten.
> Das Werk, das ihren Strahlen entstammt,
> Bringt Pegasus dir, das geflügelte Pferd.

Die dramatischen Ereignisse in Polen während der ersten Hälfte des Jahres 1989 hatten die Aufmerksamkeit der bundesrepublikanischen Öffentlichkeit auf das Nachbarland im Osten gelenkt. Doch sehr schnell verdrängten die deutsch-deutschen Ereignisse das einmal geweckte Interesse. Ab Spätsommer 1989 wurde in den deutschen Publikationsorganen kaum noch Platz für Berichte über Polen zur Verfügung gestellt. Auf meine Angebote hin erhielt ich eine ungewöhnliche Fülle von Absagen aus Presse-, Radio- und Fernsehredaktionen, die ihre Ablehnungen alle mit der Vordringlichkeit der Berichterstattung über die neue deutsch-deutsche Situation begründeten.

Langfristig wird meines Erachtens Polen wieder mehr ins Blickfeld der Deutschen rücken. Das Land stand vielen von ihnen bisher sehr fern. Ich denke dabei vor allem an die westdeutschen Nachkriegsgenerationen, an die heute Zwanzig- bis Fünfzigjährigen. Es gab kaum Reisen nach Polen, so gut wie keinen polnischen Sprachunterricht, keine Vermittlung polnischer Kultur. Und Polen lag bis vor kurzem hinter der DDR im Machtbereich des Ostblocks. Eine Terra incognita. In Berlin/West allerdings war Polen als Thema immer aktuell. Die Stadt war für die Polen die nächstgelegene Metropole des kapitalistischen Auslands, auf Grund des Viermächtestatus konnten sie relativ leicht ein- und ausreisen. Es gab allenthalben Ausstellungen polnischer Kunst, man sah nicht nur polnische Filme, sondern auch deren Regisseure, der Weg von Warschau nach Berlin war nicht weit.

Die Situation für die Bürger der DDR war eine ganz andere. Für sie war Polen neben der Tschechoslowakei das nächstgelegene Reiseland, bis Anfang der achtziger Jahre herrschte weitgehende Freizügigkeit im Grenzverkehr. Es gab neben offiziellen Kontakten viele private Begegnungen. Ich denke, es wird in den nächsten Jahren eine der wichtigsten Aufgaben der ehemaligen DDR-Bürger sein, zwischen Deutschland und Polen verständnisfördernd zu wirken. Ich hoffe, daß die antipolnischen Vorurteile in den neuen Bundesländern angesichts dieser Aufgabe zurücktreten werden.

Jan Stanisław Skorupski zeigte mir im Sommer 1989 die Orte seines künstlerischen Wirkens in den sechziger und siebziger Jahren und stellte Kontakte zu namhaften Vertretern polnischer Kultur her. Die Fülle der Eindrücke verdichtete sich zu einem Szenarium höchst eigenwilliger Art: Hoffnungen auf bessere Zeiten und Rückblicke in eine schwerlastende Vergangenheit, sachlich-konkretes Selbstbewußtsein und phantasievolle Zukunftsvisionen, Stolz auf lebenspraktische Improvisationen und Überdruß an ideologischen Phrasen, witzig-humorvolle Ironie des Bestehenden und Besinnung auf zukunftsträchtige Traditionen – all dies in einer melancholisch-heiteren Stimmung eigenartig gemischt.

Als wir Ende August 1989 Andrzej Szczypiorski besuchten, lenkte ich das Gespräch auch auf das polnisch-deutsche Verhältnis und fragte nach den Entwicklungsmöglichkeiten einer kulturellen und politischen Verständigung zwischen Deutschen und Polen. Darauf antwortete der Schriftsteller: »Ich glaube, diese Verständigung läuft heute soviel leichter und entwickelt sich heute besser als vor 20 oder 30 Jahren. Die Wunden sind nicht ganz geheilt – aber fast geheilt. Die jüngeren Generationen finden jetzt eine gemeinsame Sprache. Ich sehe eine schöne Zukunft für die Verständigung und Versöhnung zwischen Polen und Deutschen. Aber machen wir keine Fehler mehr auf dem Bereich der Politik! Das ist sehr wichtig.«

Die Bedeutung Polens für Deutschland ist mit derjenigen Frankreichs im Westen zu vergleichen. Es besteht die begründete Hoffnung, das Deutsche und Polen in Zukunft friedlich neben- und miteinander leben werden. Wahrhaft friedliche Verhältnisse werden wir aber erst dann erreicht haben, wenn sich über einen regen wirtschaftlichen, politischen, kulturellen und persönlichen Austausch das Wissen der beiden Völker umeinander vertiefen wird. Viele Vorurteile gilt es auf diesem Weg abzubauen. In der Hermeneutik, der Lehre vom Verstehen, heißt es: Vorurteile sind dazu da, überwunden zu werden.

Berlin, den 25. Juni 1991

Cyprian Kamil Norwid

Cyprian Kamil Norwid, Lyriker, Prosaist und Dramatiker, zugleich auch Maler, Bildhauer und Kupferstecher, wurde am 24. September 1821 nahe Warschau geboren. Vierzehnjährig bereits Vollwaise, verdiente sich der aus verarmtem Adel stammende junge Mann seinen Lebensunterhalt mit verschiedensten Tätigkeiten. Die ab 1840 in Zeitschriften veröffentlichen Gedichte spiegelten die patriotischen Gefühle der Jungen nach dem mißglückten Nationalaufstand im November 1830 wider. Der Kampf um Polens Unabhängigkeit ging weiter. Wegen seiner Kontakte zu polnischen Revolutionären steckten ihn die preußischen Behörden bei einem Berlin-Aufenthalt 1846 für einen Monat ins Gefängnis, es war für ihn der Beginn lebenslänglicher Emigration.

Norwids Geburtsstunde fiel in den Vorabend der großen polnischen Romantik, ihre humanistischen und streitbaren Ideale prägten ihn, er verehrte ihre namhaftesten Repräsentanten – Heimatlose wie er selbst; aber es drängte ihn, die festgefügten, der Rückbesinnung auf die Traditionen verhafteten literarischen Normen zu durchbrechen. Bereits in den Anfängen der modernen Industriegesellschaft hat Norwid bis in die Jetztzeit brisante soziale und ökologische Themen vorausgesehen und in Briefen und Aufzeichnungen, psychologisch tiefgründigen Novellen und genialen Versen schöpferisch reflektiert. Seine Zeitgenossen erkannten das Wegweisende seiner Dichtung nicht, sie fühlten sich provoziert und angegriffen. Norwid wurde zu einem einsamen, wenig publizierten, kaum gelesenen Außenseiter. In dieser Situation war es ein Ereignis, daß 1863 ausgerechnet im Leipziger Brockhaus-Verlag eine zweibändige Werkauswahl erschien, die einzige, die zu Lebzeiten des von seinen Landsleuten mißverstandenen »Propheten« gedruckt wurde. Seine letzten sieben Lebensjahre brachte der völlig mittellose Norwid in einem Armenasyl für polnische Veteranen nahe Paris zu. Noch wenige Wochen vor seinem Tode schrieb er Novellen voll zukunftsträchtigen Gehalts und künstlerischer Sensibilität. Er starb am 23. Mai 1883.

Der unter dem Namen »Miriam« bekannt gewordene Lyriker, Kritiker und Publizist des polnischen Modernismus Zenon Przesmycki entdeckte den um die Jahrhundertwende modisch gewordenen Symbolismus im Schaffen Norwids; seit 1901 erschien dessen Lyrik in der von Miriam redigierten Warschauer Zeitschrift »Chimera«. Eine Gesamtausgabe wurde vorbereitet, kam jedoch erst anläßlich von Norwids 150. Geburtstag zustande. Die beiden Weltkriege haben die Erschließung eines vielschichtigen und bis heute überraschend modernen Werkes unterbrochen.

Büste Cyprian Kamil Norwids in der Warschauer
St. Johannes-Kathedrale

Pentalogie

Meine Lieben!
Was immer ich tue – alles ist Teil meines künstlerischen Wirkens. So habe ich den Zyklus von Interviews mit Repräsentaten der polnischen Kultur in den Rahmen einer Galerie, des Spontanen Autorentheaters, gefaßt. Auf diese Weise ist die »Pentalogie« entstanden, jene Tatsachen-Theaterkunst, deren Helden unter uns leben und wirken. Der Titel »... um die Polen zu verstehen« resultiert aus der selbstgestellten Aufgabe, anderen die Probleme der Polen mit Hilfe ihrer Kultur verständlich zu machen.

Ich als Emigrant betrachte Polen als eine riesige Bühne, auf der sich das Drama von fast vierzig Millionen Menschen abspielt. Wie wählt man aus dieser Masse einige wenige aus, die zu den Hauptpersonen der Vorstellung werden? Wie findet man den Schlüssel zum Verständnis der polnischen Angelegenheiten? Wie kann man – ohne die negativen Züge der Polen zu verschweigen – die unveräußerlichen Werte der polnischen Kultur darstellen, dank derer das polnische Volk die schwersten Krisen überlebt hat und dank derer es hoffentlich auch die gegenwärtige Krise überstehen wird?

Geholfen hat mir der Geist eines Dichters: des Emigranten Cyprian Kamil Norwid. Ich erinnere mich, daß eines seiner Gedichte in den schwierigen Zeiten des sozialistischen Realismus zum ersten Vorboten der Freiheit für mich wurde: Jerzy Andrzejewski hat dieses Gedicht seinem Roman »Asche und Diamant« vorangestellt, und Andrzej Wajda, der in seinem gleichnamigen Film das Thema der individuellen Freiheit reflektierte, verlieh den Dichterworten wiederum einen eigenen künstlerischen Ausdruck. Meine »Theorie des Müllhaufens« hat hier ihren Ursprung.

Ich habe die Haupthelden dieser Vorstellung nach ausgesprochen subjektiven Kriterien ausgewählt. Die polnische Kultur hat so viele hervorragende Repräsentanten, daß die Einstufung »bessere« oder »beste« ein recht zweifelhaftes Unterfangen wäre. Ich kenne und verehre viele Künstler. Jeder ist auf seine Art berühmt, und alle lassen sich von edlen Beweggründen leiten. Ich mußte, weil ich mich nicht für alle entscheiden konnte, eine Auswahl treffen, und die ist, ich betone das nochmals, absolut persönlich.

Andrzej Szczypiorski ist ein vortrefflicher Schriftsteller, mit Distanz zur Geschichte; daran war mir besonders gelegen. Sein Buch »Die schöne Frau Seidenman« hält sich seit dem Erscheinen auf der Bestsellerliste.

Andrzej Wajda ist in jeder Hinsicht der »polnischste« aller großen polnischen Filmregisseure, verkörpert er doch am deutlichsten das, was ich als Ulanengeist bezeichnen möchte. Seine großen internationalen Erfolge sind unumstritten.

Izabella Cywińska stand wegen ihres Mutes als Regisseurin schon auf meiner Liste, bevor sie Ministerin für Kultur und Kunst wurde. Um so größer war meine Freude, als ich sie als (leider!) einzige Frau im Kabinett von Tadeusz Mazowiecki erblickte.

Lech Wałesa wählte ich als den wohl bedeutendsten Repräsentanten traditioneller polnischer Volkskultur im besten Sinne, er verkörpert eine Art von Bauernschläue, die man schätzen, aber nicht überschätzen sollte.

In Waldemar Fydrych entdeckte ich einen interessanten jungen Menschen der Tat, der durch seine künstlerischen Aktionen auf das Karikaturistische landläufiger Verhaltensweisen aufmerksam macht. Seine radikalen Ansichten rufen dazu auf, noch nicht alles verloren zu geben.

Jedes Interview erfolgte spontan, meine Gesprächspartner waren nicht im voraus über meine Ansichten informiert, was ihren Äußerungen völlige Glaubwürdigkeit verleiht.

Um so dankbarer bin ich meinen vortrefflichen Helden, die so viel zum Thema beigesteuert haben. Somit vermag ich dem Westen und teilweise sogar dem Osten zu helfen, »die Polen zu verstehen«, zu begreifen, warum sie eben so und nicht anders handeln.

Allen Polen hingegen möchte ich ein Motto ans Herz legen, das auf einer Gedenktafel in der Piwna-Straße 5 der Warschauer Altstadt verewigt ist, am Haus, in dem der Autor dieser Worte, der Maler und Dichter Władysław Popielarczyk, wohnte. Er hätte – so er noch lebte – bestimmt zu meinen Helden gehört, eben dieses Mottos wegen.

»*Ich rufe euch auf zur Liebe!*«

Jan Stanisław Skorupski

Berlin, den 30. November 1989,
am 100. Geburtstag meines Großvaters mütterlicherseits, Andrzej Bednarski, der mir als erster die Bibel, Gandhi und Norwid zugänglich gemacht und mir als erster die Sagen von Lech, Rus und Tschech erzählt hat sowie von Wanda, die keinen Deutschen zum Manne wollte.

Jan Stanisław Skorupski

Als »Solidarność« kam, zerbrachen die Barrieren der Angst
Gespräch mit Andrzej Szczypiorski

Der Schriftsteller Andrzej Szczypiorski wurde am 3. Februar 1924 in Warschau geboren. Er kämpfte in den Reihen der Untergrundarmee gegen die Nazi-Okkupanten, nahm 1944 am Warschauer Aufstand teil und wurde nach dessen Niederschlagung verhaftet und ins Konzentrationslager gebracht. Szczypiorski ist Autor von mehr als fünfundzwanzig Büchern; besonderen Anklang beim Leserpublikum fanden die Romane »Der Anfang« (deutsch: »Die schöne Frau Seidenman«) und »Eine Messe für die Stadt Arras« (ebenfalls ins Deutsche übersetzt). Andrzej Szczypiorski erhielt zahlreiche Auszeichnungen im In- und Ausland. Nach Verhängung des Kriegsrechts in Polen am 13. Dezember 1981 – er hat dem Thema zwei Bücher gewidmet – war er interniert. Am neuen gesellschaftlichen Leben seines Landes nimmt der tätigen Anteil; bei den ersten demokratischen Wahlen im Nachkriegspolen am 4. Juni 1989 wurde er in den Senat (die zweite Kammer des polnischen Parlaments) gewählt. Als Christ plädiert er für die polnisch-israelitische Freundschaft, eine Haltung, die sich auch in seinem literarischen Schaffen widerspiegelt. Er beherrscht die deutsche Sprache.

Andrzej Szczypiorski

Skorupski: Ich wende mich an Sie mit den Worten des Dichters Cyprian Kamil Norwid:

> Und immer wieder entflammst du in dir
> Wie eine Pechfackel lohenden Zunder,
> Und brennend fragst du, ob größere
> Freiheit dir wird, oder ob alles, was dein,
> Zuschanden gehen soll? Ob Asche nur bleibt
> Und Staub, der mit dem Winde verweht?
> Oder ob auf der Asche Grund
> Strahlend ein Diamant erscheint,
> Der Morgen des ewigen Sieges ...

Diese Frage war aktuell zu Lebzeiten des Dichters Norwid (1821-1883); sie war ebenso gültig nach dem Krieg, als Andrzejewski den Roman »Asche und Diamant« schrieb und Wajda den gleichnamigen Film drehte. Wajda änderte jedoch den Schlußteil des Romans und ließ Maciek auf einer Müllhalde sterben. In diesem Müll stecken wir Polen seit über fünfundvierzig Jahren. Sehen Sie ein Ende dieser Müllhalden-Epoche?

Szczypiorski: Nun ja, was Norwid gesagt hat, ist von bleibendem Bestand, ist groß und sehr weise. Zu Andrzejewskis Roman hingegen habe ich ein, gelinde gesagt, ambivalentes Verhältnis. Andrzejewski war ein großer Schriftsteller, und zweifellos hat er ein ausgezeichnetes Buch geschrieben. Vom ideologischen und politischen Standpunkt her ist das Buch aber völlig verfehlt. Andrzejewski – warum soll man das verhehlen – affirmiert die neue Realität nach dem Jahre vierundfünfzig und verurteilt die Realität, mit der Maciek, der Held, geistig verbunden war. Er hält sie vielleicht für heroisch, vielleicht auch für schön, vom Gesichtspunkt einer einzelnen Persönlichkeit her. Aus der heutigen Sicht auf diese zurückliegenden Jahre ergibt sich, daß die Diagnose von Andrzejewski unzutreffend war. In den Abfall der Geschichte gehört nicht Maciek, sondern diejenigen gehören dahin, die diesen Maciek eliminiert haben, die Repräsentanten einer völlig falschen Konzeption der Entwicklung Polens – und nicht nur Polens. Im Film wurde Maciek Chełmickis Tod tatsächlich auf eine Müllhalde verlegt – eine beschämende Szene für Wajdas Schaffen. Als er vor dreißig Jahren den Film drehte, war er ehrlich davon überzeugt, daß Maciek in den Müll der Geschichte eingehen und dafür die neue, herrliche kommunistische Realität aufblühen werde. Heute betrachtet Wajda die Realität natürlich anders, schätzt die Geschichte anders ein. Ich verurteile seine damaligen Überzeugungen überhaupt nicht, denn vor dreißig Jahren waren meine Anschauungen nicht viel anders, wenn auch vielleicht nicht so radikal. Uns alle belastet die Vergangenheit irgendwie, wir alle haben, einige kürzer, andere länger, mit diesen Täuschungen gelebt. Man kann es nicht bestreiten, daß die Intelligenz in den Jahren 1949-1955 der Nation gegenüber ziemliche Schuld auf sich lud, die einzige soziale Gruppe, die damals die Stalinmacht inbrünstig unterstützte.

Nicht die Bauern, nicht die Arbeiter, auch nicht die armen, gehetzten und verfolgten Intelligenzler, sondern eben jene Kaste der Intellektuellen, die in den Salons der Mächtigen verkehrte und mit Preisen und Orden überschüttet wurde. Zum Glück gehörte ich dieser Elite damals nicht an. Aber dies war nicht mein Verdienst, ich war ganz einfach zu jung, hatte noch nicht als Schriftsteller debütiert. Ich will mir das nicht zugute halten, anders gesagt: fremde Sünden sind nicht meine Tugend. Zumindest in den sechziger Jahren war ich in gewisser Weise engagiert, ich arbeitete im Radio, schrieb Feuilletons, die einigermaßen regierungsfreundlich waren. Einigermaßen, denn ich habe dieser Macht nie Enthusiasmus entgegengebracht. Aber ich habe mir auch nicht eine andere Realität vorgestellt. Dann wandelte sich meine Einstellung langsam, wie bei allen anderen. Man muß aber auch sagen, daß es durchaus Leute gab, die sich von dem kommunistischen Sirenengesang verführen ließen.

Zum Beispiel die Gruppe des »Tygodnik Powszechny«. Sie vereinte Menschen, die von Anfang an geistigen Widerstand leisteten. Sie waren aber nur wenige. Die überragende Mehrheit der Intelligenz hat sich, milde ausgedrückt, durch ihre Zusammenarbeit mit dem Stalinismus blamiert, wir alle haben uns, wie Sie richtig formulierten, auf der Müllhalde beschmutzt. Auch ich bin, wie gesagt, nicht ohne Schuld, obwohl ich zu meiner Rechtfertigung sagen kann, daß ich bereits seit zwanzig Jahren außerhalb dieses Systems stehe und seit zwanzig Jahren versuche, ein Maximum an Widerstand zu leisten.

Sie fragen, ob die Epoche der Müllhalde zu Ende ist. Ich denke – ja. Die Ursache liegt nicht darin, daß Mazowiecki Premierminister ist. Dieses Ende begann viel früher und zog sich ziemlich lange hin. Schon Mitte der siebziger Jahre, als ein unabhängiger sogenannter »zweiter Umlauf« des polnischen Kulturlebens einen Ausweg aus dem bisherigen System schuf. Wir kamen ganz einfach zu dem Schluß, daß es für uns keinen Grund gibt, mit dem System zusammenzuarbeiten und uns von dem System manipulieren zu lassen. Seit dieser Zeit begann sich das geistige Leben gleichsam zu regenerieren, machte einen gewaltigen Schritt nach vorn. Dieser Prozeß war eng mit dem Aufstand der breiten Massen der Arbeitswelt verbunden und fand seine Krönung im Aufstand der »Solidarność« im Sommer 1980. Danach kam der Kollaps, das Kriegsrecht. Einigen schien es, als werde der Kriegszustand dieses unabhängige kulturelle Leben zerstören. Im Gegenteil: es blühte auf. Und heute, wo wir zu einer ganz neuen Qualität des politischen, gesellschaftlichen und wirtschaftlichen Lebens übergehen, tun wir diesen Schritt bereits als eine völlig neue Gesellschaft: als eine geistig unabhängige Gesellschaft, die schon längst die Fesseln der diversen kommunistischen Illusionen, Täuschungen und Einbildungen abgeworfen hat. Zu ihnen gibt es – gottlob – keine Rückkehr. Aber uns erwarten neue Herausforderungen. Denn es ist nicht so, daß wir jetzt aus einer Welt der Bitterkeit, der Enttäuschungen und der Schmerzen in ein Paradies übergehen. Nein, ein Paradies ist dies nicht. Wir kommen in eine Welt unermeßlicher Entsagungen, großer, völlig anders gearteter Bitterkeiten, aber wir erleben dies als freie Menschen, die sich mit der Freiheit messen müssen. Das nämlich ist ein äußerst kompliziertes Problem. Seit Erich Fromms Zeiten spricht der Westen über die Freiheit »von«: beachten Sie, es geht darum, sich »von« etwas zu befreien. Wir befinden uns in der Etappe »zur« Freiheit, streben eine Freiheit an, die uns den Zugang *zu* einer neuen Welt ermöglicht. Die sogenannte Überflußgesellschaft hingegen befindet sich auf der Flucht vor der Freiheit, vor einem Übermaß an Freiheit. Dort entstand eine neue menschliche Haltung: die Flucht vor dem Überfluß, vor der Leere, die dieser Überfluß mit sich bringt. Das natürlich droht Polen wohl kaum. Über vierzig Jahre kommunistischer Regierung haben Polen dermaßen ausgepreßt und verwüstet, daß ich einen Zustand des Überflusses in unserem Land bestimmt nicht mehr erleben werde. Aber wir betreten ganz neue Bahnen, neue Wege.

Skorupski: Kommen wir zu Ihrem Buch »Anfang« (deutscher Titel »Die schöne Frau Seidenman«). Am besten gefiel mir die Passage, in der Sie den Polen selbst die Schuld an diesen Zuständen geben, in denen sie heute leben müssen: »Diese letzte Probe war notwendig, unerläßlich, gesegnet. Endlich verreckte der Mythos unserer Außergewöhnlichkeit, vom polnischen Leiden, das immer so sauber, gerecht und edel war. Erleuchtete die Fakkel nicht die Gesichter der gehängten Verräter, flohen die Spione Konstantys nicht vor ihrem Licht? Wer verriet Traugutt? Wer bezahlte die Hundertschaften der Kosaken gegen die Arbeiter des Jahres neunzehnhundertfünf in Łódź, Sosnowiec, Warschau? Wer prügelte in Bereza und folterte in Brześć?« Usw.

Ich würde noch weiter fragen: Wer schlug die Internierten, wer sperrte sie ein, wer hörte unter dem Kriegsrecht Telefongespräche ab? Wer organisierte das Ganze?

Szczypiorski: Wer tötete den Priester Popiełuszko?

Skorupski: Eben, man braucht viele Menschen, um diesen Zustand aufrechtzuerhalten.
Wie beurteilen Sie heute die polnische Gesellschaft?

Szczypiorski: Im Grunde genommen ist die Antwort einfach. Ich werde weiter ausholen. Die Polen bilden eine ganz normale Gesellschaft, die sich – abgesehen von einigen charakteristischen Eigenschaften – von anderen europäischen Gesellschaften nicht unterscheidet. Es gibt edle und es gibt nichtswürdige Menschen. Solche, die zu größten Opfern bereit sind, und andere, die feige und bestechlich sind. So ist es in der ganzen Welt. Das Modell der Propaganda, das von Kommunisten übernommen worden ist, sie haben es sich nicht ausgedacht, dieses Modell ist schon ziemlich alt, es ging von der Voraussetzung aus, daß die Polen einzigartig und heldenhaft sind, daß sie ein Volk von Husaren, von edlen Ulanen sind, unfähig, jemandem ein

Leid anzutun. Die Deutschen dagegen seien furchtbar, hätten Grausamkeiten vollbracht, die Russen seien entsetzlich und verübten schreckliche Dinge, nur die Polen seien ohne Fehl und Tadel.

Wie entstand dieses Klischee? Dafür gibt es Beweggründe: Das ganze Jahrhundert über waren die Polen eine Gesellschaft der Verfolgten. Unter der Annexion hatten sie weder im preußischen noch im russischen oder österreichischen Teilungsgebiet einen eigenen Staat, eigene Institutionen des öffentlichen Lebens. Sie waren unfrei. Wie in allen anderen Gesellschaften gab es während der Okkupation verschiedene Menschen, edle und unwürdige. Aber im Sinne einer patriotischen Erziehung wäre es schwierig gewesen, die Polen gewisser Illusionen zu berauben. Sie waren ja Unfreie. Man mußte ihnen also Trost zusprechen, sie davon überzeugen, wie wunderbar, wie ritterlich sie seien. Und wie makellos. Und diese gesellschaftliche Pädagogik wurde dann im 20. Jahrhundert fortgesetzt. Die kommunistische Macht schmiedete diese Pädagogik zu einer neuen Waffe um: zu einer deutschfeindlichen Einstellung. Sie stützte sich auf die deutschen Kriegsverbrechen, denen der Heroismus der Polen gegenübergestellt wurde. Ich bin Gegner jeglicher Legenden und Illusionen. Eine Gesellschaft darf sich nicht auf dem Grunde von Mythen, sondern soll sich auf dem Fundament der Realitäten entwickeln. Es ist wahr, daß auf den Barrikaden der nationalen Aufstände im Polen des 19. Jahrhunderts heldenmutige Menschen starben. Aber es gab auch Leute, die mit den Okkupanten zusammenarbeiteten.

Im Jahre 1863 wurden die aufständischen Kosaken durch polnische Bauern denunziert. Das ist eine historische Tatsache. Haben sich während der faschistischen Okkupation alle Polen mustergültig verhalten? Wahrlich nicht. Dennoch gereicht es Polen zur Ehre, daß es als einziges Land weder einen Quisling noch einen Pétain, noch einen Wlassow hervorgebracht hat. Die Frage ist nur, ob in Polen wirklich keine Kollaborateure zu finden waren oder ob Hitler sie nicht wollte. Ich bin einfach der Meinung, daß man das Leben unserer Gesellschaft in normale Dimensionen rücken sollte. Bis heute hält man den Deutschen vor, daß ihre Auflehnung gegen Hitler zu schwach war, daß es quasi keine Widerstandsbewegung gab. Man muß schließlich daran denken, daß es die eigene Regierung und der eigene Staat der Deutschen waren. Aus moralischer Sicht war es für sie viel schwerer, Widerstand zu leisten, als für diejenigen, die überwältigt wurden. Und ich will darauf entgegnen: Wo war denn die Widerstandsbewegung, wo war der Kampf gegen die Regierung im kommunistischen Polen? Es gab ihn kaum. Natürlich war er in den ersten Jahren vorhanden. Dann wurde er erstickt und unterdrückt, die Menschen wurden verhaftet, und danach, in den Jahren von 1950 bis 1980, dreißig Jahre lang, gab es kaum Widerstand. Dessen muß die Gesellschaft sich bewußt werden. In einem totalitären System ist es sehr schwer, Widerstand zu leisten. Für mich unterliegt es keinem Zweifel, daß die polnische Gesellschaft in der Nachkriegszeit einer großen Demoralisierung unterlag. Und es wird längere Zeit brauchen, den polnischen Geist wiederzubeleben und zu erneuern.

Skorupski: Sind Sie der Meinung, daß das im wesentlichen das »Verdienst« der Intellektuellen ist?

Szczypiorski: Ich würde die Verantwortung dafür nicht nur den sogenannten gebildeten Schichten anlasten. Natürlich haben die Journalisten hier sehr gesündigt und viel angerichtet, das steht außer Frage, ebenso die Schriftsteller. Aber ich erinnere mich an die mit Orden behängten Bergarbeiter der Stalinzeit, die an den unterschiedlichsten offiziellen Veranstaltungen teilnahmen, Beifall spendeten und von niemandem dazu gezwungen wurden. Es war in einer Zeit, in der ihre Kollegen beinahe Sklavenarbeit leisteten. Die Jahre gingen ins Land. 1970 kam, und Gierek ging zu den Arbeitern, er fragte sie: »Helft ihr mir?«, und sie riefen im Chor: »Wir helfen!« Es ist also nicht nur die Angelegenheit der Intellektuellen, sondern auch vieler Menschen aus der sogenannten Arbeiterklasse. Den meisten Widerstand leistete immer die polnische Bauernschaft. Der Bauer in seiner schlichten Weltsicht ... Ich bin kein Bauernschwärmer, denn es gab auch unter Bauern verschiedene seltsame Tendenzen, aber von entscheidender Bedeutung waren hier die Eigentumsverhältnisse. Der Bauer war der Besitzer seines Bodens, er war auf seinem Boden Wirt und verteidigte sein Eigentum. Als Besitzer hatte er einen viel größeren Freiraum als die anderen, und dank dieser Freiheit konnte er sich jeglichem Druck erfolgreicher widersetzen. Deshalb behielten die Bauern ihre geistige Unabhängigkeit in einem größeren Maße als die übrigen Schichten der Gesellschaft.

Aber das ist wirklich ein sehr kompliziertes Problem. Warum haben die Bergarbeiter sich herausgeputzt, die Orden angeheftet und Beifall gespendet? War es reiner Opportunismus? Nein. Bei all seinen Schattenseiten, bei all dem Übel, das es verursacht hat, hatte dieses System auch seine positiven Merkmale. Es brachte einen erheblichen Zivilisationsschub der polnischen Gesellschaft zustande. Nun kann man sagen: Ohne Kommunisten gäbe es auch einen Zivilisationsanstieg, das sehen wir an den Ländern, die die kommunistische Macht nicht erlebt haben. Aber hier war es eben so, und das ist ein Faktum: Einige soziale Schichten und Gruppen erlebten einen Aufschwung, und dessen wurden sie gewahr. Im Vorkriegspolen gab es Arbeitslosigkeit und Armut, und die Bergleute wurden im Schacht ausgebeutet. Das haben sich nicht die Kommunisten ausgedacht. Das ist die historische Wahrheit. Plötzlich kam das kommunistische Polen, und man sagte diesen Leuten, daß sie die Ersten unter den Ersten seien, man verlieh ihnen Orden, bevorzugte sie bei der Vergabe von Wohnungen und miserablen Autos; die ersten Wartburgs aus der DDR, die während der Stalin-Ära eingeführt wurden, gingen an Bergleute. Sie hielten sich für etwas Besseres, und es ging ihnen auch besser, wahrhaftig. Das waren die Menschen, die sich an die Armeleuteschächte erinnerten und an die Arbeitslosigkeit. Man muß daran denken, daß das einige dreißig Jahre zurücklag. Heute lebt eine ganz neue Generation; sie kennt das Vorkriegspolen nicht und idealisiert es. Für einen Dreißigjährigen sah es so aus wie heute etwa Dänemark oder Frankreich: allen geht's gut, alle haben Autos. Aber es war anders, immerhin ist ein halbes Jahrhundert vergangen. Die heutigen Menschen haben eine ganz andere Vergleichsskala als die vom Jahre 1955. Daher dieser Aufruhr, dieser Protest. Wenn Sie das alles aus der Perspektive der Jahre 1955 oder 1950 betrachten, zehn Jahre nach dem Krieg, aus der Sicht dieser Menschen, denen die Vorkriegsperiode noch in den Knochen saß und die ihre Erfahrungen hatten, die reagieren anders darauf. Man sollte also den Bogen nicht überspannen und behaupten, daß sie aus reinem Opportunismus so gehandelt haben oder aus Feigheit. Nein. Es gab sehr viele, die dachten, daß es jetzt wirklich besser sei, und in aller Aufrichtigkeit dieses System unterstützten. Sie waren nicht in der Mehrzahl, aber es gab sie.

Skorupski: Sind Sie nicht auch der Meinung, daß »Solidarność« die Mentalität der Polen verwandelt hat, sogar so weit, daß die heutigen Polen ganz andere Menschen sind, selbst die, die ehemals der Kommunistischen Partei angehörten oder noch immer ihre Mitglieder sind?

Szczypiorski: Natürlich hat »Solidarność« sie verändert. Aber ich glaube, nicht »Solidarność« an sich hat das bewirkt, sondern der Lauf der Ereignisse, d.h. die ganze geschichtliche Entwicklung. Das ist doch jetzt ein ganz anderes Volk als einige zehn Jahre früher. Die Wirklichkeit hat sich ganz einfach verändert. Wir sind doch jahrelang von der Welt isoliert gewesen. Bis zu Giereks Zeiten ist kaum jemand ins Ausland gefahren. Erst seit den siebziger Jahren fingen die Leute an, zu reisen, die Welt kennenzulernen, Vergleiche anzustellen. Es nahm langsam zu, und allmählich entwickelte sich eine neue Situation. Und dann brachten die ersten oppositionellen Gruppen – das waren KOR und ROPCIO – Mitte der siebziger Jahre einen grundsätzlichen Durchbruch zustande, aus dem dann 1980/81 »Solidarność« erwuchs, diese Zehnmillionenbewegungen, und dieser politische Prozeß führte zu einem grundlegenden Umschwung, überwand die Barrieren der Angst. Fünfzehn Jahre zuvor hatte es verhältnismäßig wenig Leute gegeben, die keine Angst hatten. Es waren kleine Gruppen, die das Komitee zum Schutz der Arbeiter gründeten und versuchten, ein unabhängiges kulturelles Leben zu gesalten. Es waren Menschen, die sehr viel aufs Spiel setzten, oft riskierten, ins Gefängnis zu gehen, aber sie fürchteten sich nicht. In dem Moment, in dem »Solidarność« kam, brachen die Barrieren der Angst bei breiten Massen der Bevölkerung.

Was war noch von Bedeutung? Der Kriegszustand. Er war eine Herausforderung, die an die Gesellschaft auf sehr dramatische Weise gestellt wurde, und die Gesellschaft wurde dieser Herausforderung gerecht. Die Menschen brachten eine unerhörte Entschlußkraft und große politische Weisheit auf. Denn sie sind zurückgewichen. Als die Panzer in Bewegung gesetzt wurden, haben sie sich zurückgezogen und den Kampf nicht angenommen. Die Leute blieben zu Hause, hinter fest verschlossenen Türen. Dann aber fingen sie zu handeln an. Es war die Blütezeit der Oppositionsbewegung. Und diese Jahre festigten die Gesellschaft. Unter sehr schwierigen Bedingungen und im Angesicht der Gefahr. Aber die Menschen hatten keine Angst – ein großer Teil fühlte nur Verachtung, eine riesige Geringschätzung. Wissen Sie, objektiv gesehen ist das sogar ein Verdienst derjenigen, die das Kriegsrecht verhängt haben. Sie hätten es viel blutiger und dramatischer durchsetzen können. Ich weiß nicht, was dann geschehen wäre – denn die Geschichte kennt keine Konjunktive –, aber man hätte das Volk zerbrechen, in einem Blutbad ertränken können. Das geschah nicht. Die Menschen, die das Kriegsrecht verhängten, praktizierten es auf eine, wenn man so sagen darf, behutsame Weise. Es gab nur wenige Tote, und die waren nicht Opfer eines Terrors, einer bewußten geplanten Repression. Und das wiederum hatte zur Folge, daß die Bevölkerung immer mehr Mut, immer größere Standhaftigkeit an den Tag legte. Natürlich – die Basis dieses Widerstands war »Solidarność«. Die Gesellschaft erreichte eine völlig neue geistige Ebene, die polnische Wirklichkeit begann sich unter völlig veränderten Bedingungen zu entwickeln. Ohne Angst – das ist das Wesentliche.

Denselben Prozeß sehe ich in der Sowjetunion. Der große Erfolg der Perestroika von Gorbatschow besteht darin, daß die Barrieren der Angst überwunden werden. Die sowjetische Bevölkerung hat aufgehört, Angst zu haben. Das ist das Wichtigste.

Skorupski: Ist es nicht paradox, daß der Mensch, der den Kriegszustand eingeführt hat, dann zum polnischen Präsidenten gewählt wurde? Sozusagen mit den Stimmen von »Solidarność«. Wenn einige Senatoren gegen ihn gestimmt oder sich der Stimme enthalten hätten, wäre General Jaruzelski heute vermutlich nicht Präsident. Ich meine, es ist ein Wirken der Vorsehung, man hat einem Menschen die Chance gegeben, seine Fehler zu berichtigen, und es ist möglich, daß er das sogar besser machte, mit größerer Freude, mit größerem Engagement.

Szczypiorski: Es ist sicher, ohne gewisse Stimmen der »Solidarność« wäre General Jaruzelski nie Präsident geworden. Es bleibt nur die Frage, was dann geschehen wäre. Bedenken Sie, daß es General Jaruzelski ist, der die Unverletzlichkeit bestimmter strategischer und politischer Interessen der Sowjetunion in Polen garantiert, was für die polnischen Reformen und Umgestaltungen von unerhörter Bedeutung ist. Daß der Mensch, der das Kriegsrecht verhängt hat, jetzt an der Spitze der Reformbewegung steht, ist paradox, aber die Geschichte kennt Paradoxa dieser Art. Erinnern Sie sich, Bonaparte war General der Französischen Revolution, und so unterjochte er Italien; danach würgte er die Revolution ab und machte sich zum Kaiser der Franzosen.

Skorupski: Hier ist es umgekehrt: vom Stalinismus zur Demokratie.

Szczypiorski: Sie haben recht. Aber ich denke, man kann solche Beispiele auch in der uns zeitlich näheren Geschichte finden. Es wäre beispielsweise unmöglich gewesen, nach dem Tod von General Franco die spanische Demokratie aufzubauen ohne einige einflußreiche Persönlichkeiten des politischen Lebens der Francozeit. Freilich, die wichtigste Rolle spielte König Juan Carlos. Aber auch er wurde auf diese Funktion durch die Generäle vorbereitet. Ein Beispiel aus unserem Lager ist der mißlungene Prozeß einer Umwandlung des Stalinismus in Demokratie durch Alexander Dubček. Im Jahre 1967, als er an die Spitze der Partei kam, war er ein stalinistischer Funktionär. Er fing an, enorme Reformen in Richtung Demokratie einzuleiten, die wegen der Intervention in der Tschechoslowakei nicht erfolgreich waren.

General Jaruzelski stellt ein besonders ausgeprägtes Beispiel dar. Er war der Mann, der das Kriegsrecht einführte, und er spielt heute eine ungemein positive Rolle. Ohne ihn wäre Mazowiecki nicht Premierminister. Die Verfassung berechtigt den Präsidenten, den Premierminister zu wählen. Und Jaruzelski nutzte diese Kompetenz. Er ist also der Konstrukteur der neuen polnischen Wirklichkeit. Das ist sein Verdienst. Dasselbe – natürlich in kleinerem Maß – trifft zu auf General Kiszczak, der als

Innenminister die ganze Operation des Kriegsrechts leitete und dann zu den Konstrukteuren des Runden Tisches im Frühjahr 1989 gehörte. Es sind also paradoxe Situationen, aber sie seien gepriesen. Gott sei Dank, daß solche Paradoxa in der Geschichte vorkommen!

Skorupski: Auf dem Schriftstellerkongreß in Berlin/West, der unter der Losung »Ein Traum von Europa« stand, haben Sie kritisiert, daß viele Schriftsteller zuviel über Politik und zuwenig über Literatur diskutierten. Sie sagten damals, man solle nicht politisieren, sondern sich konkreten Themen zuwenden. Später, während der Wahlperiode, wurden sie in einem Radiointerview gefragt, ob nicht die Gefahr bestehe, daß Sie vom Schriftsteller zum Politiker würden. Sie haben geantwortet: »Ja, wir müssen uns mit Politik befassen.«
  Wie stehen Sie zu diesen Ihren entgegengesetzten Äußerungen?

Szczypiorski: Eine Versammlung der Schriftsteller aus ganz Europa, wie sie im Mai 1988 in Berlin stattfand, ist etwas anderes als meine jetzige Tätigkeit im Senat. Wenn sich Schriftsteller versammeln, dann sollten sie über Literatur reden und sich nicht mit politischen Debatten befassen. Denn wenn sich zwanzig, fünfzig oder hundert Schriftsteller treffen und über Politik diskutieren, so führt es zu nichts, weil sie alle Amateure in diesem Bereich sind. Von Lyrikern, und seien sie noch so prominent, höre ich nicht gern politische Prognosen; sie sollen sich nicht damit beschäftigen, sondern mit ihrer Poesie.
  Ein einzelner Schriftsteller in einer bestimmten Situation dagegen hat das Recht, wenn er es für notwendig hält, am politischen Geschehen teilzunehmen. Ich habe das getan in Anbetracht der besonderen Situation in Polen, über die wir die ganze Zeit reden, und wegen der speziellen Verpflichtungen, die auf einem polnischen Schriftsteller in Polen lasten. Schon immer konzentrierte sich die polnische Literatur mehr auf gesellschaftlich-soziale als auf individuelle Probleme. In der Geschichte unserer Literatur haben wir fast keinen psychologischen Roman, den die Franzosen so perfekt entwickelt haben, im Grunde haben wir auch keinen Sittenroman, der eine starke Seite der briti-

schen Literatur ist. Wir haben dagegen die sogenannte engagierte Literatur, die sich mit der sozialen und politischen Problematik befaßt, weil das dem historischen Schicksal der polnischen Nation entsprach. Und als Schriftsteller halte ich es für eine Schuldigkeit, in einer konkreten politischen Situation, die eine maximale Erfüllung einer Bürgerpflicht von uns allen verlangt, mich in die Politik einzuschalten. Darum habe ich eingewilligt, für den Senat zu kandidieren. Aber das bedeutet nicht, daß ich Politik für wichtiger halte als die Kultur oder die Literatur. Nein. Literatur ist etwas Bleibendes, Kultur überhaupt ist ewig, Politik hingegen eine vergängliche Erscheinung, in der die Programme rasch wechseln. Meine bündige Antwort: Ich habe mich in die Politik eingeschaltet, weil ich es als meine moralische Pflicht und Bürgerpflicht betrachte. Ich werde es aber nicht für lange Zeit tun. Ich habe nicht den Beruf gewechselt, im Gegenteil, ich bin der Meinung, daß im heutigen politischen Leben Polens moralische Probleme eine große Rolle spielen. In meiner Senatstätigkeit befasse ich mich als Schriftsteller mit den moralischen Problemen – und nicht mit der Politik sensu stricto. Wenn ich feststelle – und ich hoffe, daß es bald sein wird -, daß meine politische Tätigkeit nicht mehr nötig ist, kehre ich an meinen Schreibtisch zurück und schreibe weiter. Notabene, ich schreibe jetzt auch ununterbrochen, weil ich dies für die wichtigste Aufgabe meines Lebens halte, ich schreibe Bücher, und das gebe ich nie auf. Es ist wahr, diese meine politische Arbeit bereitet mir gegenwärtig einige Probleme und erschwert mir das Schreiben. Aber ich bin Optimist und hoffe, daß es mir gelingt, beides für die verhältnismäßig kurze Zeit, in der ich im Senat sitze, unter einen Hut zu bringen.

Warschau, den 28. August 1989

Europa endet nicht in Berlin
Gespräch mit Andrzej Wajda

Der Film- und Theaterregisseur Andrzej Wajda wurde am 6. März 1926 in Suwałki geboren, seine Arbeiten errangen auf zahlreichen internationalen Filmfestspielen Preise und Anerkennungen. Weltbekannt wurde er bereits durch die Filme »Der Kanal« (1957) und »Asche und Diamant« (1958); später folgten künstlerisch herausragende Adaptionen polnischer klassischer und moderner Literatur, unter anderem »Die Hochzeit« (1973), »Das gelobte Land« (1975), »Das Birkenwäldchen« (1970). Seine politische Kompromißlosigkeit spiegelten Streifen wie »Der Mann aus Marmor« (1977) und »Der Mann aus Eisen« (1981). Er führte Regie bei denkwürdigen Theateraufführungen nach Werken von Fjodor Dostojewski und Stanisław Wyspiański, die auch in Ost- bzw. Westberlin gezeigt wurden. Wajda war Mitglied des Komitees der Arbeiterselbstverteidigung KOR; er wurde bei den ersten demokratischen Wahlen im Nachkriegspolen am 4. Juni 1989 in den Senat (die zweite Kammer des polnischen Parlaments) gewählt.

Andrzej Wajda

Skorupski:

> Und immer wieder entflammst du in dir
> Wie eine Pechfackel lohenden Zunder,
> Und brennend fragst du, ob größere
> Freiheit dir wird, oder ob alles, was dein,
> Zuschanden gehen soll? Ob Asche nur bleibt
> Und Staub, der mit dem Winde verweht?
> Oder ob auf der Asche Grund
> Strahlend ein Diamant erscheint,
> Der Morgen des ewigen Sieges ...

Diese Frage war aktuell, als der Dichter Cyprian Kamil Norwid die Worte schrieb. Sie war auch zeitgemäß, als Andrzejewski den Roman »Asche und Diamant« schrieb und als Sie, Andrzej Wajda, den gleichnamigen Film drehten. Und jetzt? Wie würden Sie diese Frage heute beantworten?

Wajda: Die Antwort auf diese Frage gibt die Nachkriegsgeschichte unseres Landes. Der Dichter richtete sie an alle Polen, Jerzy Andrzejewski dagegen nahm das Gedicht von Norwid zwar als Motto, aber er führte das Problem auf eine bestimmte Situation und auf konkrete Gestalten zurück. Maciek Chełmicki ist keine literarische Fiktion, er ist einer der Jungen, die wir gekannt haben, die unseren Weg kreuzten. Die entweder wie er zugrunde gingen, ihr Leben ließen oder später Verfolgungen ausgesetzt waren, in unterschiedlichen Situationen. Klar, daß man auf diese Frage eine konkrete Antwort geben muß, und diese Antwort gab unsere Geschichte: geblieben ist der Diamant!

Die Asche ist verweht, die Asche jenes künstlichen Systems, eingeschleppt in Polen auf den Bajonetten der Roten Armee. Unter dieser Asche kommt der echte Diamant hervor. Aber wir haben noch anderes erlebt, ein in unseren Zeiten beispielloses Ereignis: den Zusammenschluß der Arbeiter mit der Intelligenz. Maciek Chełmicki ist so ein typischer polnischer Intelligenzler. Das Schicksal der Intelligenzler war immer tragisch, weil die Ereignisse sie stets an den Rand der Geschichte geschoben haben. Sie handelten gemäß dem eigenen Gewissen, der eigenen Vorstellungskraft, der eigenen Wertskala, was von der übrigen Bevölkerung aber nicht immer akzeptiert wurde. Warum behaupte ich, daß der Diamant blieb? Weil er durch das ungewöhnliche Bündnis dieser beiden gesellschaftlichen Gruppen gehärtet wurde. Sie schufen das, was wir heute erleben: daß wir uns aus der eisernen Umklammerung der Partei und des Kommunismus befreien, daß wir ein demokratisches, ein freies Land werden und bleiben.

Skorupski: Es wird behauptet, daß »Solidarność« die Mentalität der Polen völlig verwandelt habe.

Wajda: Das sind sehr allgemeine Vorstellungen. Die »Solidarność« gab den Polen ganz einfach die Hoffnung, daß es auch anders sein könnte, und in diesem Sinne hat sie die Menschen wirklich verwandelt. Wäre die »Solidarność« 1980/81 nicht gewesen, so hätte die Wahl in diesem Jahr, diesem Frühling 1989, überhaupt nicht stattfinden können. Nie hätte sie diesen Charakter gezeigt. Auch die Hoffnungen jener Zeit sind jetzt wiederaufgelebt. Die Einführung des Kriegsrechts durch Jaruzelski war ein Versuch, das Rad der Geschichte zurückzudrehen. So hatte tatsächlich die Begründung gelautet, daß man das Geschehene rückgäng machen müsse. Es ist jedoch unmöglich, natürliche, wahre und echte Prozesse der Historie umzukehren. Deshalb war dieser Versuch auch erfolglos. Es hat lange gedauert, wir haben eine Menge Zeit verloren. Der Gedanke, der der Einführung des Kriegszustandes zugrunde lag, besagte, daß der Kommunismus in Polen ausschließlich unter dem Schutz von Bajonetten existieren könne. Das bewahrheitete sich. In dem Moment, als diese Bajonette stumpf wurden, als sie mangels tragfähiger Ideologie ihre Kraft einbüßten, als andererseits die Gesellschaft ihren Glauben wiedergefunden hatte, in diesem Moment mußte alles zusammenstürzen.

Skorupski: Ist es nicht ein Paradoxon, daß der Mensch, der das Kriegsrecht verhängt hat, jetzt das Präsidentenamt bekleidet und, wie manche sagen, an der Spitze der Reformer steht?

Wajda: Wissen Sie, mich hat die Seele von General Jaruzelski nie interessiert. Und ich muß sagen, er ist die letzte Persönlichkeit, über die ich tiefer nachdenken möchte. Ich glaube, er hat das alles getan, um die Kommunistische Partei zu retten, damit überhaupt irgend etwas von alldem übrigbleibt. Er wußte genau, daß es – wie in der Physik – zu einem Bruch kommen könnte, wenn der Widerstand zu starr, zu wenig elastisch würde. Und er meint vermutlich, daß es die Partei schaffen könnte, sich noch einmal herauszuwinden oder zu wandeln und noch einmal für einige Zeit davonzukommen.

Skorupski: Glauben Sie nicht, daß unter den Polen immer noch ein Ehrenkodex herumgeistert, zu dem vielleicht auch Sie und ich und andere Polen beigetragen haben? Nämlich: die Vorliebe der Polen für den Säbel und den Ulanenwimpel, die Privilegierung des militärischen Schliffs? Auch in Ihrem Schaffen sind diese Züge stets gegenwärtig. Sogar der letzte Film über die Liebe zweier junger Menschen, »Chronik der Liebesunfälle«, beginnt mit einem Zug von Ulanen.

Wajda: Das ist einfach ein nostalgischer Film, eine Erinnerung des Schriftstellers Tadeusz Konwicki, die ich in die Form des Films gekleidet habe. Und die kann nie etwas anderes darstellen als ein verlebendigtes Fragment aus dem Lebensbild Marschall Piłsudskis. Es ist ganz normal, daß die in ihrer Identität bedrohten Staaten sich mehr um ihre Geschichte bemühen und ihr größeren Wert beimessen als diejenigen, die nicht gefährdet sind. Die fremde Ideologie, die vom Osten zu uns kam, wollte die Polen um jeden Preis ihrer ruhmreichen Vergangenheit berauben; denn ein Mensch ohne Vergangenheit wird zur Beute der nackten Gegenwart. Die Polen wehren sich mit ihrer Geschichte, denn sie hoffen darauf, ihre Freiheit und Unabhängigkeit wiederzugewinnen. Wiedergewinnen – das bedeutet, sie gehabt zu haben. Deswegen müssen sie sich immer wieder ins Gedächtnis rufen: Wir waren frei, wir hatten Freiheit, wir haben diese Freiheit verloren, auch durch unsere Schuld, vielleicht sogar hauptsächlich durch unsere Schuld. Deshalb müssen wir sie wiedererringen, müssen an ihr arbeiten. Ich glaube, das ist gewissermaßen die Hauptidee von »Solidarność«: die Hoffnung, daß wir mit eigenen Kräften unsere Existenz wiederaufbauen können. Den ganzen Krieg und all die Nachkriegsjahrzehnte über haben wir doch gewußt, daß wir von niemandem Beistand zu erwarten haben. Kein Europa, kein Amerika hat uns geholfen, denn der in Jalta geschaffene Status quo ist für das bestehende Kräfteverhältnis wichtiger als alles andere. Wenn wir nicht selbst diesen Vertrag von Jalta zerbrechen, nicht selbst eine neue Situation schaffen, werden wir weiter in Gefangenschaft bleiben. Diese Gefangenschaft darf aber nicht länger andauern. Ich spreche von der Kommunistischen Partei, von allen Kräften, die sich bemühten, unser Land am Rande des Ruins zu halten, nur damit es leichter regierbar war.

Skorupski: Kehren wir noch einmal kurz zurück zu »Asche und Diamant«. Sie haben den Schlußteil des Romans von Andrzejewski geändert, indem Sie Maciek Chełmicki gewissermaßen auf einen Müllhaufen geworfen haben. Das löste unterschiedliche Kommentare aus. Haben Sie vorausgesehen, daß sowohl Sie als auch ich und andere Polen tatsächlich bis zum gegenwärtigen Zeitpunkt in diesem Müll steckenbleiben?

Wajda: Ich habe nicht erwartet, daß ich mich überhaupt noch einmal in meinem Leben aus diesem Müllhaufen herausziehen könnte. Nein. Und viele Leute um mich sagen ebenso: »Ich habe nicht vermutet, daß es zu meinen Lebzeiten noch geschieht.« Außerdem lassen künstlerische Bilder immer mehr als eine Interpretation zu. Für einen Teil der Zuschauer bedeutete der Tod von Maciek Chełmicki, daß er auf den Müllhaufen der Geschichte geworfen worden sei, daß ihn dort niemand mehr finden werde. Man kann bei diesem Bild ebenso daran denken, daß auf dem Müll doch auch kostbare Sachen liegen – man muß sie nur zu finden wissen –, daß es lediglich die kommunistische Realität ist, die ihn im Müll begraben will. Ob er nie aus diesem Müll aufersteht oder ob er zu eben dem Diamanten wird, auf diese Frage antwortet unsere Geschichte so: Einunddreißig Jahre nach der Entstehung des Films »Asche und Diamant« ist nicht der Kommunist Szczuka unser Held, sondern Maciek Chełmicki, der Kämpfer der Landesarmee.

Skorupski: Sie haben den Preis »Asche und Diamant« gestiftet. Diesen erhielt die »Orangen-Alternative« mit Major Waldemar Fydrych an der Spitze. Sehen Sie in den Aktivitäten dieser Alternative in erster Linie einen künstlerischen oder einen politischen Wert?

Wajda: Bewegungen dieser Art sind kurzfristig, und man soll sich nicht darüber hinwegtäuschen, daß die »Orangen-Alternative« eine Alternative auf Zeit ist. Sie war es in der Schlußperiode des Kriegszustandes, als er kaum mehr zu ertragen war, man ihn aber nicht anders angreifen konnte, als es eben die »Orangen-Alternative« tat. Sie gab alle Formen des Straßenkampfes der Lächerlichkeit preis. Die von Fydrych organisierte Menschenmasse zeigte die ganze Lächerlichkeit und das Absurde solcher Situationen. Ich denke, daß ist schon ein großes politisches Ereignis. Ein künstlerisches Ereignis? In einem bestimmten Sinne ja, weil man sich dabei der Elemente der Kunst bedient, aus dem Arsenal modischer Kunstrichtungen schöpft: dem Happening, neuen Methoden der Performance. In diesem Zusammenhang ist es ein künstlerisches Werk. Aber seine Kraft – meine ich – und sein Wert beruhen darauf, daß es eine Kunst im Dienste der Politik, im Dienste der Nation ist. Solche Kunst ist mir besonders nahe, weil auch ich sie in fünfunddreißig Jahren meiner Arbeit zu realisieren suchte.

Skorupski: Sie wurden zum Senator gewählt. Das bedeutet für Sie eine zusätzliche Belastung. Ich habe aber gehört, daß Sie an einem neuen Film arbeiten.

Wajda: Es stimmt, ich bin sehr beschäftigt, auch die für unser Gespräch vorgesehene Zeit wird sich dadurch verkürzen; ich habe heute noch Verpflichtungen in der Vereinigung der Filmschaffenden und anschließend im Parlamentarischen Bürgerklub. Aber immer in solch schwierigen Momenten muß ich einen neuen Film machen, im Theater arbeiten. In diesem Jahr, während des heißesten Wahltrubels, gelang es mir, den »Hamlet« im Teatr Stary in Kraków zu inszenieren. Ich glaube, es ist die beste Aufführung meines Lebens. Vielleicht bin ich ganz einfach jetzt reif genug, die glücklichen Momente, die ich mir ausschließlich für meine künstlerische Arbeit abringe, um so intensiver auszunutzen, weil ich so wenig Zeit habe. Deshalb beginne ich jetzt auch mit der Arbeit an einem neuen Film. Er heißt »Doktor Korczak« oder einfach »Korczak«, das ist noch nicht entschieden. Er erzählt die Geschichte des alten Doktors, Pädagogen, Schriftstellers Janusz Korczak, aber eigentlich ist es die Geschichte seiner letzten Lebensjahre; er schildert das Jahr 1939, den Umzug ins Ghetto, das Kinderheim, das er 1941 betreute, den Anfang des Jahres 1942 im Warschauer Ghetto.

Skorupski: Zum 50. Jahrestag des Ausbruchs des zweiten Weltkrieges lebten die Diskussionen über polnisch-deutsche Beziehungen wieder auf. Sie besuchen die Deutschen, man kennt dort Ihre Aufführungen. Wie sehen Sie die Zukunft dieser gegenseitigen Beziehungen?

Wajda: Ich fahre nicht nur zu den Deutschen, ich habe etwas mehr gemacht. Am 1. September besuchte ich den deutschen Botschafter in Warschau, denn ich bin der Meinung, daß wir eine Brücke errichten, nach einer Lösung suchen müssen und daß es in der politischen Vergangenheit keine negative Situation gibt, die sich nicht in eine positive verwandeln ließe. Ich denke, daß die Polen jetzt, wo sie über sich selbst entscheiden können, eine neue Situation schaffen sollten. In all diesen Jahren haben die Kommunisten versucht, die Aufmerksamkeit von ihren Machenschaften, von der Rolle, die die Sowjetunion in Polen gespielt hat, abzulenken und den ganzen Haß der Bevölkerung auf die Deutschen zu lenken. Gewiß hat dieser Haß seine tiefen Grundlagen in dem, was die Deutschen während des Krieges in Polen angerichtet haben. Polen ist eines der Länder, die während des Krieges am meisten gelitten haben. Von den sechs Millionen Menschen, die hier ums Leben kamen, sind drei Millionen Polen. Ich glaube aber, wir müssen neue Lösungen für unsere Beziehungen finden. Ich bin nicht nur nach Deutschland gefahren, ich habe dort auch in Westberlin im Theater gearbeitet, habe in Deutschland zwei Filme gemacht, habe dort viele Freunde. Die deutschen Künstler sind für mich ein Ideal an handwerklicher Vollkommenheit und Weitblick. Meine Begegnungen mit Jutta Lampe oder Udo Sammel, die in »Schuld und Sühne« gespielt haben, gehören zu meinen unvergeßlichen künstlerischen Erfahrungen.

Ich möchte, daß sich auch die Polen den Deutschen von einer anderen Seite präsentieren, nicht nur als arme Flüchtlinge, die nach Verdienstmöglichkeiten suchen oder irgendwo auf dem schwarzen Markt handeln und sich nicht gerade positiv von den aus verschiedenen Ländern hier angeschwemmten Elementen abheben. Ich möchte, daß die Polen hier als Menschen auftreten, einfach als Menschen. Aber das wird erst dann möglich, wenn die Polen tatsächlich über sich selbst entscheiden können. Diese polnische Emigration ist ein Ergebnis des Unglücks, in welches uns die letzten vierzig Jahre kommunistischer Macht gestürzt haben. Nicht wir haben diese Situation geschaffen, sie wurde durch die kommunistischen Machthaber mit voller Absicht, mit allem Zynismus und aller Raubgier in dieser Zeit herbeigeführt. Dafür können nicht wir die Verantwortung tragen, obwohl leider wir die Konsequenzen tragen müssen. Man darf sich also nicht wundern, daß diese Menschen hier in Polen für sich keine Möglichkeiten sehen. Jetzt, wenn eine neue politische Situation entsteht, werden – hoffe ich – viele Polen, die auswandern wollten oder emigriert sind, zurückkommen und hier ihren Platz suchen.

Skorupski: Sehen Sie auch eine Emigration unter positiven Zeichen? Wir dürfen nicht vergessen, daß auch Mickiewicz, auch Chopin und der am Anfang zitierte Cyprian Kamil Norwid Emigranten waren und in der Emigration ihre wichtigsten Werke schufen.

Wajda: Aber sie waren nicht Emigranten aus freiem Willen, sondern aus Notwendigkeit. Im Epilog zum »Pan Tadeusz« sagte Mickiewicz sinngemäß, es sei der größte Fehler gewesen, daß wir aus dem Lande flohen und unsere ängstlichen und erschrockenen Köpfe mit uns nahmen. Mickiewicz war also der Meinung, es sei ein überaus unvernünftiger und überflüssiger Schritt gewesen.

Skorupski: Wo sehen Sie in Europa den Platz Polens?

Wajda: Diese Frage sollte anders gestellt werden: Kann es ein Europa ohne Polen geben? Europa endet doch nicht in Berlin, sondern weit im Osten. Und nur der Wahnsinn und die politische Verantwortungslosigkeit der Politiker nach dem zweiten Weltkrieg haben hundert Millionen Menschen zu Stalins Gefangenen gemacht, sie in die Sklaverei verkauft. Der Aufruhr der Letten, Esten, Litauer, der Ungarn und Polen ist ein Aufruhr gegen eine Situation, die durch andere, vor allem Amerika und England, bestimmt worden ist. Wir haben alle einmal in den Geschichtsbüchern gelesen, daß irgendein Volk in Unfreiheit geriet, und wir haben überlegt, wie das eigentlich möglich war. Das aber ist doch vor unseren Augen geschehen. Wir sind in die Unfreiheit verkauft worden: für die militärische Hilfe der Sowjetunion. Deshalb haben wir uns nie als ein der anderen Seite zugehöriger Teil gefühlt. Und wir werden uns auch nie so fühlen, weil wir hier Europa sind. Mir scheint, Europa kann ohne uns nicht existieren, Europa ist ohne uns gefährdet und kann in jedem Moment von einem Unglück bedroht werden. Manch einer ist natürlich der Auffassung, daß um den Preis dieser unserer hundert Millionen Menschen in sowjetischer Knechtschaft Europa schon seit fünfzig Jahren gleichsam im Glück, in Freiheit lebt, daß materielle Werte hergestellt werden konnten, die es erlauben, auf höherem Niveau zu leben als je zuvor, denn der sowjetische Gendarm überwacht Europa und wird nicht erlauben, daß ihm ein Unrecht geschieht, solange Europa keinen Anspruch auf die ihm gehörenden Gebiete erhebt, d.h. die Länder, die Amerika und England an Stalin abgetreten haben. Diese Länder sind sich längst dessen bewußt geworden, daß es keinen Sinn hat, auf Europa zu zählen. Sie haben den Entschluß gefaßt, ihre Freiheit und Unabhängigkeit selbst wiederzuge- winnen. Eines Tages werden sie in Europa anklopfen, und nicht als durch Jalta entstandene abhängige Staaten, sondern als freie Länder. Und erst dann wird Europa begreifen, daß es ohne diese Länder nicht existieren kann, daß es ohne sie keine wirkliche Sicherheit gibt.

Warschau, den 5. September 1989

Das Europa der Zukunft: Zivilisationsgemeinschaft und Vielfalt der Kulturen

Gespräch mit Izabella Cywińska

Izabella Cywinska wurde am 22. März 1935 in Lwów geboren. Für ihre künstlerischen Erfolge als Theaterregisseurin erhielt sie Preise und Auszeichnungen; sie wirkte in den Theatern von Białystok (1966-1968), Nowa Huta (1968-1969) und Poznań (1969-1970), war Direktorin und Künstlerische Leiterin im Wojciech-Bogusławski-Theater in Kalisz (1970-1973) und im Nowy-Theater in Poznań (1973-1989). 1981 war sie als Mitglied der »Solidarność« stellvertretende Vorsitzende der Verständigungskommission der Kulturschaffenden und wurde nach Verhängung des Kriegsrechts einige Zeit interniert.

Sie inszenierte unter anderem an Theatern in den USA (1975) und in der UdSSR (1989). Izabella Cywińska war in der Mazowiecki-Regierung Ministerin für Kultur und Kunst (vom 12. September 1989 bis zum 10. Februar 1991).

Izabella Cywińska

Skorupski: Frau Ministerin, der polnische Dichter Cyprian Kamil Norwid schrieb im 19. Jahrhundert die Verse:

> Und immer wieder entflammst du in dir
> Wie eine Pechfackel lohenden Zunder,
> Und brennend fragst du, ob größere
> Freiheit dir wird, oder ob alles, was dein,
> Zuschanden gehen soll? Ob Asche nur bleibt
> Und Staub, der mit dem Winde verweht?
> Oder ob auf der Asche Grund
> Strahlend ein Diamant erscheint,
> Der Morgen des ewigen Sieges ...

Die darin aufgeworfene Frage – sie war zu Norwids Lebzeiten wie während der unruhigen Zeitläufe bis nach dem zweiten Weltkrieg aktuell – geht dem Sinn der polnischen Geschichte nach. 1948 veröffentlichte Jerzy Andrzejewski den Roman »Asche und Diamant«. Andrzej Wajda hat das Buch verfilmt, aber er änderte den Schluß: Er ließ den Haupthelden Maciek Chełmicki auf einen Müllhaufen werfen, wohl in der Voraussicht, daß wir alle auf diesem Müllhaufen landen. Dort befanden wir uns, und dort sind wir eigentlich bis zum gegenwärtigen Zeitpunkt. Frau Ministerin, sehen Sie das Ende dieser Müllhaufen-Ära?

Cywińska: Als Sie begannen, dieses schöne Gedicht von Norwid aufzusagen, mußte ich gleich an das Finale des Films denken, an die urweise Frage und daran, daß Sie damit ins Schwarze getroffen haben. Mir scheint nämlich, daß alle, die den Entschluß gefaßt haben, heute an der Entreprise – wie es in der Theatersprache heißt – von Mazowiecki teilzunehmen, fest daran glauben, daß der Diamant strahlen wird und nicht nur Asche übrigbleibt. Das Ende des Müllhaufens steht hundertprozentig fest, ob aber dieses Ende gleichbedeutend mit der Verwandlung des Landes in einen wunderschönen Zaubergarten ist, das weiß ich nicht, denn den Müll sehe ich auch auf der moralischen Ebene. Auch wenn das Vorhaben in politischer Hinsicht gelingt – ein Prozeß mit größter Beschleunigung, der schon recht weit fortgeschritten ist –, so steht noch die schwere ökonomische

Aufgabe vor uns. Und weitaus schwieriger ist meiner Meinung nach die moralische Frage, d.h. das umfassende Problem unserer nationalen Wiedergeburt. Indem Sie mit Norwid anfingen, haben Sie mich zu einem Höhenflug angeregt. Den ganzen Tag war ich nämlich mit organisatorisch-finanziellen Angelegenheiten beschäftigt. Zwar unterhielt ich mich mit sehr interessanten Leuten, doch unsere Probleme waren – leider – außerordentlich prosaischer Natur, scheinbare Banalitäten, die trotzdem unerläßlich sind für unser Wirken in der Zukunft. Eigentlich sollte ein Humanist weiter, umfassender denken. Aber man muß einfach diesen besagten Müllhaufen wegräumen. Ihr Vergleich bringt uns auf das richtige Thema. Ich bin optimistisch genug, mein Vertrauen auf die sogenannten einfachen Reserven zu setzen. Andere meinen, das sei eine Form von Selbstmord, wie überhaupt unsere Regierung ein Kamikaze-Kabinett sei. Der Meinung bin ich nicht.

Wir haben eine Riesenchance – wenn das Volk nicht die Nerven verliert, wenn es durchhält, und alles deutet darauf hin, daß es durchhalten wird, denn wir haben große, sogar erstaunlich verbindliche Beweise einer außerordentlichen Opferwilligkeit. Als ich gestern z.B. erfuhr, daß Bauern aus verschiedenen Gebieten den Kreditverkauf eingestellt und unentgeltlich Produkte angeboten haben, hat es mir vor Rührung die Kehle zusammengepreßt. Denn der polnische Bauer, der nie von sozialistischen Ideen angekränkelt war, kann rechnen. Das ist ein großartiger Vertrauensbeweis für die Mazowiecki-Regierung.

Ich baue darauf, daß wir Reserven haben; natürlich gibt es auch solche Bereiche, in denen praktisch alles zusammengebrochen ist. Andererseits kann man z.B. in der Kultur, also in meinem ureigensten Ressort, schon jetzt sehr viel ausrichten ohne Geld, indem man ganz einfach für Ordnung sorgt, den Menschen Erleichterungen schafft, ihnen hilft, sich frei zu fühlen und über sich selbst zu entscheiden. Auf diese Weise werden schöpferische Tätigkeiten ermöglicht, die die bisherigen weit übersteigen. Dennoch wurde – verstehen Sie mich richtig – im Gegensatz zu anderen Gebieten, auf denen in den letzten fünfundvierzig Jahren unheimlich viel in die Brüche ging, für die polnische Kultur einiges getan. Ich kenne die westliche Kultur und träume davon – das ist meine Chance –, ein Modell zu schaffen, das etwa in der Mitte liegt. Es wird nicht die Muster kopieren, die bei uns nicht entwickelt wurden, wir wollen aber auch nicht das Kind mit dem Bade ausschütten. Während der ganzen Periode, in der man bei uns bereits Bemühungen unternahm, das Theater zu reformieren, habe ich – Direktorin einer mittleren Bühne – mich gewundert, warum wir nach all den Jahren der Fehler und Entstellungen nun in eine Periode eintreten, in der wir alle Fehler der westlichen, kapitalistischen Staaten getreulich nachmachen. Davor habe ich Angst, und das möchte ich unbedingt vermeiden. Ich setze alles daran, in meinem Entscheidungsbereich das zu retten und dem Vergessenwerden zu entreißen, was wir in diesen fünfundvierzig Jahren – trotz allem – geleistet haben. Es gibt manches, worum ihr im Westen uns beneidet; mit Sicherheit die Leute vom Theater, das weiß ich, weil es mein Revier ist, mir nah und vertraut. Ich möchte all das übernehmen, was bei euch zum Besten zählt, das aber, was schlecht ist – und dessen gibt es mehr als genug, die Kommerzialisierung der Kultur z.B. –, möchte ich draußen lassen.

Skorupski: Mit dieser Feststellung haben Sie mir eine Brücke gebaut. Auch ich meine, daß es in der polnischen Kultur viel Wertvolles gibt, im Grunde genommen ist alles wertvoll. Sollen wir uns um seiner Bewahrung willen nicht vor einer allzu großen Öffnung zum Westen hin hüten? Auch um der Gefahr einer Nachahmung zu entgehen? Denn diese Gefahr gibt es z.B. in den bildenden Künsten.

Von Leuten, die von auswärts kommen, wird diese Entwicklung nicht besonders gut beurteilt. Andererseits ist z.B. hier in Berlin – wo ich lebe – der erste Konzertmeister in einer der weltbesten Philharmonien Daniel Stabrawa, ein Pole, gleich daneben, in einer anderen musikalischen Institution, in der Oper, arbeitet Tomasz Tomaszewski, und das läßt sich fortsetzen. Es scheint, die polnische Kultur war bisher die einzige – wenn man es so prosaisch bezeichnen will – Exportware, deren man sich wahrlich nicht zu schämen braucht. Deswegen sollen wir pflegen, was uns gehört, aber zu Hause, auf unserem polnischen Boden.

Cywińska: Ich habe mich eine Zeitlang in der Sowjetunion aufgehalten, weil ich dort ein Stück inszenierte. Dort ist die Gefahr der Nachahmung größer als bei uns, die Russen durchleben gegenwärtig einen Westrausch, wie wir ihn im Jahre sechsundfünfzig erfahren haben. Diese Sünde haben wir hinter uns. Ich für mein Teil werde alles daransetzen, das zu bewahren, herauszuheben und zu fördern, was polnischen Ursprungs ist. Denn die optimistische Perspektive eines vereinten Europas läßt hoffen, wir werden uns in Zukunft nur noch durch unsere Kulturen voneinander unterscheiden. Die Zivilisationsunterschiede sollten aufgehoben werden, die kulturellen Unterschiede hingegen sollten um so ausgeprägter sein, damit diese Welt nicht farblos wird. Ich glaube, der Grund für diesen schrecklichen Rückfall in nationalistische Tendenzen ist eine Art Angst, daß wir in solch einem großen gemeinsamen Europa untergehen könnten. Nein! Es muß eine große, gemeinsame Zivilisation geben, in der Kultur dagegen sollten wir uns um so mehr voneinander unterscheiden, damit es hier interessant und bunt zugeht. Ich möchte alles schützen, was bunt und farbig ist, ohne aus unserem Land eine »Cepelia« zu machen. Für alle, die mit diesem Begriff nichts anfangen können: diese Art von »Cepelia« in des Wortes schlimmster Bedeutung existiert sowohl im Osten als auch im Westen. Bei uns in Polen wird damit eine Genossenschaft benannt, die Folklorespitzen, Bauernschürzen und diverse andere Gegenstände dieses Charakters herstellt. Bei aller Wertschätzung dieser Produktionen sollte man sich hier vorsehen, ich meine, daß man über den Fortschritt in der Kultur, sogar in ihren konservativen Zweigen, nicht hinwegsehen darf. Die Kulturen müssen sich durchdringen, sich gegenseitig befruchten, ganz so, wie die Volkstracht von der Hoftracht entlehnt und nur später auf das eigene Modell zugeschnitten wurde. Ebenso reichen die Wurzeln der polnischen Kultur bis in die deutsche, die russische, die tschechische und sogar die schwedische Kultur hinein. Und umgekehrt. In der Kultur drücken sich die nationalen Eigenarten, das Lokale, die Probleme aus, mit denen die Menschen leben. Nehmen Sie z.B. die skandinavische Kultur: sie ist streng, das fällt besonders in der Malerei auf. Aber sie ist wunderschön, und ich mag sie eben wegen ihres Charakters, wie aus Erde geboren. So haben auch wir unseren Charakter, den ich nicht so genau definieren kann. Wenn ich in vier Jahren von meinem Amt zurücktrete, werde ich es vielleicht eingehender überblicken und die charakteristischen Züge benennen können. Aber gewiß empfinde ich sehr intensiv, was uns gehört und was zum Nachteil von anderen entlehnt worden ist. Das kann man unterscheiden. Man muß die guten Anleihen, will sagen das Zusammenwirken der unterschiedlichen Kulturen, von den negativen unterscheiden. Wenn ich den Fernsehapparat einschalte und alle singen Rockmusik auf englisch und alle machen es auf dieselbe Weise, nur einige schlechter und andere besser, dann tut das weh, ich kann das gar nicht ansehen, und als Kulturministerin möchte ich es auch nicht unterstützen. Ich möchte lieber, daß unsere Popmusik – sehen Sie, ich benutze selbst schon dieses Wort, weil es einen polnischen Namen dafür überhaupt nicht gibt -, daß unsere Musik anders ist. Es gab einmal solche Ansätze, ich, als Mensch im »reifen« Alter, denke da z.B. an die Musik der Gruppe »Skaldowie«.

Sie haben versucht, moderne Musik aus musikalischen Traditionen zu schöpfen, und mir scheint, es waren gelungene Versuche. Ich weiß nicht, wie es weiter funktionieren kann. Die Kultur muß sich auf eine freie Weise entfalten, es sollte keine Richtlinien von oben geben, man sollte bestenfalls alles wachsam beobachten und nur das fördern, was zum Besten in seiner Art gehört.

Skorupski: Im Zusammenhang mit dem 50. Jahrestag des Kriegsausbruchs lebten die Diskussionen zum Thema der deutsch-polnischen Beziehungen wieder auf. Wie sehen Sie die Verbindungen zwischen der polnischen und der deutschen Kultur?

Cywinska: Sie sind sehr intensiv, und sie sind tief in Polen verwurzelt; es sollte doch möglich sein, sie ähnlich zu entwickeln wie z.B. die Beziehungen zwischen Deutschland und Frankreich. Das halte ich für eines der wichtigsten Probleme in Europa. Und ich meine, daß gerade die Regierung Mazowiecki in der Lage ist, das zu schaffen, ich zähle auf ein solches Ergebnis, schließlich lag in der Vergangenheit Schuld auf beiden Seiten. Ich rede in diesem Augenblick nicht vom Krieg, sondern über die Beziehungen danach, so kann man freimütig überdenken, was ihr Deutschen von uns habt und was wir von euch haben. Und das ist sehr viel. Gewiß, da ist ein trauriger und auch peinlicher Nachlaß, aber auch Werte blieben zurück aus der Zeit der Annexion Polens.

Ich habe in den letzten Jahren in der Wojewodschaft Poznań gewirkt und kann aus diesen Erfahrungen heraus nur Gutes sagen über die Einstellung der Menschen zur Arbeit. Dieses Vermächtnis hat auch etwas mit Kultur zu tun, nämlich mit dem Verhältnis zu den kulturellen Werten. Diese Bevölkerung ist anders als diejenige, die im 19. Jahrhundert von den Russen annektiert war. Vielleicht hat sie weniger Anmut, weil eben die Deutschen weniger Anmut haben als die Russen, aber sie ist zivilisierter. Und das ist zu einem Teil unserer Kultur geworden, von dem wir uns nicht mehr trennen werden. Es sind nicht nur die glücklichen Stunden, die unser Leben gestalten, sondern auch die weniger angenehmen Momente, und mir scheint, daß man in ihnen, gerade aus der Rückschau, auch positive Eigenschaften finden kann. Abgesehen davon, daß zahlreiche bekannte polnische Geschlechter germanischer Abstammung sind, enthält auch die polnische Sprache mehr Wörter germanischer Herkunft, als wir uns vielleicht bewußtmachen. Auch in der Architektur gibt es Spuren, zwar nicht die besten, denn es sind die Spuren der preußischen Architektur, aber immerhin. Ich denke auch an die Malerei, an meinen Lieblingsmaler Józef Brandt (1841-1915) und die ganze gegenwärtig in der Welt so hoch geschätzte Münchener Schule, deren Anhänger ihre künstlerische Ausbildung in Deutschland erfuhren und dennoch in ihrem innersten Wesen polnisch blieben. Denken Sie an die Kultur der Jahrhundertwende, an Stanisław Przybyszewski (1868-1927) z.B. Damals herrschten zwischen Poznań und Berlin so enge Kontakte wie heutzutage zwischen Poznań und Warschau. Möge einmal die Zeit kommen, in der Polen nicht mehr als Emigranten nach Deutschland fahren, weil sie Hilfe und Arbeit suchen – aus einem Lande, in dem die Jugend nicht ihren eigenen Platz zu finden vermag -, sondern wir als Menschen kommen, die in der Kultur im umfassenden Sinne als gleichberechtigte Bürger auftreten. Daran glaube ich.

Bleibt noch das komplizierte Problem der deutschen Minderheit in Polen. Während meines letzten Aufenthaltes in Düsseldorf, im Mai, verweigerte ich den Journalisten ein Interview zu diesem Thema, zum Glück, denn ich kannte damals nur einen Bruchteil der wirklichen Fakten – genauer gesagt nur die eine Seite. Erst im Mai fing man nämlich an, Informationen zu diesem Problem zu veröffentlichen, und in den Zeitungen erschienen Artikel, die dieses Thema auch von anderen Gesichtspunkten aus beleuchteten. Das ist ein für uns Polen und für alle davon betroffenen Menschen schmerzliches Problem, zu dem man viel sagen müßte, und zwar in aller Offenheit.

Skorupski: Noch das eine. Im Ausland leben viele Polen. Dabei denke ich an bekannte Namen, aber auch an die noch unbekannten Künstler, die bisher keine Gelegenheit hatten, ihre Werke in Polen zu veröffentlichen. Sehen Sie eine Chance für diese Menschen?

Cywińska: Es sollte das Anliegen der neuen politischen Führung sein, die Grenzen zwischen unserer Kultur hier und den Auslandspolen generell zu beseitigen. Ich wünschte mir sehr, daß nach den vier Jahren dieser Legislaturperiode eine Kultur existiert, die alle Richtungen wirklich vereint, unter anderem, daß die Literatur aus dem sogenannten »zweiten Umlauf« aufhört, als Untergrundliteratur zu gelten. Das ist nur noch eine Frage von Tagen. Auch, daß die fünfzehn Millionen Polen, die jetzt über die Welt verstreut leben, sich als Mitgestalter dieses Staates fühlen sollten, eines Staates, zu dem, wie ich vermute, viele zurückkehren möchten, wenn alles nach unseren Wünschen verläuft. Zum Beispiel, um hier einen Platz fürs Alter zu finden. Es ist dies eine Frage der Legislative, der Veränderung einiger Vorschriften – und schon fühlen sich diese Leute hier wie zu Hause. Ich werde dafür die Hilfe der Auslandspolen erbitten. Aber es wird von dieser Seite keiner so großen Hilfe bedürfen, die Künstler müssen einfach die Chance erhalten, in diesem wichtigen Moment, in dem das Land neu geboren wird, mitwirken zu können.

Wie Sie sehen, ist mein Ministerium wie ein Haus, um das noch das Baugerüst steht. Davon wußte ich, als ich hier eintrat, noch nichts. Es ist, als ob jemand ein Drehbuch entworfen hätte, symbolisch ein Stück in Szene setzte. Ich bin fest überzeugt, daß eine solche gemeinsame Kultur auch allen die Chance geben wird, sich hier zu präsentieren. Ich werde dafür sorgen.

Skorupski: Nur – was sie aus dem Lande verjagt hat, war der Mangel an Freiheit. Um auf den Anfang unseres Gesprächs zurückzukommen: Ich meine, dieser Diamant, den wir immer noch suchen, ist die Freiheit. Die vollkommene Freiheit. Auch mich haben die Beschränkungen und Fesseln aus dem Lande gejagt. Weil ich hier nicht mehr viel zu sagen hatte, mußte ich wegfahren, und woanders fand ich die Freiheit, obwohl ich zugeben muß, daß mein Land mir sehr fehlt.

Cywińska: Und wenn dieses Land frei wird? Daran zweifle ich nicht, daran glaube ich felsenfest, sogar, daß der jetzt vorgegebene Termin von vier Jahren sich noch verkürzt; ich bin Optimistin. Natürlich hängt alles von der Geduld unserer Bevölkerung und von der Hilfe aus dem Westen ab. Wenn wir dieses schwierige erste Halbjahr hinter uns haben, wenn die Menschen diese ungeheuer komplizierte ökonomische Lage verkraften – Sie sehen selbst, was los ist, und es wird noch schwieriger werden –, so haben wir freie Bahn und werden noch vor Ablauf der vorgesehenen vier Jahre beim vollkommenen Pluralismus angelangt sein. Den vollkommenen Pluralismus wird die Freiheit begleiten, eine Freiheit, die sich mit jeder anderen Freiheit dieser im ganzen recht passablen Welt messen kann.

Skorupski: Die Leute im Westen bezweifeln, ob es möglich ist, daß derselbe Mensch, der das Kriegsrecht eingeführt hat, auf einmal an der Spitze der Reformen steht. Sie denken, daß wieder ein Wandel eintritt, daß plötzlich wieder jemand, natürlich mit Hilfe gewisser Kräfte, diese Strömung, die anscheinend ihr passendes Bett gefunden hat, aus der Bahn wirft.

Cywińska: Wissen Sie, in einer für mich sehr schwierigen Situation traf ich mit Jacek Kuroń zusammen. Wir waren beide aus der Internierung entlassen worden, Jacek hatte viel länger als ich gesessen. Ich kam sehr niedergeschlagen zu ihm und fragte ihn, was nun aus dieser Situation werden sollte, zweifelte, daß es überhaupt noch eine Möglichkeit gäbe. Und er, in seinem unverwüstlichen Optimismus, antwortete: »Was redest du da? Wissen wir, was die Stunde schlägt?« Er war fest davon überzeugt, daß die Welt noch manche Überraschung für uns bereithalte, und alles würde sich zum Guten wenden. Daran habe ich mich geklammert, auch wenn alles dagegen sprach. Und sehen Sie – er hat recht behalten. Als ich ihn dann im Parlament im Gespräch mit Innenminister Kiszczak sah, habe ich mich gekniffen, um zu prüfen, ob ich auch wirklich nicht träume. Ich konnte noch immer nicht daran glauben.

Und was Jaruzelski betrifft. Ich sage offen, daß ich ihn für einen sehr ehrlichen Menschen halte und daß er ein Patriot ist. Seine Ansichten ... kenne ich nicht. Mir scheint, er ist ein wirklicher Kommunist. Aber was bedeutet das? Ein wirklicher Kommunist ist ein Mensch, der danach strebt, den Menschen überhaupt glücklich zu machen. Ob man seine Ansichten nun teilt oder nicht – ich persönlich teile sie nicht –, seine Haltung zeugt von Edelmut. Wenn er fähig ist, sich den Umständen anzupassen, seine Weltanschauung zu ändern bzw. nicht darauf zu beharren, dann spricht das für ihn. Die Welt ist in der Entwicklung begriffen, und wer nicht imstande ist, die Veränderungen zu akzeptieren und Argumente der anderen Seite anzunehmen, ist dumm. Man kann ihn auch einen Betonkopf nennen. Jaruzelski ist mit Gewißheit kein Betonkopf, und ich halte ihn tatsächlich für einen Patrioten. Sonst würde er sich darauf nicht einlassen. Er hat doch kein leichtes Leben, im Gegenteil. Bei der Bevölkerung ist er nicht beliebt, Sie haben es während der Wahl doch gesehen, was sich ereignete, wie man gegen ihn auftrat. Und was für Freude kann ihm die Macht geben? Ich weiß nicht. Jetzt bin ich den zweiten Tag in diesem Kabinett, und schon sehe ich ein, daß mir sogar dieses winzige Ministerium keine Chance für ein Privatleben läßt ... Man kommt nicht mal dazu, eine Zeitung zu lesen. Und er macht das schon so viele Jahre mit. Da hat man nicht mal Zeit, sein Geld auszugeben oder in Urlaub zu fahren.

Skorupski: Aber gestern hat er Sie ziemlich bissig behandelt.

Cywińska: Nicht mich, sondern die polnische Kultur. Er hat sich später dafür bei mir entschuldigt. Ich sagte: »Verzeihen Sie, nicht ich bin für diese fünfundvierzig Jahre verantwortlich, vielmehr die von Ihnen gewählten Minister.« Immerhin war ich ihm dankbar dafür, daß er in seinem Bericht der Kultur so viel Platz einräumte, gewiß ist es aber nicht in Ordnung, wenn er sich zum gegenwärtigen Zeitpunkt mit dem Mangel an Einwickelpapier für Fleisch beschäftigt. Darüber konnte man zu Giereks Zeiten reden, aber nicht jetzt. Dagegen gibt es enorme Fehle, deren Ursache im System liegt, ich rede von Fehlern im kulturellen Bereich. Ein Beispiel ist die Architektur. So gab es für diejenigen, die sich ein Haus bauen wollten, als einzige Variante nur einen schrecklichen grauen Betonklotz, es gab nicht die Möglichkeit, z.B. ein altes polnisches Herrenhaus als Muster zu nehmen. Stellen Sie sich vor, wie unser Land aussähe, wenn statt dieser grauen Betonwürfel überall solche kleinen Gutshäuser stehen würden. Wie groß ist das Gefühl für Verantwortung in einem totalitären Staat, wenn er den Menschen nur einen einzigen, dazu noch häßlichen Haustyp aufzuzwingen vermag? In demokratisch regierten Ländern kann jeder Häuser bauen, wie es ihm gefällt.

Skorupski: Sie waren kürzlich in der Sowjetunion. Die Polen im Westen meistern ihre Probleme, auf irgendeine Weise, die einen besser, andere schlechter, aber immerhin. Sie pflegen polnische Traditionen und die Muttersprache. Mit den Polen, die in der Sowjetunion leben, war es bislang anders. Gibt es eine Chance, daß es sich ändert?

Cywińska: Die Menschen waren verraten und verkauft, es ging uns immer nur um die Polonie in westlichen Ländern, weil dort das Geld war, die im Osten hat man einfach totgeschwiegen. Man sollte hier auch nicht von Polonie sprechen, das ist etwas völlig anderes. Die meisten sind auch nicht aus Polen emigriert, haben nicht um Asyl in der Sowjetunion gebeten, sondern haben in diesen Gebieten gelebt und sind dort hängen geblieben, der Sturm der Geschichte hat sie dorthin verschlagen.

Skorupski: Denken Sie an die Menschen, die dort interniert wurden?

Cywinska: Ich spreche nicht von der Gruppe, die dazu gezwungen wurde, die russische Staatsangehörigkeit anzunehmen. Diese Menschen könnten doch jetzt zurückkommen. Manche wollen aber nicht. Sie sind gefühlsmäßig mit dem Boden verbunden wie Czesław Miłosz mit Wilna, fühlen sich als Patrioten. Wir sind nicht nur Patrioten unseres Heimatlandes, sondern mitunter auch des Landstrichs, in dem wir geboren wurden. Ich bin der Meinung, daß man sie anders betrachten muß: die in Litauen wohnenden und mit Litauen verbundenen Polen oder die Polen, die in der Ukraine leben, weil ihre Familien seit Generationen dort zu Hause sind. Sie können mit dazu beitragen, die Denkmäler polnischer Kultur in Lwów oder Wilna zu pflegen und zu betreuen. Sie sollten dort weiter als Hausherren für die polnischen Gräber sorgen, und wir müssen sie finanziell unterstützen. Ich möchte noch einmal zurückkommen auf die deutsche Minderheit und auf die Schuld, die wir gegenüber den Schlesiern und Kaschuben auf uns geladen haben. Da wurden zahlreiche Fehler gemacht, aber ich denke, wir befinden uns jetzt auf dem richtigen Weg, indem wir Partnerbeziehungen mit unseren Nachbarn ausbauen. Ich habe mich darüber mit Michnik und Borusewicz unterhalten, die sich in ihren Parlamentsausschüssen mit diesem Problem beschäftigen. Sie führen Gespräche, werten aus, was in der Vergangenheit hier nicht in Ordnung war. In unseren Beziehungen zu den wiederauflebenden Volksbewegungen in der Ukraine und in Litauen und z.B. auch in der Tschechoslowakei entsteht viel Neues. Das läßt die Hoffnung aufkommen, daß eines Tages auch der Osten von Europa jenem ähnlich wird, das ihr im Westen schon im Jahre 1992 zu realisieren hofft.

Warschau, den 14. September 1989

Wir brauchen Kolumbusse, um Polen zu entdecken

Gespräch mit Lech Wałęsa

Lech Wałęsa wurde am 29. September 1943 in Popowo geboren. Der gelernte Elektriker ist Vater einer vielköpfigen Familie. Er hat in der Werft und anderen Industriebetrieben von Gdańsk gearbeitet. Der hartnäckige Gegner des kommunistischen Regimes gehörte bereits bei den Unruhen im Dezember 1970 dem Streikkomitee an, er war es, der im August 1980 den Zaun der Gdańsker Werft übersprang; er setzte sich an die Spitze des innerbetrieblichen Streikkomitees und übernahm später die Leitung der Unabhängigen Gewerkschaft »Solidarność«. 1983 ehrte man ihn mit dem Friedensnobelpreis. Wałęsa wurden mehrere Ehrendoktorwürden verliehen. Auf dem 2. Kongreß der »Solidarność« wählten ihn die Mitglieder dieser Gewerkschaftsorganisation erneut zu ihrem Vorsitzenden. Seit dem 22. Dezember 1990 ist Wałęsa Polens Staatspräsident. In seiner Freizeit angelt er gern.

Lech Wałęsa

Skorupski: Herr Wałęsa, ich nehme ein Dichterwort zu Hilfe, um meine Frage an Sie zu formulieren.

> Und immer wieder entflammst du in dir
> Wie eine Pechfackel lohenden Zunder,
> Und brennend fragst du, ob größere
> Freiheit dir wird, oder ob alles, was dein,
> Zuschanden gehen soll? Ob Asche nur bleibt
> Und Staub, der mit dem Winde verweht?
> Oder ob auf der Asche Grund
> Strahlend ein Diamant erscheint,
> Der Morgen des ewigen Sieges ...

Cyprian Kamil Norwid hat das geschrieben; diese Worte waren aktuell während eines langen Jahrhunderts wechselvoller polnischer Geschichte. Jerzy Andrzejewski griff in seinem Roman »Asche und Diamant« auf sie zurück. Später hat Andrzej Wajda nach diesem Roman einen Film gedreht. Seinen Helden Maciek Chełmicki läßt er am Ende des Films auf einem Müllhaufen enden. Für mich ist dieser Müllhaufen ein Symbol der Vergangenheit, in dem Sie und ich und alle Polen gleichsam begraben werden. Dieser Müllhaufen existiert noch immer. Und zwar auf dem polnischen Flohmarkt in Westberlin, zu dem Polen in Massen anreisen. Gibt es eine Aussicht, wann dieser Müllhaufen endlich abgetragen sein wird?

Wałęsa: Das ist keine Frage an mich. Ich erinnere Sie daran, daß ich Vorsitzender der Gewerkschaft »Solidarność« bin; besser noch könnte ich sagen, ich bin Vorsitzender für die polnischen Reformen. Ich war nicht in Berlin und habe auch nicht die Absicht, über das Thema Müllhaufen zu diskutieren. Bei uns existiert das Unternehmen Stadtreinigungsbetriebe, MPO, so nennt sich das; reden Sie bitte mit denen darüber.

Skorupski: Gut, gehen wir über zur nächsten Frage ...

Wałęsa: Ich sehe, daß Sie sich auf dieses Interview nicht vorbereitet haben, aber da wir nun mal im Gespräch sind, versuchen wir's ...

Skorupski: Herr Wałęsa, daß es um Polen so schlecht steht, ist die Schuld des bisherigen politischen Systems. Aber liegt die Schuld nicht auch bei den Polen selbst, die sich, besonders im Ausland, wie Beispiele zeigen, nicht immer allzu würdig verhalten und dadurch Polens Ruf verunglimpfen. Das wiederum erschwert die Bemühungen, die für Reformen unbedingt erforderliche Unterstützung zu erlangen. Bitte sehen Sie sich diese Aufnahmen an, gemacht auf dem illegalen polnischen Flohmarkt in Westberlin. Das ist ein polnischer Müllhaufen, ein moralischer und zugleich wirtschaftlicher Müllhaufen. Soll so der polnische Export aussehen? In Polen sind jetzt politische Auseinandersetzungen im Gange, es entstehen immer neue Parteien. Es gibt bereits mehrere Bauernparteien, und vieles deutet darauf hin, daß es weit über ein Dutzend geben wird. Inzwischen aber haben die Leute nichts zu essen. Sind Sie für eine Integration der politischen Meinungen und Ansichten oder für deren weitere Zersplitterung? Sollte man, anstatt politische Streitigkeiten auszufechten, nicht besser alle Anstrengungen des Volkes darauf konzentrieren, die Wirtschaft zu reformieren?

Wałęsa: Auf dieser Welt, in Europa, in Polen und in Berlin, sind viele Angelegenheiten zu erledigen. Es gibt kein ausgeglichenes Wirtschaftsniveau, das gilt auch für die Behandlung gesellschaftlicher, politischer wie auch anderweitiger Fragen. Diese Unterschiede bewirken viele Absurditäten, und sie führen dazu, daß die Bevölkerungsgruppen sich so und nicht anders verhalten. Die Politiker, die Gewerkschaftsvorsitzenden und auch alle anderen sollten bemüht sein, das Lebensniveau der einzelnen Bevölkerungsschichten – das wirtschaftliche, gesellschaftliche und politische Niveau – auszugleichen. Wenn wir das Niveau ausgleichen können oder einem Ausgleich nahekommen, wird es solche Sachen, die Sie als Müllhaufen bezeichnen, nicht mehr geben. Nicht die Menschen sind schuld. Daran sind die Systeme schuld. Schuld daran ist der Eiserne Vorhang, den es gegeben hat, schuld ist die Propaganda. Schuldig sind auch diejenigen, die – wie selbst Sie – Gedichte zitieren und nicht vorausgesehen haben, daß es zu so einer Situation kommen wird, daß einige Leute sich aus dem Staub machen, daß sie blindlings wegfahren werden, um woanders der Lösung ihrer Probleme näherzukommen, als es hier möglich wäre.

Was das zweite Thema, die politischen Parteien, anbetrifft, sage ich, daß die Ketten fallen, daß Pluralismus und Freiheit zu wirken beginnen; die Leute versuchen, diese Freiheit zu nutzen und sich organisatorisch in verschiedenen Formationen, Vereinigungen und politischen Parteien zusammenzuschließen. Die einen tun das, weil es endlich erlaubt ist, weil sie lange darum gekämpft haben, andere, um ihren Interessen zu frönen, und wieder andere, na ja, weil sie denken, daß sie dafür begabt sind, und weil sie sich bewähren wollen usw. usf. Da müssen wir durch, um zur Normalität zu gelangen und jene Wege zu beschreiten, die sich für die Gesellschaft auszahlen und die sowohl die richtigen und vorteilhaftesten Reformen versprechen als auch zur Gestaltung eines wirksamen Programms führen. Kurzum: wir müssen diesen für die Bevölkerung beschwerlichen Zeitraum hinter uns bringen; obgleich er vielen, die ähnliches schon durchgemacht oder gesehen haben, nicht gefallen mag.

Skorupski: Sie bezeichnen sich als politischen Amateur. Wann wechseln Sie ins Profilager über?

Wałęsa: Ich habe den Platz, den ich jetzt einnehme, nie angestrebt; ich habe nie geahnt, daß mir das Schicksal einmal einen solchen Platz zuweist. Natürlich sage ich viele Sachen, und ich sage auch, daß ich Amateur bin, denn das bin ich ja, und ich sage, daß ich kein Profi werden will. In meinem Alter, wenn man schon über die Vierzig hinaus ist, muß man um Gesundheit beten, denn um Verstand zu beten, dafür ist es schon etwas spät. Ich beabsichtige nicht, mich auf den Professionalismus umzustellen; das überlasse ich den anderen, der jüngeren Generation, die Polen aufbauen soll, die eine Welt der Zukunft errichten muß und gewissermaßen von einer anderen Plattform aus starten soll. Meine Generation ist im Krieg und gleich nach dem Krieg gestartet, sie hatte schwierige Voraussetzungen. Sie ist verkrümmt und paßt nicht sonderlich in diese heutige Zeit. Jede Generation muß ihr eigenes Vaterland errichten, die Probleme für sich selber lösen, nicht aber für die anderen Generationen. Dann wird alles offener, verständlicher und klüger sein, das denke ich. In diesem Zusammenhang habe ich nicht die Absicht, Profi zu werden.

Skorupski: Gut, aber trotzdem haben Sie es durch Ihr Wirken als politischer Amateur dazu gebracht, daß »Solidarność« gewissermaßen die Mentalität der Polen verändert hat; daß die Polen dank »Solidarność« vollkommen andere Menschen geworden sind. Stimmen Sie dem zu?

Wałęsa: Nun, das ist schwer zu sagen; es fällt mir schwer, darüber zu reden... Ich habe immer gesagt, daß ich die Kreuzworträtsel löse, die mir das Leben aufgibt. Ich wende mich an diejenigen, die mir zuhören wollen. Zuerst habe ich mich nur an meine Frau gewandt, später an meine Kinder, dann an größere Gruppen. Später habe ich sehr viel gesagt, denn wir hatten bereits viele Millionen Zuhörer; jetzt sind es etwas weniger geworden, aber dafür sind die Sender stärker, also bin ich auch weiter weg noch zu hören. Ich werde das, was ich mache, auch weiter tun, ich werde also die Kreuzworträtsel lösen, die mir das Leben aufgibt. Die Beurteilung aber bzw. Empfehlungen aufzugreifen und Schlußfolgerungen zu ziehen, das ist nicht meine Sache. Ich freue mich, wenn ich jemandem helfen kann, wenn jemand Nutzen durch mich hat bzw. mich ausnutzt.

Skorupski: Die Gewerkschaften hatten damals, 1980, eine ganz andere Rolle. Die »Solidarność« hat erreicht, daß es so ist, wie es ist, aber gegenwärtig meine ich, sollten andere Kräfte die Triebkräfte für die Zukunft Polens sein.

Wałęsa: Sie sagen genau das, was ich schon seit langem erkläre, nur hören mir nicht alle aufmerksam zu. Ich habe das von Anfang an gesagt – wir waren und wir sind die Reformbewegung, die sich »Solidarność« nennt, und wir werden dies noch ein bißchen länger bleiben. Selbstverständlich durfte man 1980 nicht sagen, daß wir eine Reformbewegung sind, denn Breshnew hätte uns zu den Eisbären nach Sibirien verbannt. Damals durfte man nur um Brot kämpfen, dann kamen drei Pünktchen und danach erst die Freiheit. Heute kann man schon um die Freiheit kämpfen, die Brot bringt. Zuerst haben wir also das getan, was möglich war, obwohl wir wußten, daß wir mehr wollten; nur daß wir damals nicht mehr verlangen durften. Unsere Kraft und unsere Möglichkeiten waren so, wie sie eben waren. Heute hat sich das verändert, heute sieht die Reform anders aus als damals, unsere Hauptrichtung aber ist die gewerkschaftliche Arbeit. Wir wollen eine gute Gewerkschaft sein, die beste in der Welt; aber eine Gewerkschaft kann es nur geben, wenn es Fabriken gibt, wenn es eine Wirtschaft gibt und wenn die politischen Voraussetzungen bestehen. In Polen gab es niemanden, der diese Voraussetzungen hätte schaffen können. Die Reformbewegung mit dem Namen »Solidarność« schafft also für sich und für Polen die Voraussetzungen für eine gute Gewerkschaft; und bei Gelegenheit reformieren wir dabei gleich noch das politische und ökonomische System, damit wir eine gute Gewerkschaft sein können.

Skorupski: Sie reisen viel durch die Welt. Bitte sagen Sie, was Sie von den Reichen dieser Welt erwarten, nur Geld oder noch etwas mehr?

Wałęsa: Wissen Sie, ich beziehe Reichtum nicht nur auf Geld; ich spreche von politischem Reichtum, wirtschaftlichem Reichtum, gesellschaftlichem Reichtum. In all diesen Gruppen begegne ich Reichen von ein und demselben Zuschnitt. Die einen haben viel Geld, andere haben viele Ideen, die dritten haben Lösungen, mit denen man zu Geld kommen kann, und wiederum andere haben Geld und sorgen dafür, daß man dieses Geld verliert. Weshalb nicht. Die Reformbewegung – und das, was ich mache – sucht Lösungen, Systemlösungen, auch im ökonomischen Bereich; aber das ist nur ein Teil des Wirkens. Ich suche nach Lösungen, wie man die Masse der Bevölkerung für die Reformen gewinnen kann. Dazu ist Reichtum an Formen und Programmen nötig. Ich suche tatsächlich auch Leute, die in Polen gute Geschäfte machen könnten. Es ist nun einmal so, daß diejenigen, die Geld haben, schneller Geschäfte machen können, und ich nehme sie vielleicht eher wahr. Aber manchmal ist es noch besser, wenn jemand eine Idee hat, wie man gute Transaktionen machen kann. Polen braucht jetzt kein Geld, Polen braucht Zusammenarbeit, die Geld einbringt.

Wissen Sie, ich erinnere mich an folgendes Beispiel aus meinem Leben: Ich war achtzehn. Ich hatte jemandem den Wagen repariert und damit furchtbar viel Geld verdient, denn der Mann war reich. Aber ich hatte kein Fahrzeug und mußte fünfzig Kilometer zu Fuß laufen. Ich hielt das Geld hoch, aber niemand hielt an, um mich mitzunehmen. Daß es damals nur wenig Verkehr gab, ist eine andere Tatsache. Vor Wut hätte ich das Geld am liebsten weggeworfen. Und Hunger hatte ich ... Man kann also auch mit Geld nicht alles erreichen. Was Polen heute am dringendsten braucht, sind Einfälle und interessante Vorschläge.

Skorupski: Man muß überlegen, wie die Korruption zu beseitigen ist; die gibt es ja leider in Polen; ich könnte Ihnen da Beispiele nennen ...

Wałęsa: Pluralismus, Demokratie und Freiheit beseitigen die Korruption.

Skorupski: Eine Reorganisation der Arbeit ist erforderlich; das ist das Problem ...

Wałęsa: Aber nein, ich bitte Sie! Alles hat gepaßt, als es durch das kommunistische System von oben her reglementiert war. Wenn ihnen etwas fehlte, haben sie Anleihen aufgenommen und sich um nichts gekümmert; Hauptsache, es stimmte auf dem Papier. Wenn man ihnen kein Geld leihen wollte, haben sie neues gedruckt. Jetzt haben wir die da oben, die Spitze des Eisbergs, entthront, und nun ist alles auseinandergefallen. Kein Preis stimmt. Korruption. Die Verwaltung, die Bankvorschriften und andere Bestimmungen, nichts paßt. Alles ist schlecht. Alles wie Kraut und Rüben. Man braucht Leute vom Schlag eines Kolumbus, die Polen aufs neue entdecken, und die Entdeckung Polens besteht darin, die Bankwirtschaft zu ordnen, das System in Ordnung zu bringen, die leitenden Kader rauszuwerfen. Es müssen Kolumbusse sein, die das vollbringen. Und dann kann man Geschäfte machen. Sehen Sie, in Amerika machen Sie kein Geschäft; die Chancen stehen eins zu einer Million! Und nun sehen Sie sich das hier an: Sie wollen ein Geschäft machen, z.B.

Gdańsk anstreichen? Bitte sehr, ganz Gdańsk muß renoviert werden. Zwei Drittel von Gdańsk und von ganz Polen sind reif zum Abriß, das sind die reinsten Slums. Schauen Sie nur: eigentlich müßten alle Autos verschrottet werden. Wo finden Sie ein besseres Business? Und so sieht es im ganzen Ostblock aus. Man braucht einen Kolumbus, um das Bankrecht zu entdecken, um das aufzuklären, wovon Sie gesprochen haben, um Ordnung einzuführen, diesen Dschungel zu durchforsten und einen Weg zu finden. Das ist ein Dickicht von Vorschriften, ein Dickicht der Intoleranz, ein Dschungel von Absurditäten. Schlagen Sie einen Pfad durch diesen Dschungel, und Millionen strömen herbei. Die Amerikaner werden kommen, denn hier – und nicht in Amerika – macht man Geschäfte. Das will ich bewerkstelligen!

Skorupski: Herr Wałęsa, ich wünsche Ihnen alles Gute und erfolgreiche Arbeit zum Wohle Polens.

Wałęsa: Danke, ich werde mir Mühe geben! Aber das hier [er deutet auf die Aufnahmen vom polnischen Flohmarkt in Westberlin, das ist kein Thema ...

Gdańsk, den 7. November 1989

Ich entdecke einen Diamanten in Berlin in der zerberstenden Mauer
Gespräch mit Waldemar Fydrych

Waldemar Fydrych, Kunsthistoriker und Künstler, wurde am 8. April 1953 in Toruń geboren. Er gehört zu den herausragenden Persönlichkeiten der in Polen entstandenen alternativen Bewegungen. In seine zahlreichen künstlerisch-politischen Massenaktionen bezog er die Bürgerschaft von Wrocław und Niederschlesien ein; die auf diese Weise mit dem Staatstotalitarismus geführte Auseinandersetzung brachte ihm Verhaftungen ein. Er ist der Schöpfer des »Manifests des sozialistischen Surrealismus« und Begründer der »Orangen-Alternative«, ernannte sich selbst zu deren »Major« und zum »Kommandanten der Festung Breslau«. Sein Schaffen trägt deutlich anarchistische Züge. Waldemar Fydrych hat auch zur jüngsten polnischen Wirklichkeit ein kritisches Verhältnis, so organisierte er, gleichsam als Umkehrung der regierungsfreundlichen Aktion »Künstler für die Republik«, Bettlermärsche, die er unter die Losung stellte: »Die Republik für die Künstler«. Sein öffentliches Wirken steht gewissermaßen im Widerspruch zu seiner eigentlichen Wesensart, gilt der Künstler doch privat als wohlwollend und friedfertig. Seit dem Sommer 1990 lebt Waldemar Fydrych in Paris, am 22. Dezember 1990 ernannte er sich zum Präsidenten der Exilregierung Polens.

Waldemar Fydrych in Paris am 3. Mai 1991

Skorupski: Herr Fydrych, ich frage Sie mit einem Gedicht von Cyprian Kamil Norwid:

> Und immer wieder entflammst du in dir
> Wie eine Pechfackel lohenden Zunder,
> Und brennend fragst du, ob größere
> Freiheit dir wird, oder ob alles, was dein,
> Zuschanden gehen soll? Ob Asche nur bleibt
> Und Staub, der mit dem Winde verweht?
> Oder ob auf der Asche Grund
> Strahlend ein Diamant erscheint,
> Der Morgen des ewigen Sieges ...

Diese Frage war aktuell, als der Dichter lebte und später während der langen Geschichte Polens bis hin zur Nachkriegszeit, als Jerzey Andrzejewski dieses Gedicht in seinem Roman »Asche und Diamant« verarbeitet hat. Dann hat Andrzej Wajda einen Film unter demselben Titel gedreht, aber er änderte den Schluß des Romans und ließ seinen Haupthelden auf einem Müllhaufen sterben. Später versuchte man, alle Gegner des totalitären Systems auf den Müll zu werfen. Intellektuelle kommentierten dieses Filmende verschieden, auch ich habe mir meine »Müllhaufen-Theorie« gebastelt, nämlich daß Wajda ein Seher war, daß er unser – und aller Polen – Gesellschaftsspiel auf diesem Müllhaufen voraussah. Gehen Sie auf den Flohmarkt in Westberlin – und Sie sehen, daß Polen immer noch in diesem Müll herumwühlen. Wann, meinen Sie, wird das sein Ende haben?

Fydrych: Mit scheint, daß der Begriff des »Müllhaufens« an sich auf jede Kultur zu beziehen ist. Das Problem, das Andrzej Wajda – anhand des Gedichts von Norwid und gestützt auf den Roman Andrzejewskis – aufgeworfen hat, ist ein fundamentales Problem. Es betrifft die Freiheit des Menschen, jene Freiheit, die gleichbedeutend ist mit dem Leiden, das jeden Menschen zeit seines Lebens begleitet. Das kommt daher, daß die Welt eben nicht so eingerichtet ist, wie wir es gerne hätten, und es fällt schwer, ein Muster zu finden, das den Weg weist, der heraus aus diesem Müllhaufen führt. Dieses Problem muß jeder Mensch für sich selbst lösen; da helfen weder gesellschaftliche Beispiele noch philosophische Konzeptionen.

Skorupski: Sie machen bei Ihren künstlerischen Aktivitäten umfassendere Wahrnehmungen, denn Sie wirken ja unmittelbar auf der Straße, also in der Masse, die dem Müllhaufen näher ist als diejenigen, die in den Salons sitzen.

Fydrych: Man kann sogar sagen, daß die Straße ebendieser Müllhaufen ist, und das im guten Sinne, denn dort offenbart sich das, was bereits weggeworfen ist. Die Straße ist eine Stätte der Konfrontation, eine Stätte der Begegnung, sie ist ein Komplex gewisser paranoider Vorstellungen, die in den Menschen stecken, sie kann auch ein harmonisches Phänomen sein, wenn das Wirken auf der Straße in Form eines Happenings stattfindet. Aber die Straße kann auch ein Weg in die Freiheit sein.

Skorupski: Bringen Sie die Farbe Orange mit dem Müllhaufen in Verbindung?

Fydrych: Nein, aber nein ... Wir können keine Müllhaufen-Doktrin errichten, dann würde unser Denken ja auf der Stelle treten; wenn wir länger darüber nachdenken, wird unser Kopf zu solchem Müllhaufen. Die Farbe Orange oszilliert zwischen Rot und Gelb. Das ist die Farbe der untergehenden Sonne, und deshalb tragen die Lamas in Tibet orangefarbene Gewänder. Aber das habe ich erst erfahren, als die Zeitung »Orangen-Alternative« bereits entstanden war. Es ist einfach eine optimistische Farbe.

Auf meinen letzten Reisen sah ich: ganz Paris benutzt orangefarbene Karten, ganz Holland, einschließlich der Königin, gehört quasi der »Orangen-Alternative« an, in Schweden sehen die Leute, die die Straßen ausbessern, auch orangefarben aus, es ist eine Schutzfarbe, deutlich sichtbar und zugleich anheimelnd. Ich habe sogar gesehen, daß eine Bank in Westberlin ihre Aktien auf orangefarbenem Papier herausgab. Und um wieder auf den Müllhaufen zurückzukommen: alle Männer der Müllabfuhr tragen orangefarbene Kleidung, und die »Orangen-Alternative« in Wrocław ebenfalls, das ist unser charakteristisches Erkennungszeichen. Ich erinnere noch an die Orang-Utans in Afrika und an die Apfelsinen. Es ist eine recht universelle Farbe. Darin offenbart sich auch meine Freizügigkeit bei ihrer Interpretation.

Skorupski: Was ist demnach die »Orangen-Alternative«, deren Chef Sie sind? Eine Organisation oder eine informelle Gruppe?

Fydrych: Dieser Begriff umschreibt meine Versuche, mich mit der Wirklichkeit auseinanderzusetzen, die mich umgibt und determiniert. Zugleich entspricht das meinen inneren Befindlichkeiten, solchen, die man als Fehler und Unarten bezeichnet und die mich ebenfalls determinieren.

Skorupski: Sie sind der Initiator öffentlicher Aktionen. Sie haben sich selbst zum »Major« ernannt, zum »Kommandanten der Festung Breslau«. Fühlen Sie sich als Diktator?

Fydrych: Zeitweilig mag man mich als Diktator empfinden, aber ich komme mir nicht so vor, ich habe nicht die Eigenschaften eines Diktators, aber als »Kommandant der Festung Breslau« tue ich das, was im jeweiligen Moment getan werden muß, also muß ich auch Kommandos erteilen.

Skorupski: Und was ist mit Ihrer Kandidatur für das Präsidentenamt?

Fydrych: Nun, man kann sagen, daß diese Kandidatur nach wie vor aktuell ist, denn das Happening spielt seit einiger Zeit eine ziemliche Rolle in Polen. Nicht allein General Jaruzelski oder Jerzy Urban verbreiten die Aura der »Orangen-Alternative«, es sind noch neue Vertreter der Öffentlichkeit und der Politik hinzugekommen, Lech Wałęsa z.B., eine der wichtigsten Persönlichkeiten der politischen Welt, eine sehr konkrete und effektvolle, die zugleich aber auch sehr viel Kabarettistisches besitzt. Ich denke, daß wir diese Figur in Kürze zur Avantgarde der »Orangen-Alternative« zählen werden. Der Wałęsa sehr nahestehende Minister in der neuen Regierung, Jacek Kuroń, hat schon meine Formulierung aus dem Wahlkampf aufgegriffen, daß es zwar nicht besser, aber fröhlicher bei uns werden wird. Auch General Jaruzelski hat bei einem Interview für den »Reporter« meinen Vergleich verwendet und hinsichtlich des Sieges der »Solidarność« von einem Pferd gesprochen, das eine bestimmte Plakette angelegt hatte und damit die Wahl gewonnen hat; wenn ein anderes Tier diese Plakette getragen hätte, hätte es auch gewonnen. – Das sind meine Formulierungen. Bestimmte Dinge nenne ich direkt beim Namen, bei anderen benutze ich Anspielungen, um ins Schwarze zu treffen oder seichtes Wasser in Wallung zu bringen. Aber man sollte Probleme nicht in seichte und tiefgreifende aufspalten, alle müssen gründlich von unserem Verstand verarbeitet werden, und jedes ist gleichermaßen wichtig.

Skorupski: Ich habe gehört, daß Sie vorgeschlagen haben, General Jaruzelski zum Kaiser zu krönen. Ich habe einen anderen Vorschlag: Man sollte General Jaruzelski zum Generalissimus und General Kiszczak zum Marschall befördern. Natürlich müßten ihnen diese hohen militärischen Ränge vom polnischen Parlament verliehen werden, d.h. von Sejm und Senat gemeinsam. Zuvor aber müßte Professor Bronisław Geremek das Wort ergreifen und die Abgeordneten bitten, unbedingt in Übereinstimmung mit ihrem eigenen Gewissen zu votieren, wie es bei der Wahl des polnischen Präsidenten der Fall gewesen ist. Was meinen Sie dazu?

Fydrych: Das ist eine sehr schöne Konzeption, und sie klingt hübsch. Ich habe das folgendermaßen gemeint: Euer Präsident – unser Kaiser. Das war die Idee eines Schauspielers, mit dem ich das Szenarium für die ganze Aktion besprochen habe. Jetzt sehe ich das Problem bereits gewichtiger. Nach der imposanten Resonanz, die Wałęsa im amerikanischen Fernsehen gefunden hat, und nach dem Empfang im Kongreß der Vereinigten Staaten denke ich, daß General Jaruzelski Probleme haben wird, sich auf dem Präsidentensessel zu halten. Obgleich die Losung »Euer Präsident – unser Kaiser« schließlich universell ist.

Skorupski: Die Polen denken sehr traditionell – im üblen Sinne. Sie möchten überaus modern sein, möchten ihre Zukunft besser gestalten, suchen aber ihre Vorbilder in reichlich veralteten Strukturen. Ihnen fehlt eine Ideenspritze von außen. So spricht man z.B. von ökologischen und von Umweltschutzmaßnahmen, reduziert aber die ganze Angelegenheit auf Naturschutzzirkel. Das Problem wird nicht im globalen Maßstab, nicht als Hauptkonzeption für das Wirken von Staat und Volk gesehen. Denkt die »Orangen-Alternative« ökologisch?

Fydrych: Wir denken sehr ökologisch. Ich nenne Ihnen auch gleich ein Beispiel: Polen ist ein katholisches Land, in dem es viele Bräuche gibt. Vor Heiligabend kauft man viele Karpfen, dann ermordet man sie, und anschließend verspeist man sie gemeinsam. In ökologischer Hinsicht ist das – so meine ich – eine große Grausamkeit, besonders dann, wenn es jemand nicht versteht, den Karpfen umzubringen. Wir beabsichtigen, in Wrocław einen Stützpunkt für das Karpfentöten zu eröffnen. Das wird unser Beitrag zur Entwicklung der öffentlichen Ökologie sein.

Skorupski: Welche Charaktereigenschaften der Polen würden Sie sonst noch verdammen außer der Grausamkeit beim Karpfentöten?

Fydrych: Das Verdammen an sich ist schon von Übel. Besser, man verhöhnt, gibt etwas der Lächerlichkeit preis, versucht satirisch zu wirken und auf diese Weise Mythen zu entthronen. Erinnern Sie sich, wie der Mythos von der Tapferkeit der tschechischen Armee gestürzt wurde? Wir halten uns auch für egozentrisch, für besonders tolerant, bilden uns einiges ein. Einerseits sind wir Polen Anarchisten, andererseits aber sind wir leicht geneigt, autoritäre Systeme zu übernehmen, um diese dann sogleich wieder unermüdlich zu bekämpfen, kampfesdurstig und so furchtbar tapfer, wie wir nun mal sind. Denken wir an die Zeit zwischen den beiden Weltkriegen, an Marschall Piłsudski. Jetzt ist auch so eine groteske Situation zwischen General Jaruzelski und Lech Wałęsa entstanden: insgeheim kritisieren die Polen Wałęsa, aber sie bringen es nicht fertig, das auf sinnvolle Weise in der Öffentlichkeit zu artikulieren. Eine Schwäche, die ihre Ursache in der Intoleranz hat. Nehmen wir das Problem der jungen Leute, die nicht wissen, wo sie leben wollen, weil man mehrere Jahrzehnte auf eine Wohnung warten muß. Politisch gesehen ist das auch eine ökologische Frage, aber in all den Erneuerungsprogrammen ist davon gar keine Rede. Die Jugend wurde betrogen, darüber habe ich auf dem Forum der Unabhängigen Kultur gesprochen, weil es ein sehr wichtiges Problem ist. Aber das wurde auf diesem Forum nicht sonderlich gut aufgenommen, vielleicht, weil die meisten Teilnehmer dort eine Wohnung hatten. Eine Anzahl junger Leute möchte aus Polen ausreisen, in die DDR, in ein Land, von dem man gesagt hat, es sei das schlimmste aller Länder. Aber die Menschen sind eben überall nur Menschen, wichtig ist allein der einzelne Mensch, seine innere Solidarität und Aufrichtigkeit. Wenn einer auswandern, arbeiten und menschenwürdig wohnen möchte, warum sollte man ihn deshalb verdammen? Ich bin vor allem ein Mensch, und die Tatsache, daß ich polnisch spreche, bedeutet, daß ich über ein Instrument verfüge. Meine Sprache ist mein Instrument, das mir hilft, Kontakt mit anderen Menschen aufzunehmen. Ich habe den Eindruck, daß die jungen Menschen, die Polen verlassen und in der DDR arbeiten möchten, ein avantgardistisches Element sind, daß sie sehr mutig und vielleicht sogar besonders wertvoll sind. In Europa ist man der Ansicht, daß sich die Deutschen vereinigen werden. In Polen sind die einen für die Vereinigung Deutschlands, die anderen dagegen. Ich bin auf die Idee gekommen, in Wrocław einen »Kombattantenverband der Festung Breslau« zu gründen, dem sowohl jene angehören können, die 1945 die Festung Breslau verteidigt haben, als auch diejenigen, die sie belagert haben, ferner jene, die in der »Orangen-Alternative« gewirkt und gegen den Totalitarismus gekämpft haben, als auch diejenigen, die die größten Opfer des Totalitarismus waren, nämlich die Angestellten des Wojewodschaftsamtes für Inneres. Mir geht es darum, daß dieser Kombattantenverband aufgeschlossen ist für alle. Ich freue mich sehr, daß ich ausgerechnet in Berlin darüber sprechen darf.

Skorupski: Jetzt sind Sie in Berlin, in einer Stadt, in der man die Freiheit atmet, dann fahren Sie nach Paris, um an einem Festival teilzunehmen. Welche Eindrücke nehmen Sie aus Berlin auf dieses Festival mit?

Fydrych: Ich nehme die speziell polnischen Impressionen mit. Nämlich: Während die polnischen Ansichten über die deutsche Wiedervereinigung recht geteilt sind, weil die Polen – durch bittere Erfahrungen belehrt – ein starkes Deutschland fürchten, halten sie andererseits Berlin einhellig für eine herrliche Stadt, die Stadt eines ununterbrochenen Karnevals, wo ein junger, geradezu kindlicher Geist herrscht, besonders dann, wenn auf der Mauer Sekt fließt. Finden Sie nicht, daß so auch die polnische Seele ist? Selbst diejenigen, die keineswegs für die Vereinigung Deutschlands sind, unterstützen den Abriß der Berliner Mauer. Hier dominieren ursprüngliche menschliche Elemente über die von der Kultur, vom Übel der Historie hervorgebrachten Elemente. Ich sehe, daß hier Objekte zu funktionieren beginnen, die miteinander verknüpft sind: Westberlin erinnert an Ostberlin und umgekehrt. Eines Tages kann dieser Karneval für Westberlin sehr strapaziös werden, aber das Wichtigste für mich ist jetzt das Lächeln auf den Gesichtern der Ostberliner, denn das hat dort sehr gefehlt. Ich denke, daß hier Freimut über Patriotismus siegen wird.

Skorupski: Es ist schade, daß Czesław Miłosz Ihr Lob auf Berlin nicht hört. Als ich ihm eine Reise nach Berlin anbot, ein Stipendium des Deutschen Akademischen Austauschdienstes, hat er geantwortet, Berlin sei der letzte Ort auf dieser Welt, den er besuchen wolle. An einem Freitag, und dazu noch am dreizehnten – sicherlich war das der Grund für die Ablehnung. Sie aber sind nach Berlin gekommen ...

Fydrych: So ist es, Herr Skorupski. Czesław Miłosz muß ein sehr abergläubischer Mensch sein, aber er ist ein großer Dichter. Und auch er fühlt jetzt bestimmt den gewaltigen Atem der Freiheit, der spürbar durch das Brandenburger Tor weht und bis zu den Vereinigten Staaten dringt, so daß sogar die Freiheitsstatue jetzt ihre Bedeutung verliert ...

Skorupski: Czesław Miłosz ist unter dem Sternbild des Krebses geboren, und das ist ein Zeichen für Künstler; aber auch General Jaruzelski steht unter dem Zeichen des Krebses ...

Fydrych: Und der ist wahrlich ein Künstler! Der größte Künstler unserer Zeit. Sehen Sie nur, mit welcher Äquilibristik General Jaruzelski fortwährend über einem riesigen Abgrund tanzt; und wie kühn, wie steif und aufrecht er sich hält! Der ist ein großer Künstler, wahrhaftig ...

Skorupski: Kommen wir noch für einen Augenblick auf Czesław Miłosz zurück. Ich glaube an seine Intuition, großen Dichtern muß man glauben. Manchmal habe ich den Eindruck, daß es mit den Deutschen so kommen kann wie mit Mathias Rust. Zuerst erringt er die Sympathie der Welt, als er nach einem bravourösen Flug auf dem Roten Platz landet; er versucht alle zu überzeugen, daß er auf diese Weise für den Frieden kämpft. Und dann jagt er einem achtzehnjährigen jungen Mädchen ein Messer in den Bauch, kalten Bluts, ohne mit der Wimper zu zucken.

Fydrych: Wir freuen uns gemeinsam mit den Deutschen über ihre Freiheit, selbst dann, wenn uns Furcht ergreift, daß diese Freiheit später unsere Unfreiheit bedeuten könnte. Einst habe ich in Amsterdam Anarchisten getroffen, die sich Gedanken über den Platz auf der Erde machten, der als bester Berührungspunkt dienen könnte. Ich war damals noch nie in Berlin gewesen, schlug ihnen aber diese Stadt vor. Als ich hier eintraf, habe ich festgestellt, daß ich mich nicht geirrt hatte. Hier findet man ein Menschenmosaik, das in seinen Farben den Regenbogen noch überstrahlt. Hier kann man sich gar nicht fürchten. Hier fühle ich mich wie zu Hause, ganz einfach sicher. Das ist ein recht subtiles Gefühl, das ich nicht einmal erklären könnte, denn andere Städte, z.B. Paris, sind schön, doch ermüden sie mich. Auch Amsterdam ist sympathisch, aber Berlin ist mir einfach lieb, so anheimelnd. Hier kann jeder einen Platz für sich finden.

Skorupski: Es hat eine Zeit gegeben, da ich andere Städte als Warschau auf dieser Erde gesucht habe, um dort etwas länger zu wohnen, weil für Künstler der Ortswechsel so nötig ist wie Brot und Salz. Zuerst habe ich Budapest gewählt, dann kamen Wien, Paris, Rom, Madrid und Amsterdam, am Ende aber bin ich in

Berlin gelandet, denn hier gibt es von jedem etwas, von allen Kontinenten. Selbst Amerika gibt es hier. Vor allem aber gibt es Polen, viele Polen und noch mehr Deutschpolen, die sich in Polnischstämmige, Polenähnliche und Polenhasser unterteilen, unter denen es wiederum mit Polen Versippte und zu Polen Bekehrte gibt. Und die gliedern sich wiederum auf, etc. ... Apropos, wollen Sie nicht den polnischen Flohmarkt besuchen? Vielleicht könnten Sie dort irgendeine künstlerische Aktion starten?

Fydrych: So eine Konzeption hat es tatsächlich gegeben. Vor zwei Monaten, als ich auf der Durchreise in Berlin war, traf ich ein paar Reporter vom Sender RIAS 2, die bereit waren, mir dabei zu helfen. Die Idee beruhte darauf, daß wir aus Polen ein Kraftfahrzeug des Typs »Nysa« mitbringen und es in den Farben der MO, der polnischen Bürgermiliz, anmalen wollten. Wir wollten hiesige Berliner Polen in Uniformen der polnischen Polizei und der Reservepolizei stecken, sie sozusagen als Schwarzarbeiter beschäftigen, und dann unter Sirenengeheul auf den illegalen polnischen Markt fahren, um zu sehen, wie die kleinen polnischen »Businessmen« reagieren würden. Wir wollten sehen, ob der bedingte Reflex, diese stereotype Vorstellung, die die Leute in sich tragen, auch hier in Berlin wirkt. Ich denke, ja. Die Leute wären ausgerissen, und dann hätten wir sie im Tiergarten verfolgen müssen. Wenn Westberliner Polizei aufgetaucht wäre, hätte man sagen können, daß wir hier deutsche Ordnung einführen wollen, das wäre wahrscheinlich eine Anspielung auf ihre nationalen Wesenszüge gewesen, aber da halte ich mich raus. Selbstverständlich interessieren mich gewisse nationale Blickwinkel, aber man muß unbedingt eine gewisse Distanz behalten, denn nicht alles, was geordnet ist, muß ethische Vorzüge besitzen.

Skorupski: Ausgezeichnet, daß Sie auf diese Weise darüber sprechen. Ich liefere Ihnen ein Beispiel für geradezu unmoralisches Wirken der Rechtsordnung: Am 17. August 1987 kehrte ich nach einem längeren Krankenhausaufenthalt nach Hause zurück; sofort klopfte jemand grob an die Tür und zeigte mir einen Haftbefehl, ohne zu erklären, worum es ging. Auch meine

Krankheit war kein Hinderungsgrund. Kurze Zeit später fuhr ein Konvoi durch die Stadt: ein Polizeiwagen, der Rettungswagen, in dem ich saß, und dahinter wiederum ein Toni-Wagen. Nirgends wollte man mich aufnehmen. Wir fuhren also von Haftanstalt zu Haftanstalt. Schließlich erklärte der Krankenpfleger des Rettungswagens, daß er nicht länger die Verantwortung für meinen Zustand übernehmen könne und daß man eine Entscheidung treffen müßte: mich entweder nach Hause zu bringen oder ins nächste Krankenhaus. Man brachte mich aber doch ins Gefängnis nach Moabit, dort stellte sich heraus, das ganze Theater war nur ein Mißverständnis. Man hätte die ganze Angelegenheit zwar bei mir zu Hause klären können, aber »Ordnung muß sein!«. Ich habe dann gebeten: »Wenn Sie mich nun schon hierhergebracht haben, lassen Sie mir bitte ärztliche Hilfe zukommen!« Und auf diese Weise habe ich – mit noch vielen zusätzlichen Abenteuern – einen Tag im Krankenrevier des Gefängnisses verbracht. Der Kalfaktor dieses alten Bismarckschen Gefängnisses erzählte mir, daß dort für kurze Zeit Marschall Józef Piłsudski und der Schriftsteller Stanisław Przybyszewski gesessen haben. Und nun ich. »Beklagen Sie sich nicht!« sagte er. »Sie befinden sich in guter Gesellschaft. Wir werden den Fall in unserer Chronik festhalten.« Sie haben also recht, nicht alles, was geordnet ist, dient auch dem Wohl des Menschen. Doch ich hatte Sie unterbrochen, kommen wir auf den polnischen Flohmarkt zurück...

Fydrych: Als ich einige Wochen später nach Berlin zurückkam, zeigte sich, daß die Angelegenheit nicht mehr aktuell war, denn all die kleinen polnischen »Businessman« hatten sich schon an andere Orte verzogen, und alles hatte den Anschein von Legalität, was mich sehr entzückte, denn es ist ein gutes ökologisches Beispiel dafür, wie ein städtischer Organismus rasch und sinnvoll auf solch pathologische Erscheinungen zu reagieren vermag, denn hier ist nichts zu beschönigen: das ist eine gewisse Pathologie. Rein menschlich ist das für die Leute, die kein Geld und keine Mittel für den Lebensunterhalt haben, eine Vergünstigung, die sehr humanitären Charakter hat.

Da die erwähnte Aktion nicht mehr aktuell war, beschloß ich, weil ich als »Kommandant der Festung Breslau« sogar das moralische Recht habe, mich an die Alliierten, vor allem aber an den Oberbefehlshaber der in Berlin stationierten sowjetischen Streitkräfte zu wenden, mir einen Geländestreifen an der Berliner Mauer zugänglich zu machen, um dort Marktstände für polnische Händler aufzustellen. Ich wollte auch Ampelanlagen entlang der Mauer installieren, damit sich beide Seiten zu Weihnachten oder Neujahr ungehindert verständigen konnten, aber das hörte auch wieder auf, aktuell zu sein, weil sich all diese Berliner Probleme von allein und viel schneller auflösten als meine Happenings. Die Menschen, die ständig hier leben, sind sich nicht darüber im klaren, welch gewaltigen Pulsschlag diese Stadt der gesamten europäischen Kultur vermittelt. Wenn man hier noch, wovon ich gehört habe, für die ortsansässigen Ausländer das Recht einführen würde, sich an den Kommunalwahlen zu beteiligen, dann wäre das ein bahnbrechendes Beispiel für die gesamte zivilisierte Welt.

Skorupski: Erlauben Sie, daß ich Ihre Begeisterung ein wenig dämpfe! Die gesellschaftliche Aufspaltung in dieser Stadt ist so gewaltig, daß selbst die ausländerfreundlichsten Gesetze nichts daran ändern könnten. Ich lebe hier bereits ziemlich lange. Einiges habe ich bereits begriffen, aber sehr viele Dinge kann ich nicht verstehen. Bestimmte Schwächen der Deutschen resultieren aus ihrem Komplex, ihrem Schuldgefühl. Überall aber schlägt ein tief in ihrem Unterbewußtsein verwurzelter Nationalismus durch. An der Spitze der sozialen Hierarchie stehen die Deutschen mit echt deutsch klingenden Namen, aber ich kann Ihnen versichern: ein DDR-Bürger mit demselben Namen ist bereits ein Mensch vierter Klasse. Dann erst folgt eine Reihe all der Ausländer, deren lange Liste mit den Türken abschließt, was ich eben nicht ganz begreifen kann. Künstler betrachtet man als exotisches Element, ohne Rücksicht auf Nationalität und Herkunft; sie bilden eine differenzierte, völlig neutrale und teilweise sogar privilegierte Kategorie. Johann Wolfgang von Goethe hat einmal gesagt: »Wer den Dichter will verstehen, muß in Dichters Lande gehen.« Und eben deshalb bin ich hier und werde auch noch etwas bleiben, obwohl ich bezweifle, daß es mir gelingt, alles, was hier geschieht, restlos zu verstehen. Wissen Sie z.B., daß Johann Georg Elser, der in München auf eigene Faust ein Attentat auf Hitler geplant hatte, bis auf den heutigen Tag deswegen verurteilt wird? Von einem Denkmal der Dankbarkeit gar nicht zu reden. Oder eine andere Sache. Hätten Sie Lust, Ihre Kräfte irgendwann mit Berliner Polizisten zu messen? Sie haben zwar reiche Erfahrungen aus Polen, aber ich garantiere Ihnen, ZOMO, die Reservepolizei, verblaßt dagegen. Man könnte ein Happening zu diesem Thema machen.

Fydrych: Ich wollte mir Kreuzberg mal ansehen. Sie wissen, daß mich solche Situationen sehr interessieren, aber während meines Berlin-Aufenthaltes gab es gerade keine Demonstrationen.

Skorupski: Dann berichten Sie doch etwas über Ihre Abenteuer mit den polnischen Polizisten, mit der Bürgermiliz MO!

Fydrych: Ja, die Bürgermiliz ist ein höchst interessantes Thema. Wie ich in meinem »Manifest des sozialistischen Surrealismus« geschrieben habe, stellt schon ein einzelner Milizionär auf der Straße ein ausgesprochenes Kunstwerk dar, die ganze Miliz aber ist ein wahres Theatergenre, das in den Realitäten dieses surrealistischen Sozialismus eine besondere Rolle spielt.

Unter den dreißig Happenings in Wrocław, in der Świdnicka-Straße, waren diejenigen, an denen sich die Miliz beteiligte, am interessantesten. Auch auf der Schneekoppe an der polnisch-tschechoslowakischen Grenze lieferte die Teilnahme der Milizionäre an einer künstlerischen Aktion ein faszinierendes Schauspiel. Das war ein belustigendes Spektakel, es hat dazu beigetragen, die Zuschauer für uns zu gewinnen. Die Leute kamen einfach zu uns, um sich das Happening der Miliz anzusehen. Als Beispiel will ich erzählen, wie man den Jahrestag der Oktoberrevolution zu begehen pflegte. Da werden in der ganzen Stadt rote Fahnen herausgehängt, dann gibt es eine Feierstunde, die von Rundfunk und Fernsehen übertragen wird. In den Schulen lernen die Kinder Gedichte und veranstalten Feierstunden. Dasselbe in den Betrieben, bei der Armee und an den Hochschulen. Alles hat gekünstelten, aufgezwungenen Charakter. Nach vierzig Jahren solcher Übungen, solcher Happenings mit Festveranstaltungen, beschloß ich, auch so etwas zu organisieren, aber auf meine eigene Art und Weise. Ein Charakteristikum des totalitären Systems ist, daß es die Gründung jedweder öffentlichen Organisation verhindert, die nicht vom Staat kontrolliert ist. Also mußte eine andere Methode gefunden werden, die Leute zur Teilnahme an der Veranstaltung einzuladen. Es genügte, ein Flugblatt zu schreiben, daß ich die Einwohner der »Festung Breslau« aus Anlaß des Jahrestags der Oktoberrevolution zu einer Feier in der Świdnicka-Straße einlade und daß ich vorschlage, alle sollten sich rot anziehen. Wenn jemand keine rote Kleidung habe, dann solle er sich zumindest die Fingernägel rot lackieren oder eine rote Handtasche mitnehmen. Wer auch das nicht habe, möge sich wenigstens ein Hotdog mit rotem Ketchup kaufen. Am Vorabend des Jahrestags der Oktoberrevolution, am 6. November, standen schon vor dem festgesetzten Zeitpunkt, d.h. vor sechzehn Uhr, auf beiden Seiten der Świdnicka-Straße und in den angrenzenden Straßen etwa dreißig Polizeifahrzeuge. Es waren riesige Einsatzwagen, ausgestattet mit der besten Kampftechnik. Zuerst verfolgte die Miliz ruhig das Geschehen, aber da sehr viele Milizionäre da waren, tauchten auch sehr viele Neugierige auf. Die Menge wurde immer größer, und in einem bestimmten Moment, alles war gedrängt voll, erschien der Panzerkreuzer »Potemkin«, jenes historische Kriegsschiff, das 1905 an der ersten Revolution in Rußland teilgenommen hatte. Das Schiff war aus Pappe und Papier angefertigt. Es schwamm gleichsam heraus aus einem der Geschäfte, aus der technischen Buchhandlung. Und sogleich wurde es bombardiert von lebendigen Torpedos, d.h. durch Milizionäre, es ging förmlich unter im blauen Meer der Milizuniformen, es kam zu Kämpfen und die Menge begann sehr lebhaft zu reagieren, Rufe brandeten auf: »Revolution! Revolution!« Inzwischen tauchte auf der anderen Seite – aus einem großen Modegeschäft – der Kreuzer »Aurora« auf, und die Miliz griff auch dieses Objekt an. Als der Kampf so richtig tobte, liefen auf der entgegengesetzten Seite plötzlich Rotgardisten auf die Straße. Es waren Arbeiter aus den großen »Polar«-Werken in Wrocław. Sie trugen rote Fahnen und Transparente mit Losungen: »Wir fordern den Achtstundentag für das Wojewodschaftsamt des Innern!« »Wir verlangen die Rehabilitierung Trotzkis und anderer Genossen!« Auf ihren Hemden stand: »Ich werde besser arbeiten, ich werde besser arbeiten, ich werde besser arbeiten« oder »Morgen wird es besser, morgen wird es besser, morgen wird es besser«. Auch mit diesen Rotgardisten nahm die Miliz den Kampf auf. Von einem anderen Flügel aus erfolgte der Angriff durch »Matrosen« mit einer Fahne mit der Inschrift »Kronstadt«, die Marineinfanteristen griffen in die Verteidigung der Linienschiffe ein. Dort war ein großer Tümpel, in den die Milizionäre einsanken. Eine Tragödie erwartete die Reiter mit Budjonny-Mützen; denn die Kavaleristen, die aus einer versteckten Gasse heraussprengten, ahnten nicht, daß sie auf eine solche Ansammlung von Milizionären stoßen würden. Sie ritten auf selbstgemachten Steckenpferden und trugen lange Lanzen. Die Polizisten wehrten die erste Attacke mit Hilfe von Gummiknüppeln ab, mußten aber sofort den Rückzug antreten. Diese Situation nutzte das »Bauernvolk« aus und rannte auf das so frei gewordene Vorfeld der Schlacht hinaus – mit einem authentischen Revolutionstransparent: »Das Komitee der Bauernknechte unterstützt wirksam die Revolution!« Das Spruchband hatte eine beträchtliche Länge, und als es auf die Kämpfenden herunterfiel, begannen sich die Milizionäre darin zu verwickeln. Da erschien gemessenen Schrittes der Engel der Revolution mit einem riesigen Transparent: »Roter Barschtsch«, ihm voran wurde ein großer roter Weihnachtsstern getragen. Die Gesetzeshüter waren so damit beschäftigt, gegen die verschiedenen Einheiten der »Revolutionäre« vorzugehen, daß der Revolutionsengel unbehelligt die ganze lange Straße entlangschreiten konnte. Erst am Ende, bereits am Ziel, erweckte er ihre Aufmerksamkeit. Interessant war, daß nicht nur die unmittelbaren Teilnehmer an den »Kämpfen« verhaftet wurden, sondern auch alle Zuschauer, die in »Revolutionsrot« gekleidet waren oder irgendein – und sei es das kleinste – grellrotes Utensil oder Kleidungsstück trugen. Später, als es schon dunkel wurde, nahm man auch Leute mit, die verwandte Farbnuancen trugen – Bordeaux, Kardinalsrot und dergleichen. Irgendwann brüllte ein Milizoffizier ins Megaphon: »Schnappt euch die Roten«, was spontanes lautes Gelächter beim Publikum auslöste, inmitten der Verhafteten sagte einer: »Na endlich!«

Das Happening ging weiter, als auf der Wache zwei Frauen zusammentrafen. Jede war mit einem anderen Wagen hierhertransportiert worden. Die eine kam aus Szczecin, die andere war in Wrocław zu Hause; eine trug einen roten Schal, die andere eine rote Mütze. Erst bei der Kontrolle der Personalausweise stellte sich heraus, daß sie, die sich seit Jahren nicht gesehen hatten und für diesen Abend, aber zu einer früheren Zeit verabredet waren, sich nun auf diese Weise doch noch getroffen hatten. Beide dankten den Milizionären »herzlich«, daß sie alles so wunderbar organisiert hatten.

Bevor man uns verhörte und die Protokolle schrieb, schaltete einer unserer Aufseher den Fernseher ein. Der ganze Raum barst vor Lachen: es wurde gerade eine Sendung vom Jahrestag der Oktoberrevolution in Moskau übertragen. Das Spektakel dauerte also an ...

Bei anderen Happenings verteilten wir kostenlos Toilettenpapier, Monatsbinden für Frauen oder andere Dinge, je nachdem, was gerade Mangelware war. Jedesmal wurden wir verhaftet, jedesmal wurden Protokolle geschrieben. Einmal hatten sie außer den Menschen auch eine Meute Hunde auf die Wache gebracht, ihr Besitzer hatte ihnen Schleifen aus Toilettenpapier umgebunden. Das war eine ziemlich komische Situation. Ich habe ein solches Milizprotokoll aufgehoben. Man hatte mich am Internationalen Frauentag verhaftet und mir den Prozeß gemacht, weil ich Monatsbinden verteilt hatte. Als Angeklagtem stand mir das Recht zu, Einsicht in das Milizprotokoll zu nehmen; da habe ich eine Kopie angefertigt. Es ist ein außerordentliches Kunstwerk, tatsächlich vermögen wohl nur wenige Künstler eine derartige Sprachstruktur hervorzubringen, wahrscheinlich könnte höchstens Sławomir Mrożek damit konkurrieren, aber ob er solch literarisches Niveau erreicht hätte, möchte ich bezweifeln. Die Milizionäre schafften das mit Naturtalent, und eben darin bestand der kulturelle Fortschritt der »Genossen« des Innenministeriums, solche Werke gehören jetzt ins Reformprogramm, damit die Bevölkerung endlich die Schöpfer würdigen kann! Bei der Wahl haben ganze ZOMO-Abteilungen für mich gestimmt, indem sie sowohl die Kandidaten der »Solidarność« als auch die Kandidaten des Partei- und Regierungslagers gestrichen haben. In diesen Wahlausschüssen habe wohl ich die höchste Stimmenzahl erreicht, ein großer Erfolg.

Skorupski: Wenn der Wind diese Asche fortweht, wird er einen Diamanten freilegen? Der Diamant, der für mich die Freiheit bedeutet, in Ihren Aktionen bleibt er versteckt. Sie fordern das Freiheitsgefühl heraus, aber Sie definieren nicht geradeheraus, wie man an diesen Diamanten kommt. Worin besteht der philosophische Hintergrund Ihrer Aktionen?

Fydrych: Ich denke folgendermaßen: Wenn es ein Diamant ist, dann ist er deshalb so edel, weil er nicht käuflich ist. Ich entdecke diesen Diamanten hier in Berlin, in der zerberstenden Mauer. Und darüber freue ich mich.

Berlin, den 18. November 1989

Ektodram

Das Interesse, das die »Pentalogie« in Ost und West fand, hat meine Erwartungen übertroffen. Wenn ich die Gespräche für Rundfunksendungen und Zeitschriften bearbeitet habe, war ich jedoch nie restlos zufrieden. Das Material schien mir trotz der Vielfalt einseitig, zu sehr einer Idee untergeordnet, die mir zwar nahe ist, aber das Spektrum der Verhaltensweisen und Meinungen in Polen nur bedingt wiedergibt.

Während eines Besuchs in Warschau kam im Familienkreis der Gedanke auf, ein Gespräch mit General Wojciech Jaruzelski zu führen, der als Begründer des Kriegsrechts und gegenwärtiger Staatspräsident der freien Republik Polen, als ehemaliger Diktator und heutiger Fürsprecher der Demokratie der geeignetste Gegenpol der Helden der »Pentalogie« wäre. Alle meine Angehörigen waren sicher, daß General Jaruzelski meinen Vorschlag nicht annehmen würde. Ich habe gewettet und gewonnen. So ist dieser Teil entstanden, den ich »Ektodram« betitelt habe, und damit ist das Polentum im Buch auf zwei Beinen dargestellt, wofür ich General Wojciech Jaruzelski außerordentlich dankbar bin.

Ich habe die rote Straßenbahn an der Haltestelle »Pluralismus« nicht verlassen
Gespräch mit Wojciech Jaruzelski

Armeegeneral Wojciech Jaruzelski wurde am 6. Juli 1923 in Kurów geboren. Während des Krieges in sowjetische Gefangenschaft geraten, mußte seine Familie ein Martyrium erdulden. 1943 meldete sich der Zwanzigjährige als Freiwilliger bei der in der Sowjetunion gebildeten Polnischen Armee; er absolvierte die Offiziersschule in Riazan und nahm am gesamten Feldzug gegen die Deutschen teil, er leitete einen Aufklärungstrupp. Jaruzelski, ein tapferer und äußerst disziplinierter Soldat, wurde mehrfach befördert. Er durchlief alle Dienstgrade der Armee, 1968 wurde er zum Minister für Nationale Verteidigung der Volksrepublik Polen ernannt. Nach 1980 übte er die Funktionen des Ministerpräsidenten, Vorsitzenden des Staatsrats, vor allem des I. Sekretärs des Zentralkomitees der Polnischen Vereinigten Arbeiterpartei aus. International bleibt sein Name mit der Einführung des am 13. Dezember 1981 verkündeten Kriegsrechts in Polen verbunden; er ließ damals die wichtigsten Vertreter der Opposition im Lande verhaften und internieren. Später wiederum leitete er als erster Führer innerhalb des Ostblocks demokratische Freiheiten ein, machte sich um die Einführung des Runden Tisches verdient. Trotz der düsteren Assoziationen, die sich an die Verhängung des Kriegsrechts knüpfen, vermochte General Jaruzelski während seiner Amtszeit als Staatspräsident vom 19. Juli 1989 bis zum 21. Dezember 1990 im In- und Ausland Sympathien zu erringen, vor allem durch seine neutrale und besonnene Haltung gegenüber allen polnischen Bürgern und politischen Gruppierungen.

Wojciech Jaruzelski und Jan Stanisław Skorupski

Skorupski: Herr Staatspräsident! Der Patriotismus in Polen wurde – so könnte man sagen – im 18. Jahrhundert geboren, und er festigte sich in der zweiten Hälfte des 19., damals, als der Dichter Cyprian Kamil Norwid noch lebte. Ich möchte meine erste Frage an Sie mit Worten aus seinem Gedicht »Hinter den Kulissen« verknüpfen. Da heißt es:

> Und immer wieder entflammst du in dir
> Wie eine Pechfackel lohenden Zunder,
> Und brennend fragst du, ob größere
> Freiheit dir wird, oder ob alles, was dein,
> Zuschanden gehen soll? Ob Asche nur bleibt
> Und Staub, der mit dem Winde verweht?
> Oder ob auf der Asche Grund
> Strahlend ein Diamant erscheint,
> Der Morgen des ewigen Sieges ...

Eine gewichtige Frage zu Lebzeiten des Dichters, aber auch später noch, über viele Jahre stürmischer polnischer Geschichte hinweg. Nach dem zweiten Weltkrieg hat Jerzy Andrzejewski diese Zeilen neuentdeckt, und er machte sie zum Motto seines Romans »Asche und Diamant«. 1958 gestaltete Andrzej Wajda das Thema in einem Film, der bis heute populär und interessant ist. Wajda läßt seinen Helden, abweichend vom Roman, auf einem Müllhaufen enden. Das hat heiße Diskussionen ausgelöst. Hatte er das Recht dazu, fragte man sich später. Wollte er damit seinen Maciek Chełmicki auf den Müllhaufen der Geschichte verbannen, ausgestoßen von der Gesellschaft, zur Bedeutungslosigkeit verdammt für immer? Oder eine Zeitlang nur, meinend – wie er einmal gesagt hat –, daß im Müll auch Wertvolles lagert, daß man nur danach greifen muß, um es zu erkennen und ins Leben zurückzuführen?

Meine persönliche Theorie basiert auf dem, was sich in letzter Zeit hier in Berlin auf dem sogenannten Polenmarkt abspielt. Es geht mir darum, wie die anderen uns Polen beurteilen. Denn mir drängt sich da die Überzeugung auf, daß dieser Müllhaufen noch immer existiert. Ich habe mit anderen polnischen Künstlern gesprochen und kam dann zu dem Schluß, daß es notwendig ist, in der Erinnerung tiefer zu schürfen. Nicht nur bis in die Jahre nach dem Krieg, sondern bis in die Vorkriegszeit und sogar noch weiter. Da war längst nicht alles so, wie es sein sollte; die Polen können auf ihr Tun und Handeln nicht nur mit Stolz blicken. Wie, Herr Staatspräsident, lautet Ihre Antwort auf die Dichterfrage? Wo ist er, dieser Diamant, den wir immer noch suchen? Wie findet man ihn?

Jaruzelski: Die Geschichte in ihrer Gesamtheit ist ein faszinierendes Gebiet, und ein Dichter von solchem Format, der im Stil und in seinen Gedanken seinem Zeitalter so weit vorauseilte, verdient es, daß man seine Zeilen heute eingehend prüft. Dieser Schöpfer hat wie wohl keiner vor und vielleicht auch wie keiner nach ihm so grundsätzliche Fragen wie Nation und Volk, Mensch und Geschichte ins Zentrum seiner Poesie gestellt. Die Zeilen, die Sie gerade anführten und die gleichermaßen Sprichwort, Symbol und Leitmotiv darstellen, sind der Schlüssel zu Norwids Gedankengut. Und ich glaube, sie können auch uns helfen, Geschichte und Gegenwart zu verstehen.

Ich habe ein langes, vielleicht sogar zu langes Leben hinter mir. Und kompliziert war es auch. Da lernt man es, die Dinge aus einer gewissen Distanz zu sehen, die, so glaube ich, eine objektivere Betrachtung der Vergangenheit ermöglicht. In jungen Jahren ist jeder geneigt, Geschichte einseitig und sehr emotional zu verstehen, man hat gleichsam ein Schwarzweißbild vor sich. Erst die Zeit, die Erfahrungen, der tiefere Einblick lassen unterscheiden zwischen dem, was nur äußerlich und oberflächlich ist, und dem Kern der Sache – also dem Diamanten. Das muß sich erst ablagern.

Die polnische Gegenwart, ihr heißes Klima, das die Ereignisse vorantreibt, drängen zwangsläufig zu Emotionen, das wirkt zurück auf die Einschätzung. Es soll da eine Gesetzmäßigkeit geben: die Generation der Väter wird kritisch gesehen, die der Großväter wird rehabilitiert. Daran ist viel Wahres, das sieht man heute ganz deutlich. Solche extremen Urteile, die einige Personen, Ereignisse und Zeitalter vorbehaltlos verherrlichen und die anderen total verwerfen, zeugen meines Erachtens davon, daß man nicht richtig an das Problem herangegangen ist.

Die Generation, der ich angehöre, und die Erfahrungen, die ich gemacht habe, erlauben mir einerseits, darauf stolz zu sein, daß ich Pole bin, stolz auf unsere Geschichte, auf die großartigen Abschnitte dieser Geschichte. Ich bin vor allem stolz auf das, was uns half, die schwersten Zeiten in Würde zu überstehen, die eigene Identität, Kultur und Sprache sowie unsere Sitten zu bewahren. Gleichzeitig aber bin ich sehr kritisch gegenüber mancherlei Erscheinungen und Wesenszügen, die wir von unseren Vorfahren geerbt haben und nun wahrscheinlich unseren Nachkommen überliefern werden. Gern zitiere ich einen Ausspruch von Stefan Żeromski (1864-1925): »Unsere Wunden sollen nicht durch Niedertracht überdeckt werden.«

Ich denke, wir sollten ruhig und maßvoll an die Wertung der Vergangenheit herangehen, wenn wir den Diamanten von der Asche sondern wollen. Oft erweist sich als kostbar und dauerhaft, was wie Asche erscheint, während der angebliche Diamant sich als unecht herausstellt.

Bitte, glauben Sie nicht, daß ich die Geschichte relativieren möchte. Natürlich gibt es Regeln, die überzeitlich sind, die man als Maßstab nehmen kann. Es existieren solche universellen Wertbegriffe, wie es moralische Rechte gibt, die nicht verletzt werden dürfen. Aber der Rahmen ist sehr weit gesteckt. Denn unabhängig von der berechtigten Forderung nach Objektivität bleibt der Mensch eben nur ein Mensch, jeder sieht die Dinge auf seine eigene, ihm gemäße Art, entsprechend seinen Erfahrungen und den ihm eingeimpften Stereotypen.

Ich habe bereits erwähnt, daß die Menschen oftmals die jüngste Vergangenheit anders bewerten als die weiter zurückliegende. Gegenwärtig herrscht der Trend, die Periode zwischen den beiden Weltkriegen, eine nur zwanzigjährige Zeitspanne, ausschließlich oder doch vorwiegend positiv zu sehen, während man die fünfundvierzig Jahre Nachkriegsentwicklung in Bausch und Bogen verurteilt. Das ist so ein Fall von Ahistorismus. Eine Sünde, begangen durch die ganze Generation, die mir politisch nahe ist. Unmittelbar nach dem zweiten Weltkrieg wiederum hat man diese Zwischenkriegsperiode überaus kritisch und fast nur in schwarzen Farben gezeichnet. Das ließ dann aber nach. Seit geraumer Zeit sind wir schon bereit, diese Spanne objektiver zu sehen. Auffallender Beweis dafür waren die mit dem 70. Jahrestag der Unabhängigkeit Polens verbundenen Veranstaltungen im November 1988.

Heute sind wir in der Lage, diese Periode realistisch zu interpretieren. Polen wurde nach hundertdreiundzwanzig Jahren Unfreiheit wiedergeboren. Aus drei Besatzungsteilen mit unterschiedlichen Vorbedingungen entstanden die Strukturen eines unabhängigen Staates, eine Armee und ein einheitliches Schulwesen wurden geschaffen. Auch im wirtschaftlichen Bereich wurden gewisse Bemühungen unternommen, aber hier fielen die Ergebnisse am bescheidensten aus. Sind wir bereits heute alle in der Lage, ebenso objektiv die Nachkriegszeit einzuschätzen? Wohl kaum. Gegenwärtig herrscht – genau wie ehemals – das psychologische Bedürfnis, sich in bezug auf die jüngste politische Vergangenheit negativ abzureagieren. Gewiß, es gab da ja allerhand Übel, aber es war doch nicht alles schlecht. Die Meinungen sind vorwiegend emotional geprägt und oft sehr extrem: Polen wurde ruiniert, es war eine verlorene Zeit usw.

Das ist eine große Unwahrheit. Derartige Aussagen fußen auf einem Denkmuster, das ich an einem vielleicht etwas kuriosen Beispiel illustrieren möchte: Es war einmal ein schönes Polen; ein gar prächtiges Polen, diese Zweite Republik, geradeso perfekt wie eine Schweizer Uhr. Diese Uhr nun – zugegeben – wurde während des zweiten Weltkriegs ein kleines bißchen demoliert, aber nur etwas. Denn im eigentlichen Sinne wurde sie mutwillig demontiert, zerstört und verdorben erst nach dem Kriege, und zwar von denjenigen, die Polen während der darauffolgenden vierzig Jahre regiert haben.

Leider war dieses Polen aber alles andere als so eine perfekt gehende Schweizer Uhr. Es fehlte sogar sehr viel. Und es ist ebenso oberflächlich wie einseitig, zu behaupten, es sei in der Nachkriegsära kaputtgemacht worden. In Wirklichkeit hat sich erst in diesen Jahren, aus Schutt und Asche, durch Überwindung jahrhundertealter Rückständigkeit, der entscheidende soziale und zivilisatorische Sprung nach vorn vollzogen. Es gab in diesem System schwere Fehler, Gebrechen und auch Verbrechen. Aber selbst diese können nicht die Arbeit und die Mühen von Millionen fleißiger Menschen ausradieren und leugnen. Schon deshalb nicht, weil die Generation, die heute lebt und die Polen nach modernem, europäischem Maßstab gestalten möchte, schließlich in diesem vierzigjährigen Zeitraum geprägt und ausgebildet wurde, hier, in diesem Land, mit der Grenze an Oder und Neiße, einer Grenze, die auch nicht einfach vom Himmel gefallen ist. Unter denen, die heute hier den Ton angeben, sind viele Menschen, die wahrscheinlich in einem anderen Polen nicht diesen intellektuellen und kulturellen Status erreicht hätten, der es ihnen jetzt erlaubt, für Polen zu denken und im Sinne moderner, demokratischer und wirtschaftlich effektiver Lösungen zu handeln.

Damit will ich der zurückliegenden Zeit kein Loblied singen. Den deutlichen Beweis für mein schmerzhaft-kritisches Verhältnis zur Vergangenheit liefert die Tatsache, daß ich mein Schicksal und meine Möglichkeiten in die Waagschale geworfen habe, um eine Wende herbeizuführen. Dieser Wende gingen Jahre der Erneuerung voran, ein langwieriger Prozeß quantitativer Veränderungen. Die eigentliche neue Qualität aber, das ist die Initiative des Runden Tisches, sind die aus ihm resultierenden Umgestaltungen, die in nicht eben geringem Umfang durch mich realisiert und von mir garantiert worden sind.

Ich habe mich oft dafür ausgesprochen – nicht nur in bezug auf meine eigenen Wertungen und Entscheidungen –, das kleinere Übel zu wählen. Immer muß man einen Preis zahlen, die Geschichte verschenkt nichts, und wir sind an bestimmte Verhältnisse gebunden. Wir können uns nicht von den Tatsachen loslösen, die unsere Vergangenheit begleitet haben. Gewiß, aus der Distanz gesehen, scheint es, daß man vieles anders hätte machen können. Das ist nur natürlich. Um das aber mit Sicherheit zu behaupten, muß man alle Umstände, Konkreta, Imponderabilien genau kennen. Die aber pflegen sich im Strudel der geschichtlichen Entwicklung leicht zu verwischen. So entstehen gängige Beurteilungen, gleichsam gereinigt von den Fakten, Umständen und Zusammenhängen. Post factum sieht es dann so aus, als sei doch alles ganz einfach, ganz offensichtlich.

Jedes historische Ereignis – darüber zu sprechen hatte ich kürzlich Gelegenheit – wird bis zum heutigen Tage sehr differenziert gewertet. Nehmen wir die Große Französische Revolution, deren 200. Geburtstag man kürzlich beging. Wieviel Streit gab es darüber, ob Robespierre nun »schwarz« war oder »weiß«. Napoleon wird von den Engländern und den Deutschen mit anderen Augen als von den Polen betrachtet, ganz zu schweigen von den Franzosen selbst. Eins ist unbestritten: Diese Revolution brachte, ungeachtet ihrer sehr unterschiedlichen und auch negativen Seiten, große und unübersehbare Werte hervor.

Ich bin fest davon überzeugt, daß alles wirklich Dauerhafte und Progressive, selbst wenn es in der Asche verschüttet liegt, eine Wiederkehr erlebt – vielleicht in veränderter Form, anderer Gestalt, einer neuen Ausführung. Aber es kehrt wieder als ein sicherer, untilgbarer und unvergeßlicher Wert. Ich komme noch einmal zurück auf die Französische Revolution. Ihr folgte die Napoleonische Ära mit deutlicher Abkehr von ihren Idealen. Und danach die Restauration der Bourbonen. Und noch später Napoleon III. Nun könnte man meinen, daß viele der Leitbilder und Werte dieser Revolution zunichte wurden. Nein, sie haben standgehalten.

Ich bin überzeugt, auch die russische Revolution, die später schreckliche Entstellungen erfuhr und Verbrechen mit sich brachte, für die heute ein hoher Preis gezahlt wird, und auch unsere – sagen wir ruhig: Revolution mit all den hinlänglich bekannten Folgen und Störungen, sie schufen Werte, die weiterleben werden. Zum Beispiel der Bürgersinn. Im Polen der Vorkriegszeit haben sich die Bauern und Landarbeiter als Bürger zweiter Klasse verstanden, das habe ich selbst erlebt. Und nach dem Krieg? Da fing der Bauer an, seinen Kopf zu erheben. Heute hat er keine Furcht mehr, seine Interessen zu artikulieren, da fühlt er sich als vollwertiger Bürger.

Natürlich hat jede Medaille zwei Seiten. Gerade die soziale Gerechtigkeit wurde in der vergangenen Periode auf sehr utopische Weise dargestellt und gewissermaßen entstellt: »Wir haben alle denselben Magen« ... Wir kennen die Folgen. Andererseits festigte sich aber auch die Überzeugung, daß nicht das Geld, sondern vor allem die Arbeit, die Bildung und Ausbildung den Menschen nobilitieren. Das sind Errungenschaften, die sich meines Erachtens nicht mehr ausroden lassen.

Der Politiker unterliegt dem Urteil seiner Zeitgenossen und dem der Nachkommen. Diese Urteile fallen mitunter recht eigenartig aus. Einige Beispiele: Persönlichkeiten, die inzwischen in das Pantheon der Nation eingegangen sind, die von jedermann hoch geehrt werden, waren zu ihren Lebzeiten untereinander verfeindet, sie haben sich gegenseitig heftig angeklagt und bis aufs Messer bekämpft. Ich erwähne nur Namen wie Piłsudski, Dmowski, Witos, Korfanty, Sikorski. Niemand sprach über Marschall Piłsudski so kritisch und verurteilte seine Regierung so unnachsichtig wie gerade die Letztgenannten. Die Zeit ging darüber hin, und heute ist man der Meinung, daß jeder dieser Politiker auf seine Art das Beste wollte. Das Verwunderliche ist, daß man heutzutage allen zusammen völlig unkritisch einen idyllischen Lorbeerkranz windet, ohne zu berücksichtigen, welche großen Unterschiede, Widersprüche und Konflikte zwischen ihnen bestanden haben.

Das illustriert am treffendsten die Zwiespältigkeit sogenannter objektiver Maßstäbe, das oberflächliche und häufig konjunkturelle Urteil. Aus historischen Quellen, mit denen ich mich kürzlich beschäftigt habe, ist z.B. ersichtlich, daß Witos von Piłsudski übel mitgespielt wurde. Er hat auch Sikorski verfolgt und seine Entfernung aus der Armee veranlaßt. Man kann nachlesen über viele solcher Begebenheiten. Piłsudski und seinem Nachfolger ist dann schließlich mit ähnlicher Münze heimgezahlt worden. Das zeigt doch, wie schwierig es ist, die Dinge richtig einzuschätzen, um auf unseren Ausgangspunkt zurückzukommen: festzustellen, was Asche und was Diamant ist.

Ein Politiker ist so etwas wie ein Geburtshelfer für die verschiedenen historischen Prozesse und Erscheinungen. Er muß die Reifezeit für bestimmte Bedingungen und Situationen wahrnehmen. Der Rang eines Politikers wird daran gemessen, ob er imstande ist, den Zeitgeist richtig zu interpretieren und, gegebenenfalls durch die Korrektur seiner eigenen Handlungen, zu einer neuen Etappe überzugehen und diese zum Erfolg zu führen.

Das Geschichtsbewußtsein einer Nation ist eine unerhört wichtige Angelegenheit. Auf den Historikern lastet eine große Verantwortung, dasselbe trifft auch auf die Pädagogen zu, die Publizisten und alle, die auf die eine oder andere Art und Weise Geschichte bewerten, interpretieren und verbreiten.

Man hat mich kürzlich in einem Interview, ich glaube für den polnischen Rundfunk, gefragt, wie man die Jugend im Hinblick auf die unterschiedlichen, nicht immer objektiven Auslegungen denn nun Geschichte lehren sollte. Wann wird es, fragte man, Lehrbücher geben, die alles vollständig, bis ins Detail, ins richtige Licht rücken? Ich habe geantwortet, daß es solche absolut überzeitlichen, unparteiischen Geschichtsbücher nie gegeben hat, nicht gibt und vermutlich auch nie geben wird. Immer lasten auf der Geschichte, zumal der jüngsten, die Bedingungen der Zeit, die wir gerade durchleben.

Ich erinnere mich an die diesbezügliche Literatur fürs Gymnasium aus der Zeit vor dem zweiten Weltkrieg. Ich war in diesem Fach ein guter Schüler, und wenn ich mir das vermittelte Wissen vergegenwärtige, muß ich bei allem Respekt vor dem patriotischen Gehalt und dem Bemühen um historische Aufrichtigkeit dennoch feststellen, daß die Bücher subjektiv waren. Das war keine Frage der Gesellschaftsordnung an sich, die Subjektivität beruhte darauf, daß die herrschende Macht nun einmal die Sanacja war und die Vergangenheit in ihrem Sinne auf Kosten der Auffassungen anderer politischer Strömungen jener Zeit interpretiert wurde.

Heute sehen wir jene Epoche objektiver. Gleichzeitig bin ich aber überzeugt, daß auch die heute entstehenden Lehrbücher parteiisch sein werden. Als Resultat des politischen Wertesystems, der vorherrschenden Anschauungen, gemäß den Menschen, welche dieselben vertreten. Das Wichtigste ist jedoch, daß historische Fakten nicht verzerrt, sondern objektiv und in den richtigen Proportionen wiedergegeben werden. Selbst wenn die Fakten noch stimmen, die Proportionen aber verändert wurden, hat die Geschichte bereits eine andere Aussage. Ein Lehrbuch ist eine wichtige Sache, wichtiger aber sind das gesamte Klima, das Geschichtsbewußtsein der Gesellschaft, nicht verstanden als eine Sammlung von Fakten, sondern als die Fähigkeit, Zusammenhänge umfassend und unparteiisch zu erkennen. Das Bewußtsein der Gesellschaft ist so zu gestalten, daß sie, oder zumindest ihr aktiver Teil, imstande ist, über den gegenwärtigen Tag hinauszublicken und aus den Ereignissen eine wirkliche Lehre zu ziehen. Geschichte als Schule des Lebens. Norwid kann uns dabei gewiß behilflich sein.

Skorupski: Ich selbst bin in einer Familie mit, sozusagen, sarmatischen Traditionen aufgewachsen. Noch heute entsinne ich mich des Loblieds, das mein Großvater anzustimmen pflegte: »Wir werden beweisen, daß der Sarmate es versteht, noch frei zu leben ...« Norwid sagt: »... und brennend fragst du, ob größere Freiheit dir wird oder ob alles, was dein, zuschanden gehen soll?« Ich möchte das Wort »dein« hervorheben, das für die Freiheit des einzelnen, des Individuums steht. Man könnte heute behaupten, daß wir vor dem Krieg als Gesamtheit in gewissem Sinne frei waren. Ob aber alle Polen als Einzelpersonen frei waren, ist mehr als fraglich.

Nach dem Krieg war viel die Rede von der Freiheit, wie sich aber heute erweist, bezog sich das lediglich auf die kollektive Freiheit, garantiert durch die Übereinkünfte, die in gewissem Sinne überzeitlichen Zusammenhänge; der Mensch als Einzelperson, ein Alltagsbürger wie z.B. ich, fühlte sich nicht frei. Als Angehöriger der politischen Prominenz befanden Sie, Herr Staatspräsident, sich immer auf der anderen Seite. Vielleicht haben Sie die Sache der Freiheit anders gesehen, gleichsam von einer höheren Warte. Sie waren aber, wie ich weiß, in Gefangenschaft, müssen folglich irgendwann, irgendwo einmal das Bedürfnis nach Freiheit verspürt haben, das Gefühl, so frei zu sein wie kein anderer. Wann haben Sie sich bewußt gemacht, daß, wenn wir alle frei werden, wenn die Gemeinschaft frei wird, auch jeder von uns frei sein müßte? Später erwies sich dann, daß solche Wünsche nur Illusion sind. Das Wesentliche ist die persönliche Freiheit jedes einzelnen Menschen. Erst die Summe dieser Freiheiten entscheidet über die wirkliche, die große Freiheit, um die es auch Norwid gegangen ist.

Jaruzelski: Gewiß, die Freiheit des Menschen, des Individuums, stellt einen Wert an sich dar. Daher ist verständlich, daß heute, wo wir es mit aufgeklärten Menschen zu tun haben, wo die Gesellschaft anders ist als vor zehn, vor vierzig und erst recht vor zweihundert Jahren, dieses Recht nicht mißachtet werden darf. Man muß das in den konkreten historischen Zusammenhang setzen.

Die »goldene Freiheit« z.B., die betraf doch nur eine ganz bestimmte soziale Schicht, eben die Sarmaten, den Adel. Auch ich stamme von einer Familie mit sarmatischen Traditionen ab. In jener Zeit lebten vor allem die Preußen und die Russen in absolutistischen Systemen, in denen die Freiheit weitaus mehr beschnitten wurde als bei uns. Dennoch haben sie weitaus mehr erreicht als Polen, sie haben auf Polens Leiche ihre Machtpositionen gefestigt. Wir waren nach dem damaligen Verständnis frei, und wir sind in Gefangenschaft geraten, als Nation und als Volk.

Ich beabsichtige keine mechanische Gegenüberstellung, sondern spreche von einer bestimmten historischen Etappe, der wir unsere Erinnerung und Aufmerksamkeit widmen sollten. Als Warnung sollten wir dessen immer eingedenk sein, daß eine Freiheit, die zur Willkür und Anarchie wird, letzten Endes in die Gefangenschaft und den Untergang mündet. Diesen Zusammenhang zwischen der Freiheit des einzelnen und der Freiheit für die Gemeinschaft muß man ganz klar sehen.

»Frei zu sein im eignen Heim« – von der Philosophie, die sich in diesem Sprichwort verbirgt, steckt noch manches in unseren Köpfen. Man kann im gesellschaftlichen Leben nicht von absoluter Freiheit sprechen. Vollkommene Freiheit für den einen bedeutet Unfreiheit für einen anderen. Es gibt viele Dinge, zu denen ich Lust habe, die ich aber nicht tun kann, weil das einem anderen Schaden zufügen würde. Auch das muß man lernen.

Das sagt nichts gegen den Grundsatz, daß der Mensch das größte Maß an Freiheit genießen sollte, sie ist ein unveräußerlicher humanistischer und moralischer Wert. Das ist auch eine gesellschaftliche Frage, eine Sache des sozialen und nationalen Selbstgefühls.

Es ist das eine, wenn ein Volk aus aufgeklärten Einzelpersonen besteht, die begreifen, was Freiheit ist, und ein anderes, wenn ein Volk als die Summe von Individuen dieses Gefühl für Freiheit nicht besitzt. Ein besonderes Beispiel für letztere Tatsache ist die Fähigkeit Hitlers, der es verstanden hat, die Mehrheit des Volkes auf seine Seite zu bringen; er vermochte die Bevölkerung für seine schrecklichen Ideen zu mobilisieren. In entsprechendem Maß trifft das auch auf Stalin zu. Das subjektive Gefühl für Freiheit wird zu verschiedenen Zeitpunkten auf unterschiedliche Art deutlich. Es hat sich herausgestellt, daß jemand sich sogar im Zustand blinden Gehorsams wohl fühlen kann, wenn dadurch die Befriedigung anderer, vor allem nationalistischer und populistischer Ansprüche garantiert ist.

Das sind Lehren aus der Geschichte. Ich finde, man muß dafür sorgen, daß ein Zusammenspiel entsteht zwischen der Freiheit des einzelnen und dem, was wir als Demokratie im gesellschaftlichen, nationalen und staatlichen Leben bezeichnen. Wir sind, denke ich, an dem Punkt angelangt, wo diese beiden Werte in Übereinstimmung gebracht werden können. Das wird kein glatter, kein harmonischer Prozeß sein. Es kann dabei auch vorkommen, daß jemand, der vorher unterm Rad war, jetzt oben sitzt und sich genauso verhält wie jene, die er seinerzeit so scharf kritisiert hatte.

Das sind menschliche Schwächen. Eigentlich besteht die ganze Menschheitsgeschichte darin, daß man die mannigfaltigsten Hindernisse überwinden muß, um einen höheren Grad von Freiheit zu erringen. Frei sein, nicht nur im Sinne des Tuns und Sagens, was man will, sondern frei auch von Hunger und Mißachtung, gegenüber Angriffen auf die Sicherheit; frei sowohl im individuellen wie im staatlichen und nationalen Sinne sein. Ich kann völlig frei sein und behaupten: »Ich sage, was ich will, ich tue, was ich will, ich fahre, wohin ich will; und doch bin ich zugleich objektiv unterdrückt, weil ich in einer Gesellschaft lebe, unter Bedingungen, wo ich mich gefährdet fühle, wo mich Pathologien der unterschiedlichsten Art plagen, mit denen die Menschheit nicht fertig wurde, wo mir Intoleranz begegnet, ich die Folgen der Umweltverschmutzung zu spüren bekomme, die Bedrohung durch ein anderes Land und vieles mehr.

Es geht also darum, die Freiheit des einzelnen als einen großen – ich möchte noch einmal betonen – selbständigen und unantastbaren Wert anzusehen und nicht als einen Fetisch. In Tatsachen, die es zu respektieren gilt, die darüber entscheiden, ob jemand anderem dadurch Schaden oder Unrecht zugefügt wird, auch oder gerade im großen Zusammenhang – im gesellschaftlichen, ökonomischen, zwischenstaatlichen Bereich, in dem die persönliche Freiheit leicht zur Illusion werden kann.

Skorupski: Herr Staatspräsident, die Polen fühlen sich berufen, eine besondere Mission in der Welt zu erfüllen. Sämtliche Nachbarn werden abwartend und herablassend betrachtet. Die Ukrainer, Litauer, Russen, sie sind allesamt in grob vereinfachendem Sinn »Ruskie«. Die südlichen Nachbarn sind »Pepiki« und die im Westen »Szkopy« (Deutsche). Im Zentrum bleiben wir – die Helden, die gleichsam von Gott Auserwählten, alles dreht sich um uns, alles steht uns zu. Mißverstehen Sie nicht meine vielleicht etwas extreme Betrachtungsweise; ich lebe ein Stückchen weiter entfernt und blicke auf Polen wie auf ein großes Amphitheater, auf dem sich das Drama von nahezu vierzig Millionen Menschen abspielt.

Gleichzeitig vernehme ich auch kritische Stimmen der anderen über uns. Ich halte mich nicht nur in Berlin auf, sondern bin des öfteren unterwegs, auch in anderen Ländern. In der Schweiz kursiert eine Redewendung: »Betrunken wie ein Pole«, bei den Amerikanern entstand eine ganze Serie von Polenwitzen, in Deutschland zeigen wir uns auf dem sogenannten Polenmarkt von unserer schlechten Seite – all das bringt uns einen zweifelhaften Ruf ein. Aber das ist doch nicht die ganze Wahrheit, wir Polen sind ja im tiefsten Grunde nicht schlecht. Der Zuwachs an Demokratie hat auch negative Haltungen begünstigt, und wir kramen in unserer nahen und ferneren Vergangenheit akkurat solche Merkmale und Vorbilder hervor, die nicht unbedingt rühmlich sind.

Ich denke an den zunehmenden Nationalismus. Der ist deutlich sichtbar in verschiedenster Form. Unter den ich weiß nicht wie vielen neu aus dem Boden schießenden Parteien, mit deren Namen ich meinen Kopf nicht belasten will, sind solche, die eindeutig nationalistisch orientiert sind, und zwar im negativen Sinne, auch wenn ich einen neuen Dmowski bislang dort noch nicht entdecken kann. Diese Tendenzen werfen auf Polen ein schlechtes Licht, wie wir am Verhältnis unserer Nachbarn uns gegenüber beobachten können. Präsident Havel fuhr zuallererst nach Deutschland. Man kann diesen Schritt verschieden bewerten, Havel hat die Aktion selbst interpretiert. Für mich zählt aber die Tatsache, daß es für ihn dorthin näher ist als zu den slawischen Nachbarn, und das, obwohl doch wir Polen es waren, die den neuen Weg gewiesen haben.

Immer häufiger ist die Rede von Lwów, alte Lieder werden gesungen, Erinnerungen über Wilna ausgetauscht. Ich kann mich gut in einen Menschen hineindenken, der im Osten geboren ist und seiner alten Heimat gedenkt. Aber auch hier werden bedrohliche Formulierungen laut, die davon zeugen, wie tief in Polen der Nationalismus verwurzelt ist. Welchen Standpunkt vertreten Sie, Herr Staatspräsident, zu diesem Problem?

Jaruzelski: Ich stimme mit Ihnen überein, daß das polnische Volk mehr als viele andere Nationen von seiner Besonderheit überzeugt ist. Darin steckt so ein Polonozentrismus, Messianismus – wir umschreiben dieses Syndrom scherzhaft mit den Worten »Der Elefant und die polnische Frage«. Das resultiert, glaube ich, aus dem historisch bedingten Minderwertigkeitskomplex eines Volkes, das einst eine Blütezeit hatte. Dann wurde es degradiert, sein Staatswesen ausradiert. Das Volk aber kämpfte mit einem beispiellosen Heldenmut um seine Unabhängigkeit. Es setzte sich aber nicht nur für seine eigene Befreiung ein, sondern auch für die Freiheit anderer Völker. Das berühmt gewordene Motto »Um eure und unsere Freiheit« zeugt davon. Es gibt die eine Übereinstimmung, gleichsam eine Wechselbeziehung zur romantischen Strömung in Literatur, Kultur und Denkweise; in keiner anderen Nation war die Romantik so kämpferisch geprägt wie in Polen, der Positivismus spielte dann längst nicht mehr diese Rolle.

Das Romantik-Modell funktioniert praktisch bis heute als eine Art intellektuelles und moralisches Erbe. Und es birgt in sich durchaus schätzenswerte Nuancen, die uns – wie bereits erwähnt – geholfen haben, zu überleben, unsere Identität zu bewahren. Gleichzeitig blieb aber die Neigung bestehen, oberflächlich und allzu emotional zu reagieren, was beim Erreichen von bestimmten Zielen nicht besonders förderlich war im Vergleich zu anderen Völkern, die glücklicher, zumindest aber wohl besser organisiert und viel disziplinierter sind. Es gibt ein Gedicht von Juliusz Słowacki, vielleicht erinnern Sie sich, ich glaube, im »Brief an Dantyszek« war das, da heißt es in einer Strophe: »Polen ... / Aus deinem Namen wollen wir weben / Gebetsklage, Blitzschlag und Donnerbeben ...«

Wir haben dort das Gebet und den Donnerschlag, die Tränen und den Blitz. Und wo bleibt die Arbeit? Wo die Pflicht? So wurden wir erzogen. Tränen, Märtyrertum, Schmerz und Blitz, der Kampf und das Heldentum. Das ist unser Erbteil. Ich wiederhole: Ich sehe dort große Werte, auch für die Zukunft. Aber auch eine große Gefahr, leben wir doch heute in einer Zeit, wo diejenigen siegen, die vor allem pragmatisch und weitsichtig denken, die aufgeschlossen sind für das Neue.

Während die anderen für den technischen Fortschritt kämpften, mußten wir uns unablässig für unsere Unabhängigkeit schlagen. Die Großen unseres Volks haben das wohl erkannt, es war nicht nur Norwid, der dafür viele überzeugende und sogar kernige Worte fand, z.B. daß die Polen als Volk ein gewaltiges Banner seien, als Bürger hingegen rechte Taugenichtse. Bereits vor ihm hatten Persönlichkeiten wie Frycz-Modrzewski, Skarga und Mochnacki sich zum Charakter der Polen geäußert und in jüngerer Zeit auch Świętochowski, Prus, Brzozowski, Żeromski, Wańkowicz.

Auch die Gefahr eines gewissen Nationalismus ist nicht von der Hand zu weisen, die Spuren der Vergangenheit machen sich dort bemerkbar. Ein unterdrücktes, seiner nationalen Rechte beraubtes Volk erreicht einen sozusagen überpatriotischen Geisteszustand, aus dem unter gewissen Umständen nationalistische Merkmale erwachsen können, es treten da Phobien auf, allen voran der Antisemitismus. Das ist amoralisch, schädlich und sehr gefährlich. Deshalb sollten wir alles daransetzen, den Patriotismus in seiner edelsten Form zu wahren und zu fördern. Das ist ein ganz wichtiger Begriff, ein Wert, der nicht nur auf Bannern und in Parolen verewigt werden sollte, er muß vor allem im täglichen Leben praktiziert werden. Patriot sein, das heißt das Vaterland lieben, aber Patriot sein bedeutet vor allem für das Vaterland das Beste tun und seinem guten Ruf nicht schaden. Patriotismus beinhaltet auch, Abneigung und Nichtachtung allen Völkern gegenüber abzulehnen.

Wir haben auch einen gewissen Hang zum Mystischen. Und dann sprachen Sie von den Ressentiments, vom recht differenzierten Verhältnis zu unseren engsten Nachbarn. Das ist ein Kapitel für sich; ein Problem, das man sowohl in historischen wie zeitgenössischen Kategorien betrachten muß. Es geht darum, was heute wichtig ist in dem sich unablässig wandelnden Europa; angesichts eines Deutschlands, das immer mächtiger wird, und der zunehmenden Schwächung der Sowjetunion. Wo ist da unser Platz? Wie sollen wir ihn fixieren, damit Polen einerseits in einem vereinten Europa eine Brückenfunktion übernehmen und andererseits sich selbst die volle Souveranität und das größte Maß an Sicherheit und Unantastbarkeit der Grenzen sichern kann?

Die Probleme der Einschätzung und Selbstbewertung der Polen, über die Sie sprachen, sind außerordentlich wichtig; besonders für jene, denen die »Herrschaft über Leib und Seele« anvertraut ist. Eine große Rolle kommt hier der Kirche zu, die im historischen Kontext schon immer eine tragende Rolle bei der Pflege des Polentums, der Formung moralischer Standpunkte wie der nationalen Übereinkünfte gespielt hat. Aber es gab auch Schwachstellen. Nicht immer war ihre Art der Meinungsmanipulation dem neuen Denken förderlich. Nach dem Konzil hat die Kirche sich reformiert; die Kirche Johannes Pauls II. geht mit der Zeit. Der Papst will die traditionellen Werte einbringen, aber zugleich alles überwinden, was anachronistisch und sozial unwirksam geworden ist.

Die Kirche hat eine gewichtige Mission, besonders in Polen, wo die Mehrheit der Bevölkerung gläubig ist, wenn auch in unterschiedlichem Grad. Berücksichtigen muß man natürlich auch die Rolle jener Kräfte, die im Staat die Regierungsverantwortung tragen und den größten Einfluß auf die Meinungsbildung haben. Hinzu kommt die Aufgabe der Intellektuellen, Wissenschaftler und Kulturschaffenden, also aller Menschen, die dazu beitragen können, daß sich das polnische Volk von dem Klotz am Bein, der es auf seinem Vormarsch ins 21. Jahrhundert hindert, endlich befreit.

Skorupski: Gestatten Sie einen Einwurf, Herr Staatspräsident, die Auseinandersetzung, die unlängst im Sejm und im Senat über das Für und Wider der Krone auf dem Haupt unseres Wappenadlers geführt wurde, war keineswegs so seriös, wie es den doch sehr angesehenen Persönlichkeiten in diesem Parlament entsprochen hätte. Im Gegenteil, die Debatte wirkte zum Teil peinlich. Um Mißverständnisse auszuschließen, ich bin nicht gegen die Krone. Aber gerade in dieser Aussprache wurden einige der genannten kleinen Nationalismen sichtbar. Wir wollen doch ehrlich sein, nicht die überwiegend von den Piasten »ausgeborgten« polnischen Könige haben den polnischen Patriotismus geprägt, sondern die Poeten und Schriftsteller, vor allem die Dichter-Propheten der polnischen Romantik. Vielleicht wird jetzt weniger Lyrik gelesen und dafür um so mehr palavert, wie in dieser Parlamentssitzung, aber die über ein solches Detail geführte Debatte förderte, selbst auf dieser so wesentlichen Ebene der Machtausübung, derartig kleine, subtile Nationalismen zutage. Kleinliche Diskussionen dieser Art stellen gewissermaßen eine Belastung dar für die ganze Gesellschaft.

Jaruzelski: Ich war selbst Zeuge dieser Debatte damals im Parlament. Sie sagten: Angesehene Menschen haben so diskutiert. Wer sagt, daß alle angesehenen Menschen auch immer vernünftig denken müssen. Eben weil es Menschen sind, mit ihren Komplexen, ihren Sentiments und Ressentiments. Die Sache betraf übrigens nicht die Krone. Der Punkt war bereits besiegelt, die Krone wurde als wichtig für den historischen Bezug anerkannt, als Zeichen unserer Souveränität. Die Auseinandersetzung kam zustande durch einen Antrag über das Kreuz in der Krone. Nach dem Motto: Polen ist katholisch, ergo – jeder Pole ein Katholik. Mit diesem Zeichen sollte eindeutig der katholische Ursprung des polnischen Staatswesens unter Beweis gestellt, zugleich aber auch der moderne polnische Katholizismus manifestiert werden.

Natürlich war diese Darstellung fehlerhaft. Der Meinung war die Mehrheit der Abgeordneten, samt einem Teil der Mitglieder der Fraktion, die den Antrag eingebracht hatte. Dennoch, das Ganze ist ein Symptom dafür, daß es Kräfte gibt, deren Blickwinkel rückständig ist und durch das Vorgestrige beengt wird. Das Kreuz ist ein starkes moralisches Symbol, es darf aber nicht mißbraucht werden. Insbesondere sollte alles gemieden werden, was spalten und das Prinzip der Toleranz verletzen könnte. Wir sprachen eben über die Freiheit. Und es gibt keine Freiheit ohne Toleranz.

Skorupski: Herr Staatspräsident, Sie haben unsere gesamte Nachkriegsgeschichte begleitet, mit den unterschiedlichen Tief- und Höhepunkten. Man kann es auch so formulieren, daß Sie bis in die Zeit von »Solidarność« hinein der Initiator von vielem waren, was wir jetzt als das »Alte« bezeichnen. Das »Neue«, nämlich die Entwicklung der letzten Jahre mit ihrem veränderten Gedankengut, erstrebt eine Demokratie auf ganz anderer, europäischer Ebene. Denn die Rede war auch schon vorher von Demokratie. Ich gehe einmal davon aus und bin dessen sogar sicher, daß nicht alles, was wir jetzt so schnell verwerfen, falsch war. Ich würde sogar sagen, daß es viele positive Züge gab. Was die neuen Ideologen, wenn man sie so bezeichnen kann, zutage fördern, ist recht interessant, man sieht aber bereits jetzt, noch ganz am Anfang, daß nicht alles, was glänzt, wirklich dem bewußten Diamanten ähnelt.

Sie haben den Vorzug – oder sollen wir es das Glück nennen? –, sowohl das »Alte« als auch das »Neue« zu verkörpern. Und Sie blieben weiterhin an der Spitze aller Geschehnisse und Veränderungen. Das ist gewissermaßen ein Paradoxon. Sie waren an der Macht, als das Kriegsrecht verhängt wurde. Und Sie sind gegenwärtig Staatspräsident in einem Polen, das sich in sehr allgemeinem Sinn als »freies« Land bezeichnet. Von Ihren Freunden und Gefährten aus dem alten politischen Block hat niemand einen ähnlichen Umschwung vollbracht. Gorbatschow spielt eine gänzlich andere Rolle, das muß betont werden; er kam später. Sie waren früher da.

Was würden Sie gern vom »Alten« retten und übernehmen, was lehnen Sie ab; was verwerfen Sie von den Vorschlägen für die neue Ordnung?

Jaruzelski: Zunächst möchte ich einiges richtigstellen, was mein Wirken in der zurückliegenden, nun schon historischen Phase betrifft. Als die »Solidarność« auf die politische Bühne trat, war ich Verteidigungsminister. In der Zeit davor beschränkte sich meine Tätigkeit ausschließlich auf die Armee. Die Mitgliedschaft im Politbüro der Partei – die nicht meinen Intentionen entsprach – resultierte aus einem gewissen »Schlüssel«, einem Schema, das auch für die übrigen Länder dieses Blocks verpflichtend war: der Verteidigungsminister hatte diesem Gremium anzugehören. Die Fragen, die dort behandelt wurden – wirtschaftliche, soziale, politische Probleme –, lagen meinem Tätigkeitsfeld sehr fern. Deshalb habe ich bei den Sitzungen des Politbüros oft geschwiegen; was mich natürlich nicht von der kollektiven Verantwortung entbindet.

Ich kam sozusagen aus einem anderen »Stall«, gehörte intellektuell und psychologisch auch weiterhin einer anderen Formation an. Was die »Freunde aus dem Block« betrifft – das waren Menschen, die seit Anbeginn ihrer Tätigkeit unveränderlich im Dickicht des politischen Lebens gesteckt hatten und seit den fünfziger Jahren führende und entscheidende Positionen einnahmen. Ich war seit meinen jüngsten Soldatenjahren in einer für die Armee fundamentalen Tugend erzogen: in dem Geist, daß der Dienst für Volk und Staat übergeordnete Bedeutung hat. Und das war im Endeffekt für mich das Entscheidende.

Deshalb war es mir auch möglich, den damals herrschenden Dogmen und Doktrinen gegenüber größere Distanz zu wahren als die traditionstreuen »Profis«. Der Bruch mit ihnen war dennoch nicht ganz einfach; als aber im Interesse von Volk und Staat andere Lösungen erforderlich wurden und diese Berufspolitiker sich dabei als unbrauchbar, sogar als hemmend und hinderlich erwiesen, fiel es mir wiederum leicht, mich von ihnen zu trennen. Vielleicht macht diese Aussage begreiflich, warum ich in der Lage war, so zu handeln, ohne mit dem eigenen »Ja« in einen inneren Konflikt zu geraten. Zum anderen brachten mir die Autorität und Sympathie, welche die Armee bei der Zivilbevölkerung genießt, die Unterstützung ein, die mir meine Arbeit unter den neuen Umständen und Aufgaben erleichterte.

Aus den in den achtziger Jahren durchgeführten Meinungsumfragen geht hervor, daß man mich eigentlich ganz positiv einschätzte. Wenn die Frage gestellt wurde: was hältst du von der Partei, was von Jaruzelski, bekam ich immer verhältnismäßig gute »Noten«. Das ist und war gewiß nicht allein mein Verdienst, sondern hängt eher mit der traditionellen Vorliebe, dem Sentiment unserer Bürger für die Armee, für den kampferprobten polnischen Soldaten zusammen. Dennoch bin ich unbescheiden genug, meinen Anteil daran in Anspruch zu nehmen, daß das zunehmende Niveau unserer Armee ihr ein großes Prestige sowohl bei unseren Verbündeten als auch in anderen Ländern einbrachte.

Ihre Frage, was ich aus der Vergangenheit übernehmen möchte und welche gegenwärtigen Erscheinungen negativ sind, erfordert eine ausführliche Antwort. Ich erwähnte schon, daß es gewisse Normen gibt, die wir als die »soziale Gerechtigkeit« bezeichnen, und das nicht im utopisch-doktrinären Sinn, ich denke an tatsächliche Werte. Es geht insbesondere um den sozialen Fortschritt, um seine moralischen Aspekte, um die gesellschaftlichen und sozialen Errungenschaften, die dem Menschen im

Rahmen unserer wirtschaftlichen Möglichkeiten gewährt werden sollten. Alles jedoch, was schlecht, anachronistisch, uneffektiv und undemokratisch ist, was den menschlichen Hoffnungen auf größere Freiheiten widerspricht, sollte abgelehnt werden.

Die gegenwärtige Entwicklung bietet uns eine Chance. Wir stecken ja noch mittendrin im Prozeß der Bildung neuer Strukturen, in der Gestaltung des neuen Systems mit all den damit verbundenen Hoffnungen, aber auch Gefahren.

Als besondere Gefahr betrachte ich die böse Hinterlassenschaft der Vergangenheit, das Erbe in den Köpfen. Manchem geht es da genau wie Molières Helden Jourdain im »Bürger als Edelmann«, der sich nicht der Tatsache bewußt ist, daß er ungewollt Prosa spricht, etliche Repräsentanten der neuen Ordnung kopieren unbewußt die alten Fehler.

Es gab da so eine berühmte Theorie von Stalin aus den dreißiger Jahren um die Verschärfung des Klassenkampfes, des politischen Kampfes zu einem Zeitpunkt, wenn der Gegner geschwächt und praktisch schon besiegt ist. Ich stelle jetzt manchmal fest, daß kurioserweise Leute, die als Gegner des Stalinismus in den zurückliegenden Jahren viel Unrecht erlitten haben, jetzt selbst nach dem alten Modell sprechen und handeln. Die Linke liegt doch längst am Boden, sie ist schwach und politisch kaum noch präsent, aber die Angriffe gegen sie werden immer schärfer und wütender, man versucht, sie restlos handlungsunfähig zu machen.

Ich bin darüber besorgt, es geht mir nicht um die Linke allein, sondern um die Normalität und Beständigkeit unserer gesamten Demokratie. Das heißt nicht, daß ich von den Ideen des Sozialismus, wie er heute verstanden wird, von den Wertvorstellungen der Linken, jetzt Abstand nehme. Ich halte ihnen die Treue, auch wenn ich sie politisch nicht manifestiere und mich bemühe, in meiner gegenwärtigen Funktion unparteiisch zu sein und über den Dingen zu stehen. Piłsudski sagte: »Ich bin ausgestiegen.« Ich habe die rote Straßenbahn an der Haltestelle »Pluralismus« nicht verlassen. Aber ich steuere nicht ihren Triebwagen, und obwohl mir die Bremsklötze auf ihrem Weg Sorgen bereiten, habe ich keinerlei Absicht, dieser Straßenbahn die Vorfahrt zu sichern.

Ich bin für die politische Koalition und bemühe mich, die Regierung in ihrer jetzigen Zusammensetzung, insbesondere Premierminister Mazowiecki, den ich als klugen und ehrlichen Mann überaus schätze, nach meinen Möglichkeiten zu unterstützen und ihm zu helfen, wie immer ich es vermag. Auch vielen Persönlichkeiten aus der ehemaligen Opposition, die ich erst jetzt wirklich kennengelernt habe, stehe ich positiv gegenüber.

Wir haben die bittere Erfahrung gemacht, wie negativ die Folgen eines politischen Monopols sind. Für das gesellschaftliche Allgemeinbefinden, für die Gesundheit, für die Hygiene der Demokratie ist ein echtes pluralistisches Gefüge, ähnlich den westlichen Demokratien, auf die wir uns häufig berufen, unentbehrlich. Es muß daher im Interesse der Regierenden liegen, allen eine Chance zu geben, niemanden über Bord zu werfen, keine Antinomenklatur-Psychose zuzulassen, sich um gerechte Einschätzungen zu bemühen. Nicht aber, stellvertretend für die alten, neue antagonistische Widersprüche zu konstruieren. Das wäre ein zweischneidiges Schwert. Statt aufs Vergangene muß man die menschliche Energie in die Zukunft lenken.

Kommen wir auf Ihre vorangegangene Frage zurück. Wir sagen oft: »Wir müssen zurück nach Europa« und »Polen soll zu Europa zurückfinden«. Ich bin von jeglichem Größenwahn weit entfernt und kenne unsere Schwächen sehr wohl. Ich sehe auch, welchen Nachholebedarf wir haben, um in Inhalt und Funktionsweise zu den marktwirtschaftlichen Mechanismen in Westeuropa aufzuschließen. Andererseits möchte ich nicht, daß man uns wie Urwäldler behandelt, wie ein Land, das erst jetzt plant, sich Europa anzuschließen. Polen war und ist Europa. Nicht nur hinsichtlich seiner geographischen Lage, sondern auch nach seiner Kultur und vielen anderen Gebieten. Natürlich müssen wir vieles verändern. Aber auch das Europa, dem wir uns angliedern, ist nicht makellos. Wir müssen versuchen, die besseren Erfahrungen zu übernehmen, sollten aber nicht in kindliches Staunen verfallen über Dinge, die auch im Westen schon ihre Politur verloren haben. Und wir rechnen auch nicht damit, daß man uns die gebratenen Tauben in den Mund stopft. Entscheidend wird sein, was wir selbst tun können, um wirtschaftlich und politisch zu einem stabilen Land zu werden. Schreiten wir voran, überwinden die Rückständigkeit – und bleiben trotzdem wir selbst.

Wichtig ist es heute, nicht in die alten Fehler zurückzufallen, sondern die historische Chance zu nutzen, die sich uns durch die Veränderungen außen wie auch im eigenen Lande bietet. Wir brauchen Stabilisierung, sollten Spannungen und nervöse Rhetorik vermeiden, das sind fruchtlose Kämpfe. Wenn man uns achten soll, müssen wir Selbstachtung besitzen. Respekt möchte ich an dieser Stelle unserer Bevölkerung zollen, die die riesigen Belastungen und Mühseligkeiten bislang so tatkräftig ertragen hat. Möge das so bleiben. Es würde das Vorurteil entkräften, daß der Pole zwar schnell bereit ist, den »Säbel zu ziehen«, mutig und kämpferisch ist, aber zum Strohfeuer neigt, wenig Pflichtbewußtsein und Verantwortungsgefühl besitzt.

Es erweist sich aber, daß der Pole auch die Geduld aufbringt, Anstrengungen standzuhalten, wenn er überzeugt ist, daß es richtig und lohnenswert ist und dem Lande dient – ein pragmatischer Patriotismus! Man darf diesen nur nicht mißbrauchen und durch solche zuvor genannten Erscheinungen verzerren, die mit Fortschritt nichts zu tun haben.

Skorupski: Herr Staatspräsident, vorhin wurde die Linke genannt. Ich verhehle nicht, daß ich meine Unterstützung seinerzeit der »Solidarność« gegeben habe. Ich war zwar nie ihr Mitglied, dazu gab es keinen Grund, denn ich war immer auf mich selbst gestellt, und ich habe mich auch nie nach jemandem umgeschaut, der mich schützen könnte; aber die linke Bewegung als solche habe ich unterstützt, weil ich sie als eine Bewegung von unten, aus den Volksmassen, verstand. Und heute muß ich nun hören, daß es eine Rechte, eine Zentrumrechte ist. Die Proportionen von links und rechts sind irgendwie ins Schwanken geraten. Offen gesagt, es überrascht mich sehr, daß ich mein ganzes Verhältnis neu bewerten muß. Wie schätzen Sie das ein?

Jaruzelski: Die Gliederung in Rechte und Linke ist nicht mehr so einfach wie zuvor. Es gibt da eine Menge Nuancen. Sie haben aber den wunden Punkt getroffen. Man kann davon ausgehen, daß in der »Solidarność« zu ihrer Geburtsstunde tatsächlich die linken Tendenzen dominierten. Das bestätigt die Mehrzahl ihrer Losungen und Forderungen, ob wir nun die 21 Punkte aus Gdańsk, die Forderungen von Szczecin, Jastrzębie oder anderen Orten zum Beispiel nehmen. Auf ihren Bannern und Plakaten konnten wir die Worte lesen: soziale Gerechtigkeit, Selbstverwaltung der Belegschaften, bessere Arbeitsbedingungen, Überwindung der scharfen Gegensätze zwischen den sehr Reichen und den sehr Armen.

Die Linke hat immerhin ihre Abstufungen. Und der Populismus – nun, er drückt sich am besten in dem schon genannten Zitat aus: »Wir haben alle denselben Magen.« Die »Solidarność« verkündete unter anderem: Den Menschen geht es schlecht, die Arbeiter müssen bessere Löhne erhalten. Es ging um diverse Leistungen, so den sogenannten »Wałęsa-Zuschlag«, den gleichen Lohnaufschlag für alle. Selbstverständlich wurde weniger gearbeitet, der arbeitsfreie Sonnabend eingeführt, es gab Streiks. Folglich sank die Produktion, aber die Löhne stiegen. Das Ergebnis: total leere Ladenregale.

Die sozialen Forderungen fanden ein breites Echo und wurden allgemein unterstützt, sie spiegelten die Erwartungen der Gesellschaft wider nach steigendem Lebensstandard und gerechterer Verteilung der Güter und nach mehr Einflußnahme auf die Arbeiter durch Selbstverwaltung und durch unabhängige Gewerkschaften, allen voran die »Solidarność«. Das war aber noch nicht alles. Einen wichtigen Platz beanspruchte die patriotisch-religiöse Bevölkerungsschicht, die in Polen sehr stark ist. Aber es gab auch »rechte« Akzente. Und das alles zusammengefaßt bildete eine gewaltige Bewegung, die zwar in sich differenziert, in ihrem Kampf aber dennoch ziemlich einheitlich war.

Wenn wir uns die Sache heute betrachten, sieht die »Solidarność« in mancherlei Beziehung völlig anders aus. Sie lobt das Privateigentum, sie nimmt keinen Anstoß an der Arbeitslosigkeit, sie kümmert sich nicht sonderlich um die Arbeiterselbstverwaltungen, von denen ein erheblicher Teil überflüssig wird, weil er im privaten Unternehmen keine Funktion mehr hat, usw. Geblieben ist natürlich das patriotisch-christliche Ethos als ein fester, die Bewegung tragender Faktor. Im sozial-ökonomischen Bereich hingegen weicht sie recht erheblich von der »Solidarność« des Jahres 1980 ab, und sie ist zum Teil sogar eine völlig andere als noch zu Zeiten des Runden Tisches. Wenn Sie das Wahlprogramm der »Solidarność« vom April 1989 mit den Realitäten von heute vergleichen, dann sind die Unterschiede nicht zu übersehen. Ich erwähne das nicht, um die Logik anzuzweifeln oder die Redlichkeit des Vorgehens in Frage zu stellen. Nein, denn letzten Endes entspricht das den Kategorien des politischen Lebens. Durch die Zeit korrigiert, paßt es sich den jeweiligen Etappen, Bedingungen und Zielen an. Und die Zeit heiligt gewissermaßen die Mittel, die sehr mannigfaltig sein können. Es geht nur darum, daß man keinen Lorbeerkranz dort flechten sollte, wo die Prosa der Politik, die Prosa des Lebens herrschen. Aber Ihre diesbezügliche Frage ist wahrlich begründet.

Skorupski: Man spricht in letzter Zeit in Polen und in der ganzen Welt viel über die Oder-Neiße-Grenze und folglich über das polnisch-deutsche Verhältnis. Und – um es zu ergänzen – über die Beziehungen zu unseren anderen Nachbarn. Ich habe den Eindruck, daß Polen in der Grenzfrage an Oder oder Neiße allein dasteht. Vielleicht trifft das nicht zu, jedoch die Auffassungen unserer Nachbarn stimmen in diesem Punkt nicht mit ihren Handlungen überein. Es gibt Versuche, die Aufmerksamkeit von diesem Thema abzulenken. Große Anstrengungen waren notwendig, damit Polen in die »2+4«-Gespräche einbezogen wurde, um mit uns gemeinsam die Grenzfrage zu erörtern. Was halten Sie von dem Problem, Herr Staatspräsident?

Jaruzelski: Die Haltung ist immer an die Position geknüpft, die das jeweilige Land innehat. Polen ist jetzt im Gespräch, besonders im Westen, aber da sind auch gute Beziehungen mit dem Osten, deshalb werden unsere Forderungen auch von allen Partnern mit Verständnis aufgenommen. Das Hauptproblem ist der westdeutsche Standpunkt. Es ist anzunehmen, daß man aus wahlpolitischen Gründen wie aus dem Gefühl der anwachsenden Machtstellung versuchte, unsere Forderungen einzuschränken oder ihnen entgegenzuwirken. Deshalb kämpfen wir und unternehmen all diese Anstrengungen. Wir machen Fortschritte und werden zweifellos in entsprechender Form und angemessenem Umfang an diesen Verhandlungen teilnehmen.

Ich möchte etwas hinzufügen. Die Verträge, Abkommen und Garantieerklärungen sind natürlich sehr wichtig. Wir müssen um sie ringen. Im Endeffekt ist jedoch entscheidend, welche Position wir selbst haben und wer unsere Verbündeten sind, wer Interesse an einem starken Polen hat. Der Weg zur Hölle ist bekanntlich mit Verträgen gepflastert. Aber wie viele Abkommen, Verträge und Vereinbarungen wurden durch das Leben gebrochen! Wir hatten auch einen Runden Tisch und seine Beschlüsse. Als sich aber auf Grund der Wahlergebnisse das Kräfteverhältnis änderte, blieben nur noch wenige Punkte dieser Abmachungen übrig. Zum Beispiel der Präsident. Jetzt muß man sich darüber Gedanken machen, wie das Polen von morgen aussehen wird, ob es wirtschaftlich und politisch gesund sein wird, modern, stabil und mit der Welt ausgesöhnt, und ob es Partner haben wird, die an seiner Stärke interessiert sind.

Unser wichtigster Partner war bisher der Osten, und er ist es naturgemäß auch weiterhin. Er wird sich aber auch von seinen eigenen Interessen leiten lassen und besonders davon, ob Polen zu ihm ein solides, gutnachbarliches Verhältnis entwickelt oder eine andere Bahn einschlägt. Wir sollten uns, um einen von Kekkonen geprägten Satz anzuführen, darum bemühen, daß wir »sowohl nah als auch fern unsere Freunde haben«; das wäre die beste Lösung. Früher hatten wir in der Regel unsere Freunde nur in der Ferne, das Ergebnis ist allzu gut bekannt. In den letzten fünfundvierzig Jahren hatten wir – im Bündnissinne – einen nahen Freund. Das gab uns eine Sicherheit, die wir nicht verlieren dürfen. Gleichzeitig müssen wir aber neue Sicherheiten gewinnen und unsere freundschaftlichen Kontakte in alle Richtungen ausdehnen. So verstehe ich das Wesen unserer künftigen Außenpolitik.

Skorupski: Das Umweltproblem läßt sich nicht hier in Polen lösen, das ist eine globale und gewiß eine gesamteuropäische Frage. Sie kann nicht im bilateralen Rahmen gelöst werden und verlangt ein tiefgründiges Handeln, ein bestimmtes System, die Philosophie staatlichen Zusammenwirkens. Nach Meinung der Ökologen reicht dafür das Ministerium für Umweltschutz nicht aus, sondern dieses Problem sollte in jedem, selbst dem kleinsten Sektor gesellschaftlicher Aktivitäten als Hauptaufgabe für die Entwicklung der Menschheit betrachtet werden. Wie sehen Sie diese Frage in Polen?

Jaruzelski: Wir sind uns einig, daß dem Umweltschutz, der Ökologie, heute der absolute Vorrang gebührt, das ist eines unserer ernstesten Probleme – ein Gebiet, das man nicht mehr auf ein Territorium, ein Land oder einen Kontinent eingrenzen kann, es ist zu einer allgemeinen, globalen Angelegenheit geworden. Wie grenzüberschreitend die Ökologie ist, möchte ich an einem für uns sehr prekären Beispiel verdeutlichen: über siebzig Prozent der Winde, die Polen erreichen, kommen aus dem stark industrialisierten Westen. Das bestimmt von vornherein unser Interesse daran, daß man beim Gedanken an ein »vereintes Europa« auch die Integrität der gefährdeten Umwelt, also die Gemeinsamkeit des Schicksals und die in dieser Sphäre erforderlichen Bemühungen in Betracht zieht.

Um die überkontinentale Bedeutung dieser Frage zu erfassen, genügt es, die Diskussion über die sibirischen Gewässer oder die brasilianischen Regenwälder zu verfolgen; da kann man feststellen, wie eng die Welt heute verbunden ist. Wenn wir noch weiter gehen, kommen wir zu der durch das Ozonloch heraufbeschworenen furchtbaren Gefahr für uns alle.

Das alles sind die Auswirkungen einer Zivilisation, die zwar einerseits unser Dasein bereichert und erleichtert, aber auf der anderen Seite das Leben bedroht und in gewissem Umfang sogar vernichtet. Also sind gemeinsame Anstrengungen, gemeinsames Handeln für den Umweltschutz unabdingbar. Das ist eine universelle Philosophie, aber auch die Philosophie, die sich jedem einzelnen Staat aufdrängt und jeder Gesellschaft; das ist zugleich Sorge und Verpflichtung, der eigenen wie den künftigen Generationen ein lebensfähiges Land zu erhalten bzw. zu vererben.

Im Fall Polens und der Länder auf ähnlichem sozialem und wirtschaftlichem Niveau stellt sich das Problem in besonders scharfer Form dar. Das ist eine gewisse Gesetzmäßigkeit. Man könnte auch von dem »Syndrom des späten Ankömmlings« sprechen. Länder, die verspätet den Weg in die Industrialisierung und zivilisatorische Entwicklung antraten, sind bemüht, einige Etappen zu überspringen, um bestimmte Fortschrittsstandards schneller zu erreichen. Da sie es sich aber nicht leisten können, gleichzeitig den Umweltschutz zu entwickeln, eilen die Industrialisierung, die Städteentwicklung jenem Bereich voraus, der aus Gründen einer gesunden Ökologie notwendig wäre. Ich kann mich an Banknoten aus der Nachkriegszeit Polens entsinnen, die rauchende Schornsteine als Symbol des Fortschritts darstellten. Aber stark qualmende Schlote – die sind doch heutzutage eher ein trauriger Anblick.

Auch der wohlhabende Westen war sich nicht von Anfang an der ökologischen Bedrohungen bewußt, die wurden erst vor relativ kurzer Zeit als Problem erkannt. Die vorhandenen Mittel erlaubten jedoch, die Situation schneller und wirksamer unter Kontrolle zu bringen, obwohl die Schäden auch hier schon groß waren. Und die Lage ist nach wie vor sehr ernst.

Was Polen angeht, so wird oft vergessen, daß 1946, nach Angaben der Volkszählung, nur sieben Millionen Menschen in Städten leben. Die Volkszählung von 1988 hat erwiesen, daß es heute vierundzwanzig Millionen sind. In die unterentwickelten, armseligen, durch den Krieg zerstörten polnischen Städte sind siebzehn Millionen Einwohner zugezogen – mehr als die gesamte Bevölkerungszahl der DDR, doppelt soviel wie in Bulgarien, das Dreifache von Finnland. So etwas vollzieht sich nicht ungestraft. Selbstverständlich hätte manches besser, klüger gelöst werden können, aber nicht alle Konsequenzen waren vermeidbar. Da wurden Wohnhäuser gebaut, aber die Mittel langten nicht, um dann auch die Kläranlagen oder andere für den Umweltschutz wichtige Einrichtungen schaffen zu können.

Das bedeutet nicht, daß überhaupt nichts getan wurde. Gerade in den Achtzigern, den sogenannten Krisenjahren, wurden die Ausgaben für den Umweltschutz im Verhältnis der vergleichbaren Größen verdreifacht. Aber die Situation ist weiterhin sehr ernst. Und es geht hier nicht nur um die organisatorischen Formen staatlichen Handelns. In vielen Ländern gibt es, ebenso wie bei uns, ein dafür zuständiges Ministerium. Es wäre jedoch ein grober Fehler, dieses als Allheilmittel für das Problem anzusehen, ihm die ganze Verantwortung zuzuschieben und sich weiter keine Gedanken zu machen. Wenn man aber das Ministerium als Leitstelle ansieht, das die Aktivitäten organisiert und kontrolliert, während sich alle – die gesamte Regierung, die lokalen Behörden auf allen Ebenen, die gesamte Bevölkerung, und vor allem diese! – in die Verantwortung teilen, so könnte man dem Übel vielleicht beikommen.

Es ist wirtschaftlich gesehen durchaus richtig, die Probleme des Umweltschutzes als Aufgabengebiet des Staates anzusehen. Es geht um die Bereitstellung der Mittel, eine weitsichtige Planung und konsequente Umsetzung. Die staatliche Verantwortung steht außer Zweifel, besonders die Mittel, die der Staat dafür aufbringen kann, sind von grundsätzlicher Bedeutung. Man darf aber nicht vergessen, daß, wie überall sonst, auch hier der Mensch eine sehr wichtige Aufgabe zu übernehmen hat: seine Kultur, seine Disziplin und sein Verantwortungsgefühl der heimischen Natur gegenüber sind gefragt.

Damit ist es in Polen nicht allzu gut bestellt. Dieses Gebrechen kann man wiederum nicht allein der Nachkriegszeit anlasten. Rufen wir uns in Erinnerung, daß der letzte polnische Ministerpräsident der Vorkriegszeit, Składkowski-Sławoj, lexikalische Berühmtheit erlangte durch die Einführung des – Plumpsklosetts (poln. = sławojka). Das klingt wie ein Witz und ist vielleicht ein sehr primitives Beispiel, aber gerade das macht deutlich, daß die tägliche Hygiene nicht allzu stark in ganz Polen verbreitet ist und man da noch mancherlei tun muß. Man kann einen Wald vernichten, indem man in der Nachbarschaft ein Chemiewerk errichtet ohne die entsprechende Entstaubungsanlage. Man kann aber auch einen Brand verursachen durch eine weggeworfene Glasflasche oder Zigarettenkippe. Deshalb ist die gesellschaftliche Kultur in der Umwelt von so großer Bedeutung.

Sämtliche Bürgerinitiativen auf dem Gebiet der Ökologie, die in verschiedenen Ländern – z.B. in Deutschland – eine große und sogar politische Bedeutung haben, nehme ich ernst. Auch bei uns gibt es die »Grünen« und verschiedene andere Gruppen. Ich habe ihre Nützlichkeit nie in Zweifel gezogen, in ihrer Arbeit auch nie etwas feststellen können, was rationell im Widerspruch zum gesellschaftlichen und politischen Panorama des Landes stand. In der Zeit, als ich noch Erster Sekretär des ZK der PVAP und Vorsitzender des Staatsrats war, habe ich eine große Tagung veranstaltet, an der Vertreter verschiedener ökologischer Organisationen beteiligt waren. Einige Dutzend

Parteien, Gruppierungen, Verbände und Gesellschaften nahmen teil, die sich im Namen unterschieden, aber alle hatten mit dem Umweltschutz zu tun. Mit Freude stelle ich jetzt fest, daß sie weiterhin aktiv sind und sogar noch neue Organisationen hinzugekommen sind.

Es ist wirklich eine große, gesamtnationale Aufgabe, deren wir uns gerade jetzt bewußt sein müssen, wo wir eine so schwierige Periode durchleben, in der es an Mitteln für viele andere ebenfalls dringend benötigte Dinge mangelt. Aber die ökologischen Erfordernisse sollten an erster Stelle stehen, und wir müssen in unserem schmalen Haushaltsbudget die Mittel dafür frei machen. Ich möchte noch einmal meinen Appell an alle Bürger richten. Natürlich, je höher die Funktion ist, desto größer auch die Verantwortung. Die Pflicht aber, an die Umwelt zu denken, hat jeder einzelne Pole, einschließlich des mit Zündhölzern spielenden Kindes.

Skorupski: Ein anderes Thema, Herr Staatspräsident: Die polnische Jugend. Sie befindet sich gewissermaßen in einer Patt-Situation. Sie ist von der bisher herrschenden Ideologie enttäuscht, eine neue Idee steht nicht zur Verfügung. Ideologen in fortgeschrittenem Alter, aus unterschiedlichen Lagern versuchen mit Vorschlägen für eine neue Ethik ihr Interesse zu wecken. Das will nicht recht gelingen. Dafür herrscht jetzt Andrang bei den Botschaften verschiedener Länder, die Flut von Ausreisegesuchen reißt nicht ab. Natürlich legte sich die Jugend keine Rechenschaft darüber ab, daß das Flittergold der westlichen Welt, die bunten Neonleuchten, die scheinbare Problemlosigkeit nur die Oberfläche des Lebens darstellen. Die Wirklichkeit ist weitaus komplizierter und in vielen Fällen trügerisch, ich kenne das aus eigener Erfahrung. Wie kann man dieser Pathologie vorbeugen? Sind Sie, Herr Staatspräsident, in der Lage, hoffnungsträchtige Wege zu weisen?

Jaruzelski: Rezepte kann ich nicht verteilen, das haben klügere Köpfe in Jahrhunderten nicht vermocht. Das ist im Grunde ein ewiges Problem, es kehrt wieder in jeder Generation: die Unzufriedenheit der Älteren mit dem Lebensstil der Jugend, und die Unzufriedenheit, mehr noch, Aufmüpfigkeit der jungen Generation über die Hinterlassenschaft der Alten. Ich glaube, das ist ganz normal, und man sollte das nicht dramatisieren. Es ist wie mit jedem Widerspruch, der zur Antriebsfeder des Fortschritts werden kann und auch häufig wird.

Es gibt solche historischen Phasen, in denen diese Widersprüche sich mehren und dann gefährlich werden können. Aber da sind auch Perioden, in denen Apathie und Frustration auftreten. Sie werden zum Problem, wenn dadurch die schöpferische, für jede Gesellschaft wichtige Dynamik verlorengeht.

Wir haben verschiedene Phasen durchgemacht, nicht nur in Polen. Die Jugendrevolte von 1968 erfaßte beinahe ganz Europa, in Polen und Frankreich trat sie besonders heftig in Erscheinung. Aber es gibt auch Zeiten, in denen die junge Generation keine Lust hat, auf die Barrikaden zu gehen, wenn der Lebensstandard besonders hoch ist. Das führt zu einem gewissen Hedonismus, bewirkt, daß die Jugend ein harmonisches Zusammenleben mit den Älteren anstrebt und versucht, die Vätergeneration nachzuahmen. Und dann existiert noch eine andere Form der Ruhe oder scheinbaren Ruhe, die in verschiedenen Zeitabschnitten auch Polen erfaßt hatte: sie beruht auf der Gleichgültigkeit, der Hoffnungslosigkeit, dem Unglauben daran, daß sich etwas ändern, daß man das Leben besser gestalten kann.

Frustrationen dieser Art entstehen meistens in Zeiten der Not, bei mangelnder Aussicht auf eine Wohnung, auf entsprechend gesicherte Lebensverhältnisse. Das hängt oft auch mit Einengungen im System der Demokratie zusammen, mit Unvollkommenheiten verschiedenster Art, wenn man sich politisch nicht ausleben kann.

Skorupski: Verzeihen Sie, wenn ich unterbreche. Das Problem ist aber mit dem Wechsel der Regierungsmannschaft und des Systems nicht gelöst worden. Jetzt, wo Mazowiecki und seine Leute an der Spitze stehen, ist die Situation nicht nur unverändert, sondern hat sich in mancher Hinsicht noch verschlechtert.

Jaruzelski: Weil sich die materiellen Bedingungen für die Jugend verschlechtert haben und als Folge der Arbeitslosigkeit künftig noch schlechter werden. Besondere Schwierigkeiten haben die Absolventen von Hoch-, Mittel- und Fachschulen, eine Beschäftigung zu finden. Auch die Wohnsituation ist miserabel, es wird immer weniger gebaut. Deshalb hält die Flucht der Jugend weiterhin an, sie reist aus, verläßt das Land. Das ist übrigens keine völlig neue Erscheinung und auch keine polnische Spezialität. Manche suchen auch die Flucht ins Extrem, in nationalistische, chauvinistische und anarchistische Bewegungen unterschiedlicher Couleur. Das stellt insofern eine Gefahr dar, weil diese jungen Leute potentiell im Dienste einiger hinter diesen politischen Richtungen stehender Kräfte als Kanonenfutter mißbraucht werden könnten. Dadurch würde Polen auf eine Bahn geraten, die im krassen Widerspruch zu dem steht, was wir unter einem vereinten Europa verstehen.

Wir sprechen einerseits von einer Rückkehr nach Europa, andererseits zeigen sich Kräfte, die ideologisch nicht mit den Haltungen z.B. von Brandt und Mitterand korrespondieren, sondern sich in Richtung von Le Pen und Schönhuber bewegen. Sie sind zum Glück noch zu vereinzelt und zu schwach, um wirklichen Einfluß auszuüben, aber zu befürchten steht, daß sie zunehmen. Wenn wir schon von Europa sprechen, sollten wir ein modernes, progressives und tolerantes Europa meinen und nicht eins der Reaktion und des Chauvinismus.

Trotzdem besteht die reale Chance, daß es innerhalb der jungen Generation nicht zu tiefgreifenden negativen Erscheinungen kommt. Noch immer findet der gegenwärtige Wandel seitens der polnischen Bevölkerung eine so starke Unterstützung, daß die bewußten Beispiele eine Randerscheinung darstellen. Das Neue weckt Hoffnungen, setzt vielfältige Möglichkeiten für politisches Engagement und eigene Meinungen frei, das Gefühl für nationale Identität und Souveränität wächst. Wir stehen vor einer Herausforderung. Die in unseren Regionen, in Europa, in Deutschland vor sich gehende Umwandlung sollte ein starkes Argument für unsere Gesellschaft sein – und gerade für die junge Generation –, nicht die Hände sinken zu lassen, nicht für den Mammon und um der eigenen Sorgen und Bitterkeiten willen die große Sache des Vaterlandes, seine Kraft, sein Prestige, seinen Rang einzutauschen.

Hier können die politischen und gesellschaftlichen Kräfte, die Kirche, die Schule, die Armee wirksam werden. Auch in der Zeit unmittelbar vor dem Krieg war die junge polnische Generation politisch sehr geteilt. Als aber 1939 die Nation in Gefahr war, bildete das ganze Volk eine einheitliche Front. Diese Haltung wird, so meine ich, treffend wiedergegeben in einem Gedicht von Władysław Broniewski, in dem es heißt: »Des Unrechts Rechnung im Vaterland, / die fremde Hand wird es nicht streichen.«

Sollte es uns gelingen, die gegenwärtig herrschende und nur allzu begründete Unruhe im Volk in ein Gefühl der Mitverantwortung umzugestalten, wäre das erfreulich.

Die Jugend darf nicht zu Schaden kommen. Auch für sie ist es ungeheuer wichtig, daß man die Nachkriegsgeschichte nicht ausschließlich in schwarzen Farben zeichnet. Die Jugend muß das Gefühl haben, daß sie in der Nachfolge einer nationalen Kontinuität steht und daß wir uns, ungeachtet der Komplikationen auf dem hinter uns liegenden Weg, per saldo vorwärtsbewegen. Greifen wir uns aus der Geschichte eines der größten nationalen Symbole heraus – die Verfassung des 3. Mai. Ihre führenden Repräsentanten mitsamt dem König Stanisław August Poniatowski landeten schließlich im konservativen Lager von Targowica. Müssen wir diese Verfassung nun verwerfen, weil ihre großartigen Ideen damals nicht verwirklicht werden konnten? Heute wird der 22. Juli als Nationalfeiertag rigoros abgelehnt, obwohl sein Manifest bedeutende Ziele für Staat und Gesellschaft ankündigte. Daß die Entwicklung sich dann nicht nach diesen Losungen vollzog, das kommt vor, das gibt es auch im Leben anderer Völker.

Die Jugend soll kritisch sein. Man sollte ihr aber nicht fortwährend eine Formulierung einimpfen, die ich immer wieder mit Trauer anhöre: »In diesem Lande«. Was heißt das: »In diesem Lande«? Du bist in Polen, also bist du doch in deinem eigenen Land und nicht »in diesem Lande« – etwas abseits, am Rande. Das kann und will ich nicht akzeptieren.

Skorupski: Wir sprachen von der Ausreisewelle. Ich sehe in diesem Streben auch positive Anzeichen. Nehmen wir an, ein junger Mensch reist aus, er findet Arbeit im Ausland, richtet sich ein, startet einige Unternehmungen – mit günstigem Ausgang. Er sammelt viele Erfahrungen, die er, geben wir es zu, hierzulande nicht machen könnte. Nach einer gewissen Zeit kehrt er wieder und macht sich sehr nützlich. Oder er bleibt im Ausland und hilft Polen von dort aus. Ich kenne viele solcher Beispiele, würde es also nicht ganz so tragisch nehmen, wenn hin und wieder jemand emigriert.

Jaruzelski: Da gebe ich Ihnen recht. Die Emigration kann auch ihre lobenswerten Seiten haben. Unserem Land brachte sie in einigen geschichtlichen Perioden großen Nutzen und sogar Ruhm ein. Verständlicherweise sträube ich mich gegen die Auslegung: Heimat ist dort, wo es mir gut geht. Denn die Heimat gibt es nur einmal, ganz gleich, wo man wohnt. Die von Ihnen vertretene Variante akzeptiere ich aber.

Wenn wir von einem vereinten Europa sprechen, vom gemeinsamen Haus, dann müssen die Türen dieses Hauses offen sein, damit die Menschen sich frei darin bewegen können. Dabei ist es natürlich wichtig, daß wir die eigene Identität und die Zugehörigkeit zu unserer Nation bewahren. Ob es darum geht, eine Qualifikation zu erwerben oder die Mittel zu erlangen, die es erlauben, besser zu leben und dem eigenen Land zu helfen. Oder auf irgendeine Weise durch eine im Ausland errungene Position sich seines Landes würdig zu erweisen; ehrlich über dieses zu berichten, ein informatives Bild zu geben, so wie Sie das tun ...

All das betrachte ich als normal, solange es nicht ins Extrem geht, man sich von seinem eigenen Land nicht abgrenzt, abtrünnig wird. Solche Fälle dürfen nicht zur Massenerscheinung werden, wenn z. B. das Konsumdenken die Motivation bildet, wenn sich jemand, um ein leichteres Leben zu haben, »umfärben« läßt zu einem Deutschen, obwohl er von Urgroßvaterzeiten her nichts mit dem Deutschtum gemein hatte. Diese Varianten sind verwerflich; alle anderen halte ich in der Welt von heute für normal und natürlich.

Skorupski: Reden wir von der Kultur. Da sind die Gegensätze besonders kraß. Auf der einen Seite haben wir große Leistungen aufzuweisen, berühmte Menschen wie Penderecki und Lutosławski in der Musik, Miłosz in der Dichtung, man könnte diese Aufzählung fortsetzen, da wird beispielsweise Andrzej

Szczypiorski im Westen immer populärer. Dem gegenüber stehen Verhaltensweisen, wie man sie hier täglich erleben kann ... Ich kann Ihnen Fotos vom Berliner Polenmarkt zeigen, kaum zu glauben, daß es so etwas gibt. Dorthin kommen Tag für Tag Tausende oder sogar Zehntausende von Menschen. Und sie wühlen dort herum wie in einem Müllhaufen. Man muß, um so etwas zu tun, das Gefühl für Menschenwürde völlig verloren haben. Und das alles spielt sich ab in unmittelbarer Nähe so großer Kulturzentren wie der Philharmonie, der Nationalbibliothek und der Nationalgalerie. Es gibt dort einen Platz, wo Skulpturen verschiedener Künstler aufgestellt werden. Jeder Bildhauer, der nach Berlin eingeladen wird, muß ein Werk hinterlassen. Und eben dort, zwischen diesen Skulpturen, hatten die Polen ihren Marktplatz eröffnet (glücklicherweise wurde er inzwischen umquartiert).

Ich führe dieses Beispiel an wegen des drastischen Widerspruchs: hier die namhaften Schriftsteller, berühmten Komponisten, bekannten Bildhauer; auch in der Philharmonie wie in anderen geistigen Bereichen und Wissenschaften haben wir große Leistungen aufzuweisen. Die Kultur des Alltags also, des menschlichen Zusammenlebens – dieser Markt macht es deutlich – weicht spürbar vom Durchschnitt im europäischen und Weltmaßstab ab.

Jaruzelski: Dieses Thema haben wir bereits gestreift, als wir über die Alltagskultur im ökologischen Bereich sprachen. Die Kultur ist ein sehr weitreichender Begriff. Kultur – das sind nicht nur die Gipfelpunkte, wie sie sich in den Werken der führenden Künstler und großen Talente darstellen. Die Kultur im Alltag, im zwischenmenschlichen Bereich ist nicht minder bedeutsam.

Historisch gesehen bildete die Kultur in Polen gleichsam eine geistige Festung, einen Schutz für die ihrer Unabhängigkeit beraubte Nation. Das hat die Kultur nobilitiert, ihre Schöpfer erlangten einen Sonderstatus, und die höchste Bedeutung gewann das Wort vom »Dichter-Propheten«. Bis zum heutigen Tag erfreuen sich Menschen allein deshalb einer großen Autorität, weil sie z.B. Schriftsteller sind oder Schauspieler. Was aber weder der Kultur noch der Politik in jedem Fall zum Wohle gereicht. Nicht jeder herausragende Künstler muß notwendig auch ein guter Politiker sein. Wenn jemand als Kulturschaffender Popularität genießt, sollte er sich dessen bewußt sein, welche Verantwortung ihm bei der Ausübung eines politischen Amts dieses übersteigerte Vertrauen auferlegt. Aber das nur am Rande.

Zurück zu den Defiziten in der Alltagskultur; auch hier herrscht wenig Sorge um den Ruf der Nation. Nach Norwid sind wir »das große Banner der Nation«. Ein Banner also – aber kümmern wir uns im normalen Leben um seine Reinheit? Ohne Zweifel, das ist ein großes Problem. Da hängt sehr viel von den Künstlern ab, hier liegt ihre große Mitverantwortung. Es reicht nicht aus, herrliche Gemälde zu schaffen, sondern man muß auch an das Aussehen unserer polnischen Dörfer und Städte denken, daran, wie unsere Waren verpackt sind, wie die Anzeigen gestaltet sind usw.; was versteht man unter Ästhetik, Gebrauchskultur, Werbekultur... Da stehen einem hervorragenden Theater schreckliche Verballhornungen der polnischen Sprache im Fernsehen und in der Presse gegenüber, ganz zu schweigen von dem Jargon, den man z.B. in der Straßenbahn hört. Da gibt es musikalische Leistungen von internationalem Rang, zugleich aber werden wir überschwemmt von wilden Rhythmen, die mit jenen herrlichen Tonschöpfungen nicht das geringste zu tun haben.

Vor uns steht die gewaltige Aufgabe, die Durchschnittskultur an das vom polnischen Kunstschaffen repräsentierte hohe Niveau anzunähern. Hierin liegt die gesellschaftliche Mission der gesamten Intelligenz, vor allem ihrer, wenn man so sagen kann, »auserwählten« Schichten.

Auch hier drängt sich mir wieder der Gedanke an Norwid auf, der zu diesem Thema folgendes äußerte: »... ich habe an den Diktator (Chłopicki) geschrieben, was tut die polnische Intelligenz?« Die Antwort: »Die polnische Intelligenz sitzt hoch zu Roß«. Und weiter sagt Norwid: »Wenn sie hoch zu Roß sitzt, steht sie nicht auf eigenen Beinen.« Und das ist nach wie vor aktuell. Nicht fest auf den Beinen stehen, das bedeutet Realitätsverlust. Fernsein der Verantwortung für die Mitgestaltung des einer solchen Nation angemessenen gesellschaftlichen Bewußtseins.

Ich empfinde große Hochachtung und Sympathie für die

Kulturschaffenden und ihr Wirken, schätze ihre moralische Sensibilität, ihren Widerstandsgeist gegenüber Minderwertigem, möchte aber auf einen Punkt hinweisen, auf eine Meinung, die in Diskussionen jetzt immer wieder auftaucht. Es heißt da, daß wir, daß Polen und seine Kultur eine Wüste darstellten und die vergangenen Jahre und Jahrzehnte eine für die Kultur verlorene Zeit seien. Das ist ebenso ungerecht wie abgeschmackt. Mitunter behaupten das sogar Leute, die in den zurückliegenden Jahrzehnten für ihre kulturellen Leistungen mit Orden, Ehrenzeichen und Privilegien überschüttet wurden, bis sie aufwachten und eines schönen Tages zu dem Schluß kamen, daß sie sich in einer Wüstenei befänden.

Da drängt sich eine Reflexion auf. Bei uns heißt es oft, wir hätten dem Westen gegenüber einen großen Nachholebedarf in der Technologie, der Wirtschaft, der Ökologie. Das stimmt, und im materiellen Bereich verfestigt sich dieser Zustand auf bedrohliche Weise. Ganz gewiß aber kann man das nicht auf die Sphäre der Kultur und der Bildung übertragen. Unsere große Reserve liegt in all dem, was wir in die Menschen investiert haben.

Ich komme noch einmal auf das Thema Jugend zurück. Es gibt Menschen – einige darunter erfreuen sich großer Popularität –, die behaupten: »Alles, was hinter uns liegt, ist ein einziger Schandfleck!« Da muß ein junger Mensch sich doch zwangsläufig fragen: »Wie kann ich in diesem Land leben?!« Es hängt alles sehr eng zusammen, man kann es nicht einfach auseinandertrennen: das Schöpferische im künstlerischen Bereich, die Alltagskultur als zivilisatorisches Abc und schließlich die Moral und Glaubwürdigkeit.

Skorupski: Mit Hilfe ihrer Kultur hat die polnische Nation das Schwerste – die Teilungen – überstanden und Identität bewahrt. Ich denke, daß auch im gegenwärtigen Moment die Kultur die Chance hätte, zum Motor gesamtnationalen Handelns zu werden. Nur, daß sie im Begriff oder schon dabei ist, ihren Mäzen, die staatliche Förderung, zu verlieren. Bisher vertraten sämtliche Schriftsteller, Vertreter der bildenden und anderer Künste den Standpunkt, daß sie ein Recht auf diese Zuwendungen hätten. Sie erhielten Geld aus dem Staatssäckel, bescheidene Summen vielleicht, aber genug für den Unterhalt, fürs Überleben. Heute sind alle auf der Suche und in höchstem Maße darüber besorgt, daß Zeitschriften, die nicht so zugkräftig, aber von künstlerischem oder wissenschaftlichem Wert sind, eingestellt, ihre Redaktionen aufgelöst werden usw. ... Gäbe es nicht Wege, der Kultur zu helfen?

Jaruzelski: Jedes Extrem ist von Übel. In den vergangenen Jahrzehnten war es so extrem, daß beinahe jeder, der sich für einen Künstler hielt, bestimmte Mittel und Privilegien für sich einforderte. Da gab jemand einen Lyrikband heraus, und sogleich hielt er sich für einen großen Dichter, dem der Staat ein ruhiges Auskommen zu sichern habe, damit er in aller Beschaulichkeit über den nächsten Band nachsinnen könne, der dann – vielleicht – in zehn Jahren erschiene. Da existierte ein Theater, das die Erwartungen, die man in es gesetzt hatte, nicht erfüllte und dessen Zuschauerraum folglich leer blieb. Es hatte aber einen aufgeblähten Etat ... An dieser Struktur muß einiges geändert werden. Diese Schritte sind für manchen schmerzhaft, aber vernünftig. Subventioniert werden muß vor allem die wahre, echte Werte beinhaltende Kultur.

Jetzt haben wir es aber häufig mit einem anderen Extrem zu tun – dem kommerziellen. Es beruht auf dem Grundsatz: Kommst du zurecht – in Ordnung; schaffst du es nicht – geh ein. Es gibt Ausnahmen von der Regel, Einrichtungen, die eine gewisse Unterstützung erhalten, aber solche Subventionierungen wurden stark eingeschränkt. Unter diesen Kürzungen leidet z.B. das Buch. Vor Jahren, als unser Land um vieles ärmer war als heute, fand es seinen Weg »unter jedes Dach«. Kurz und gut, ich glaube, daß auf dem Gebiet der staatlichen Förderung, wie sie jetzt praktiziert wird, gewisse Korrekturen notwendig sind. Auch wenn die Gesellschaftsstruktur und das System, in dem wir leben, sich verändert haben, sollten wir die echten und unveräußerlichen Werte im sozialen und kulturellen Bereich retten. Vor allem geht es darum, daß Kunstwerke nicht durch Kitsch verdrängt werden. Für ihren Erhalt müssen wir kämpfen, das ist unsere nationale Verpflichtung.

Skorupski: Herr Staatspräsident, ich bedanke mich für dieses Gespräch.

Warschau, 27., 29. und 30. März 1990

Dilogie

Die Geschichte dieser Welt wird von unserem Alltag bestimmt – wie banal er mitunter auch aussehen mag. Wir balancieren unaufhaltsam zwischen Gut und Böse, nie wissend, wann sich das, was uns anfänglich so positiv erschien, plötzlich gegen uns kehrt und wann umgekehrt das, was uns zuerst Furcht einflößte, dann doch dazu beiträgt, daß wir Fehler erkennen, die wir, vorschnell vermeintliche Werte wählend, begangen haben.

Um den Kreis meiner Gesprächspartner für die deutsche Ausgabe meines Buchs zu erweitern, habe ich lange nach zwei Persönlichkeiten gesucht, die gleichermaßen bedeutsam im kulturellen Leben Polens sich in ihrer Lebensart und vor allem in ihren Anschauungen über Gut und Böse extrem voneinander unterscheiden.

Schließlich fiel meine Wahl auf einen Poeten, den katholischen Pfarrer Jan Twardowski. Wie bei kaum einem anderen vereint sich in seinem Leben wie auch in seinem lyrischen Schaffen traditionsgebundene religiöse Betrachtungsweise mit modernen ökologischen Grundsätzen. Der zweite, Jerzy Urban, ist ein Journalist, der das Leben recht derb, mitunter sogar brutal und bissig anpackt. Obwohl den Repräsentanten der Macht im real existierenden Sozialismus zugehörig, vermochte er sich eine gewisse Unabhängigkeit und eine ganz individuelle, von der Meinung des offiziellen Staatsapparats abweichende Wirklichkeitssicht zu bewahren.

Überragende Intelligenz und umfassende Allgemeinbildung verleihen dem Handeln beider ungeachtet ihrer großen Gegensätzlichkeit gesellschaftliche Effektivität und positiven Charakter. Sie trennt mehr der Unterschied der Doktrine als die Ziele; für beide stellt das Wohl des einzelnen Menschen unbestreitbar den höchsten Wert dar.

So bin ich auch Pfarrer Jan Twardowski und Redakteur Jerzy Urban für ihre Gesprächsbereitschaft sehr dankbar; ihre Aussagen haben den Inhalt des Buchs vertieft und bereichert.

Möge der Leser zwischen diesen Extremen seine eigene Wahrheit finden, die zufällige Subjektivität der individuellen Wahrheiten sich zur effektiven Abstraktion gestalten, ebensowenig faßbar wie die gewaltigen Räume unseres Kosmos.

Gläubige, Ungläubige
uns alle verbindet unverdienter Schmerz
der uns nähert der Wahrheit

Gespräch mit Jan Twardowski

Jan Twardowski wurde am 1. Juni 1916 in Warschau geboren. Schon in seiner Gymnasialzeit schrieb er Verse. Er war Soldat des Warschauer Aufstands. Seine während der deutschen Okkupation begonnenen Studien der polnischen Philosophie beendete er 1947 an der Warschauer Universität, die Magisterarbeit widmete er dem Dichter und Dramatiker der polnischen Romantik Juliusz Słowacki. Ein Jahr später schloß er das Priesterseminar ab und erhielt die Weihen.

Der katholische Geistliche ist seit 1952 Rektor der Warschauer Visiten-Kirche an der Krakowskie Przedmieście (Krakauer Vorstadt). Es ist kein Zufall, daß gerade vor dieser Klosterkirche das Denkmal des früheren Kardinals von Polen Stefan Wyszysńki steht.

Die Werke Twardowskis sind durchdrungen von den Ideen einer engen Verbundenheit des Menschen mit der Natur, sie haben tiefen mystisch-moralischen Gehalt. Ihre Grundelemente sind die detaillierte Darstellung von Fauna und Flora, Faszination durch die Natur, die Verbindung des Menschen mit dem Großen Geheimnis. Er ist ein sehr bescheidener Mann, beliebt vor allem bei Kindern und Jugendlichen. Seine Gedichte erfreuen sich großer Popularität, sie werden dem Schaffen der berühmtesten polnischen Poeten gleichgestellt und sind in mehrere Sprachen übertragen worden, in deutsch erschienen unter anderem die Bücher »Ich bitte um Prosa« (übersetzt von Alfred Loepfe, Einsiedeln 1973) und »Geheimnis des Lächelns« (ausgewählt und übersetzt von Karin Wolff, Leipzig 1981). Twardowski wurde mit Literaturpreisen ausgezeichnet.

Jan Twardowski

Skorupski: Herr Pfarrer, vom August 1989 bis zum März 1990, eben während des großen Umschwungs in Polen, führte ich eine Reihe von Gesprächen mit namhaften Persönlichkeiten des polnischen Kulturlebens: mit Andrzej Szczypiorski, Andrzej Wajda, Izabella Cywińska, Lech Wałęsa, Waldemar Fydrych und schließlich mit dem früheren Präsidenten der Republik Polen, General Wojciech Jaruzelski. So entstand das Buch »... um die Polen zu verstehen«. Es gestaltete sich als eine Art Dialog mit Cyprian Kamil Norwid, denn alle meine Partner wurden mit folgenden Versen dieses polnischen Dichters konfrontiert:

> Und immer wieder entflammst du in dir
> Wie eine Pechfackel lohenden Zunder,
> Und brennend fragst du, ob größere
> Freiheit dir wird oder ob alles, was dein,
> Zuschanden gehen soll?
> Ob Asche nur bleibt
> Und Staub, der mit dem Winde verweht?
> Oder ob auf der Asche Grund
> Strahlend ein Diamant erscheint,
> Der Morgen des ewigen Sieges ...

Alle meine Helden suchten Antwort auf die Frage: Was ist die Asche und was der Diamant? Sie bemühten sich, diese beiden Wertsymbole in den verschiedenen Momenten der polnischen Vergangenheit zu fixieren, nicht nur in der Nachkriegsgeschichte, sondern in der Historie weit zurückreichender Zeiten.

Meine bisherigen Gesprächspartner wurden von der Frage überrascht, Sie aber haben vorher mein Buch gelesen. Und von Ihnen erbitte ich einige Gedanken in anderem Kontext, nämlich in den Kategorien von Himmel und Hölle, von Gut und Böse. Nach Niederschrift dieser Verse hatte Norwid zu wiederholten Malen die Worte ausgesprochen: »Ich war in der Hölle.« Und jetzt, hundertdreißig Jahre danach, hat ein anderer Pole den Begriff von der »polnischen Hölle« geprägt; durch ihn, Tadeusz Mazowiecki, gewann das Norwid-Zitat ein neues, ganz gegenwärtiges Gewicht. Das verlieh auch meinem bereits vor dieser Äußerung publizierten Buch unerwartete Aktualität, als hätte ich das Kommende vorausgeahnt. Alle diese Fakten haben mich bewogen, meine Gespräche fortzusetzen. Vielleicht gelingt es mir, zur Wahrheit vorzudringen und diese den Nachkommen zu übermitteln: die Wahrheit über eine Zeit, die man bis jetzt noch mit keinem Adjektivum belegen kann.

Twardowski: Diese Norwid-Verse haben metaphysische Bedeutung. Und auch Ihre Frage nach den Werten und ihrer Negation, der Lokalisierung von Gut und Böse, von Adel und Nichtswürdigkeit, von Glauben und Unglauben, Vertrauen und Argwohn, Liebe und Haß, von Ihnen zusammengefaßt in den Begriffen Engel und Teufel, bergen eine gewisse Faszination in sich. Sie sprachen mit den anderen Partnern bereits über Andrzejewskis »Asche und Diamant«. Nun denn, ich gewahre eine gewisse Disproportion zwischen dem metaphysischen Gehalt von Norwids Zeilen und dem Romaninhalt. Den betrachte ich als eine Augenblicksäußerung, eine politische Glückwunschadresse an die Nachkriegspotentaten, als das Bestreben des Autors, sich anzupassen. Im Jahre 1945, als die Bevölkerung mißtrauisch schwieg, verschreckt und noch niedergebeugt vom Krieg, war es leicht, die neue, kommunistische Ordnung gewaltsam einzuführen mit Hilfe stalinistischen Terrors, es war leicht, ein totalitäres Regime durchzusetzen.

Andrzejewski hatte als Schriftsteller schon einen Namen, er war bereits vor dem Krieg unter anderem für seinen Roman »Ordnung des Herzens« mit dem »Preis der Jungen« ausgezeichnet worden. In »Asche und Diamant« wird die Frage gestellt nach Recht und Unrecht. Hat jener Maciek recht, ein Soldat der im Untergrund weiterkämpfenden Landesarmee, oder der Kommunist Szczuka, gleichfalls ein Kämpfer, nur eben auf der anderen Seite? Deutlich ist zu erkennen, daß Andrzejewski mit Szczuka sympathisiert, mit diesem etwas unglücklichen, hinkenden, bekümmerten, ewig in Grübeleien versunkenen älteren Mann. Maciek hingegen schildert er ungestüm, irgendwie wenig verantwortungsbewußt; sein Kampf und seine Handlungsweise werden vom Autor in Zweifel gezogen. Deshalb mußte er, der doch für ein souveränes Polen antrat, so tragisch enden.

Norwid fragt nach der Asche und dem Diamanten, in seinem Gedicht geht es aber auch um den Staub, der chaotisch herumgetrieben wird, der verweht – das ist wichtig im Kontext des Buches. Andrzejewski, zweifellos ein talentierter Schreiber, symbolisiert damit das Chaos, die Konfusion im Geist seiner polnischen Landsleute.

Das Buch avancierte schnell zur Pflichtlektüre in den Schulen. Ein Film sollte gedreht werden. Für das Szenarium arbeitete Andrzejewski das Buch mehrmals um. Und dann führte Wajda, der Regisseur, die Konfusion zur Vollendung, indem er Maciek symbolisch auf den Müllhaufen der Geschichte warf. Der Diamant fungiert nur mehr als Motto, das Buch selbst ist die Konfusion. Daß ein so grelles Buch plötzlich solches Aufsehen erregte und Worte Norwids, die lange Jahre in die Schublade verbannt waren, jetzt in einem verkehrten Sinn aktuell wurden, daß sie mißbraucht wurden für einen Idealismus sowjetischer Prägung, ist peinlich. Der Kommunismus, meine ich, ist heute kein Problem mehr; die Geschichte selbst hat Andrzejewskis Konfusion als Ausgeburt einer totalitären Ideologie entlarvt, einer Ideologie, die jetzt aufhört, eine Bedrohung für die Menschheit zu sein. Ganz ist dieser Alptraum noch nicht vorbei, denn was sich in Litauen und anderen Ländern des sowjetischen Imperiums gegenwärtig ereignet, birgt enorme Gefahren, aber das Ende ist abzusehen ...

Der Ausgangspunkt unseres heutigen Gesprächs, das Motto, wird immer aktuell sein; daß aber heute noch jemand Andrzejewskis Buch lesen möchte, ist kaum anzunehmen – es sei denn im Zusammenhang mit Ihrem Buch.

Sie fragen nach Gut und Böse, wollen von mir wissen, wo ich den Engel ansiedelte und wo den Teufel ... Das ist schwer zu fixieren, zumal die Geschichte den Sinn von Worten rasch zu wandeln vermag. Was sich für Andrzejewski in diesem Buch noch als das Böse darstellte, ist jetzt das Gute. Und umgekehrt genauso. Obwohl – Gott allein weiß, ob die Welt diese Begriffe nicht wieder einmal verdreht. Ich denke aber, daß die Welt zum Guten hinstrebt. Als gläubiger Mensch muß ich sogar daran glauben. Was ist das: Freiheit – Gott – Natur? Das sind die Werte, die den Sieg davontragen werden, daran glaube ich fest. An das Motto, das den Roman überdauert. Ist es nicht so?

Skorupski: Ihre Interpretation, Herr Pfarrer, freut mich, denn sie ruft die Erinnerung an meine ersten Erfahrungen mit diesem

Buch in mir wach. Mein Großvater war es, der mir diese Lektüre geradezu aufdrängte. Er sagte lakonisch: Lies das! Und dann wies er mit dem Zeigefinger auf Norwids Gedicht in der Mitte des Buches.

Twardowski: Nein, es stand auf der ersten Seite, als Motto ...

Skorupski: Nein, Herr Pfarrer, es war eine Stelle in der Mitte, eine Grabinschrift ...

Twardowski: Ja, wirklich, dort stand es noch einmal ...

Skorupski: Ich lese also und schweige. Der Großvater sagt: Lies es noch einmal. Ich las wieder und schwieg. Und der Großvater aufs neue: Lies noch einmal!

Twardowski: Ein sehr kluger Großvater.

Skorupski: Ich habe so lange gelesen, bis ich die Stelle auswendig kannte, und das kommt mir jetzt zustatten. Was aber war die Quintessenz dieser Historie: Mein Großvater behauptete, daß nur dieser Vers wichtig sei, den Rest könnte ich mir schenken. Also sagte mein Großvater das gleiche, was Sie mir sagen, und deshalb ist mir diese Geschichte eingefallen. Ich habe aber das Buch doch noch gelesen, und später war ich lange Zeit der Meinung, daß Andrzejewski auf seine Weise Norwids Gedicht der Zensur gegenüber tarnen wollte und dem Leser die freie Interpretation überließ.

Twardowski: Aber er hat es in einem anderen Sinn dargestellt, er erlag der Nachkriegsideologie.

Skorupski: Ich empfand, daß er vorhatte, etwas Kluges zu sagen, weil er das aber nicht durfte, schrieb er eine Fabel drum herum, die den eigentlichen Sinn tarnte. Ich hielt es sogar für eine edle Tarnung.

Twardowski: Die Asche, um die es hier geht, kann auch etwas Wertvolles sein. Sie ist die Scholle, der Boden, aus dem das gesunde Korn wächst. Die Achse ist auch das Zeugnis des Kampfes, nicht wahr? Und sie ist ein sehr christliches Symbol; sie muß also nicht nowendig etwas Schlechtes kennzeichnen, eher einen Stoff, der verfliegt. Ich denke so: Sie ist Anfang und Ende. Aus Staub bist du geboren, und zu Staub wirst du zerfallen. Das ist eine Frage des Guten an sich, weil wir Christen sagen, daß Christus die Welt erlöst hat. Das heißt: er hat sie aus der Verzweiflung errettet. Das Gute kann zwar unterliegen, aber am Ende siegt es doch; das Böse kann die Oberhand bekommen, aber zum Schluß verliert es immer. Das Gute behält seinen Adel auch dann, wenn man es verunglimpft oder vernachlässigt. Das ist der Inbegriff unseres Glaubens, durch ihn überwindet der Mensch alle Beunruhigungen, die aus dem Bösen erwachsen. Das Böse kämpft und erhebt sich über die Welt, aber es geht vorüber. Auch die Auferstehung hat etwas mit der Asche zu tun – unser ganzer Glaube gründet sich darauf.

Ich bin übrigens mit Andrzejewski zusammengetroffen, habe ihn persönlich gekannt. Vor seinem Tode bat er mich, ihm laut die Worte vorzusprechen: »Ich glaube an die Auferstehung der Toten.« Und dann sagte er immer wieder, die Hände an den Kopf gepreßt, wie schön das doch sei. Vor seinem Ende hat er die Größe und Klarheit dieser Worte erkannt. Er war Moralist, auch wenn er zeitweilig sich in bestimmten Punkten der politischen Suggestion gebeugt hat. Man könnte dem Autor vorwerfen, daß er ehrgeizig war und auf den Wogen nach oben schwimmen wollte. Fest steht, daß jetzt nicht mehr der Kommunist Szczuka der Held ist, sondern im Gegenteil dieser arme, zu Tode gehetzte Maciek – als ein Denkmal unseres Strebens nach Souveränität. Die Konfusion, der sich auch Andrzejewski unterwarf, war die kleine Hölle am Rande der großen Satanei des stalinistischen Totalitarismus. Man muß ihm zugestehen, daß er ein sehr suggestiver Schriftsteller war, deshalb vermochte er auch mit Hilfe jenes gezielt eingesetzten Dichterwortes zu verwirren. Miriam hatte den schon zu Lebzeiten in Vergessenheit geratenen Dichter Norwid am Anfang unseres Jahrhunderts für die Nachwelt entdeckt, Andrzejewski griff den Faden auf und benutzte ihn. Vielleicht war das sogar gut, weil Norwid am Ende sonst wieder in der Schublade verschwunden wäre …

Skorupski: Richtig, und gewissermaßen ist es dem Buch und Wajdas Film zu danken, daß Norwid nach dem Krieg regelrecht »in Mode« kam, er fand Nachahmer unter den jungen Lyrikern, es gab eine Periode der sogenannten Norwidianer.

Twardowski: Sind Sie davon überzeugt?

Skorupski: Das bin ich; obschon – diese Welle schwappte sehr an der Oberfläche. Diese Flachheit in der Aufnahme von Norwids Poesie dauert übrigens an bis heute. Jetzt ist eine andere Periode angebrochen: die der Denkmalstürmerei oder des Austauschens der alten Denkmäler durch neue. Aber noch immer hat niemand daran gedacht, Norwid einen Gedenkstein zu errichten. Obgleich – in Warschau existiert ein wunderschönes Bild der Erinnerung und Verehrung für Norwid, eine Büste in der Hauptkathedrale, im Seitenschiff auf der rechten Seite.

Twardowski: Ja, eine sehr kostbare Arbeit.

Skorupski: Diese Büste ist, um sich Norwids Ironie über den Symbolcharakter des Bösen zu bedienen, jetzt möglicherweise in Gefahr. Könnte sein, daß die neuen Machthaber unseres Landes dieses Denkmal entfernen wollen, weil die Inschrift aus einem Gedicht stammt, das den Titel »Sozialismus« trägt. Der Text auf dem Stein weicht vom Original ab, wenn ich richtig zitiere, heißt es da: »Oh, nicht vollendet ist der Geschichte Werk, / Un-durch-brannt noch der Globus – vom Gewissen!«

Twardowski: Ich komme noch einmal auf Andrzejewski zurück, der, wie gesagt, schon durch seinen Vorkriegsroman »Ordnung des Herzens« bekannt war; er mußte Norwid gelesen haben, von dem damals viel die Rede war, seit Miriam ihn entdeckt hatte. Denn was immer man der Sanacja-Regierung auch anlasten mag, die schlechteste war sie gewiß nicht, sie ließ die Phantasie wachsen, behütete die Träumereien der Polen, ihre Visionen und Sehnsüchte von der absoluten Freiheit, über die Sie ja sprechen. Um dieser Sehnsüchte willen hat Andrzejewski wohl den Maciek erschaffen müssen, aber mit ihm zusammen begrub er die von diesem erstrebte Souveränität.

Skorupski: Aber so war es nun auch wieder nicht, daß plötzlich jemand auf den Plan trat und alle Polen bedrängte, zum Kommunismus überzutreten. Neben den Zwangsmaßnahmen – die waren tatsächlich vorhanden – konnte man auch viel Euphorie entdecken, Enthusiasmus für das neue System und eine ziemlich allgemein verbreitete Begeisterung. Mit eigenen Augen konnte ich das beobachten, ich habe diese Zeit ja selbst erlebt und kenne auch viele der heutigen »Solidarność«-Funktionäre. Da gibt es sogar Abgeordnete aus diesem Lager, die seinerzeit sehr eifrig die roten Fahnen geschwenkt haben. Ich sehe sie noch vor mir, höre noch, wie sie in den Maidemonstrationen die offiziell verbreiteten Propagandalosungen gebrüllt haben. Man kann sie dafür heute nicht verurteilen, sondern muß das vielmehr unter dem Aspekt sehen, daß damals die ganze Gesellschaft von einem gewissen Virus infiziert war. Um das jetzt alles als Zwang abtun zu können, – dazu war damals zuviel Beflissenheit im Spiel. Ich will mich nicht als Gegner dieser Menschen aufspielen, wie kann man jemandem seine früheren Anschauungen vorrechnen? Ich glaube, die gesamte Bevölkerung war damals in einem Rausch. Entschiedene Gegner waren rar, nur Ausnahmen. Jetzt aber scheint es, als wäre jeder zweite damals erwachsene Bürger ein Kämpfer gegen den Kommunismus gewesen. Es haben doch alle Beifall geklatscht, man kann ja diesen Enthusiasmus Revue passieren lassen in den alten Wochenschauen. Ich erinnere mich da an einige früher recht wohlhabende Aristokraten, ach – wie begeistert die waren.

Twardowski: Nicht alle haben Beifall geklatscht, ich z.B. nicht. Aber man muß zugeben, daß sehr viele dem Fieber verfallen waren, vor allem zahlreiche Intellektuelle, und nicht nur bei uns, sondern auch im Westen. Picasso erlag der Suggestion ebenso wie Russell, Wells und andere Autoritäten. Eins muß man Stalin lassen, er hat den Krieg auf meisterhafte Art beendet, er schuf eine Supermacht, und damit imponierte er allen. Die Massen ließen sich betören.

Skorupski: Das ist es – die Menschen brüllten freiwillig hurra. Man muß das auseinanderhalten: auf der einen Seite das Regime, das unterschiedliche Formen des Zwangs unterhielt, auf der anderen die Kollektivhaltung der Gruppe, der Gemeinschaft, des Volks und eine neue Moralität, die auch nicht vom Himmel herunterkam. Das hat alles ein Motiv. Unter anderem lehnten sich viele gegen das auf, was vorangegangen war, z.B. die feige Flucht der gesamten polnischen Regierung unmittelbar nach Kriegsausbruch im September 1939. Wie kann ein Kapitän sein sinkendes Schiff als erster verlassen?! Diese Feiglinge haben uns preisgegeben. Ich weiß, Herr Pfarrer, daß ich in diesem Gespräch allen Problemen und Seiten gegenüber völlige Neutralität wahren sollte, in diesem Fall aber kann ich nicht gleichgültig reagieren, ich muß meiner Empörung Ausdruck verleihen, obwohl seitdem fünfzig Jahre ins Land gingen und ich damals ein kleiner Junge war. Erst haben sie gerufen: »Keinen einzigen Knopf geben wir her«, und dann waren sie die ersten, die ausrückten. Daß der Kommunismus in Polen ein so leichtes Spiel hatte, war auch eine Rebellion gegen diese »Knöpfe«. Es war ein authentischer Sieg, keiner, der ausschließlich unter dem Druck der sowjetischen Bajonette zustande kam. Deshalb mußte Maciek in seinem einsamen Kampf unterliegen.

Blicken Sie auf das Litauen von heute. Was wäre geschehen, wenn Vytautas Landsbergis das Parlamentsgebäude verlassen hätte? Wenn er nach Hause gegangen wäre, um zu schlafen, ganz zu schweigen von einer Flucht über die Landesgrenze? Unsere damaligen Kapitäne aber haben ihr Schiff vorzeitig verlassen. Deshalb packt mich der Zorn, wenn sich die »Flüchtlinge« von damals heute als Helden aufspielen.

Twardowski: Dennoch – ganz einsam war Maciek nicht. Auch ich habe mit ihm in einer Reihe gekämpft. Wir waren viele, sehr viele, und der erste war Major »Hubal«. Und wir haben unsere Heimat nicht verlassen, sondern die ganze Zeit für unser Land gekämpft. Und dann wurde ich Zeuge, wie sie uns kaputtmachten, wie sie unschuldige Menschen umbrachten. Ich kann Ihre Anklage nicht voll im Raum stehenlassen, Rydz-Śmigły ist z.B. zurückgekehrt, andere Generäle haben an der Seite der Alliierten gekämpft.

Skorupski: Viele meiner Familienangehörigen und zahlreiche Freunde sind durch diese Hölle gegangen. Ich gehe diesem Problem jetzt nach: diverse Zeugnisse, Briefe, Dokumente berichten von dieser Zeit. Die Mehrheit aber huldigte der »neuen Ordnung«, und sei es um des lieben Friedens willen oder weil das »Alte« ausgespielt hatte. Kürzlich stöberte ich in einer Berliner Buchhandlung nach polnischen Büchern; ich entdeckte einen Band von Wankowicz über Monte Cassino. Unter dem Stichwort »Sergeant József Uberna« beschreibt der Autor, wie einer der Kämpfer in der Schlacht verwundet wurde, eine authentische Persönlichkeit, der Vater von Janusz, einem meiner Schulkameraden, geboren in Wilna. Er überlebte, kehrte zurück in die Heimat, zu seiner Familie, führte ein bescheidenes Leben. Dann trat der UB, das Amt für Sicherheit, auf den Plan, man verhörte ihn, setzte ihn unter Druck. Da schrieb er sich, seine Haut zu retten, in die PVAP ein. Wer wollte ihn dafür verurteilen? Im Gegenteil, es war gut, daß er davonkam. In derselben Buchhandlung steht auch ein Buch über den letzten, inzwischen verstorbenen Nachkommen eines berühmten und geachteten polnischen Geschlechts. Einer der Vorfahren dieses Mannes, ein Freund des großen Mickiewicz, ging in die Literaturgeschichte ein. Auch diesen Mann kannte ich persönlich, er brachte mir Sympathie entgegen, und ich möchte ihm nichts Schlechtes nachsagen. Ich habe aber miterlebt, wie dieser einstige Held vor Vertretern der Volksmacht um Privilegien winselte. Auch das Heldentum hat eine Kehrseite. Aber die ungezählten Helden der jüngsten Zeit? Wo kommen sie her?

Twardowski: Da nimmt sich manches recht erbärmlich aus, und es braucht viel Poesie, eine mächtige Religion oder einen metaphysischen Gedanken, wenn man unser Alltagsleben würdig interpretieren will. Was den Roman »Asche und Diamant« anbelangt, so hat er vielleicht eine Überlebenschance als historisches Dokument der Epoche des realen Sozialismus, das Norwid-Gedicht aber bleibt aktuell und ewig schön. Wissen Sie, da ist noch ein für Andrzejewski bezeichnendes Faktum: Er war Mitglied der Nationalen Partei; mag sein, daß sie die »Endecja« mögen, ich bin ein Gegner dieser politischen Richtung gewesen.

Skorupski: Gott bewahre, auch ich kann sie nicht ausstehen.

Twardowski: Erstaunlich, wie schnell aus manchen Nationaldemokraten Kommunisten wurden. Es gab eine Menge, die aus der »Endecja« sofort zum Kommunismus überliefen. Auch das sollte man bei unseren Betrachtungen in Erwägung ziehen, nicht wahr?

Skorupski: Aber gewiß. Hier drängt sich mir ein weiteres Problem auf: das Individuum in den unterschiedlichen gesellschaftlichen Systemen, in die es sich bewußt hineingeben hat oder zufällig hineingeriet. Dann kommt noch die Abhängigkeit vom jeweiligen Glaubensbekenntnis hinzu, gesetzt den Fall, man ist überhaupt gläubig. Unter Gläubigen wie Ungläubigen gibt es sowohl anständige und edle Menschen als auch Nichtsnutze und Halunken, nicht die Haltung zu Gott ist dafür ausschlaggebend.

Twardowski: In der heiligen Messe gibt es ein Gebiet: »Herr, wir vertrauen Dir jene an, deren Glauben Du allein kennst.« Die Gläubigen und die Ungläubigen, im Angesicht Gottes sind sie allzumal Suchende; Glaube und Unglaube, das ist der fortwährende Kampf um den Glauben, und Gott allein darf urteilen über den Adel der Taten eines jeglichen Menschen, ohne Ansehen dessen, ob dieser sich zu ihm bekennt oder nicht. Das ist wie mit der Liebe, da tobt ein ständiger Kampf, selbst in der Ehe müssen beide Partner um diese Liebe werben, ohne Unterlaß, ist es nicht so? Der Glaube läßt sich in keinen Rahmen pressen. Für mich besteht er in dem unausgesetzten Ringen um diesen Glauben, das ist Dynamik ohne Ende.

Skorupski: Die Grenze zwischen Gut und Böse muß nicht an der Nahtstelle zwischen Glauben und Unglauben verlaufen. Kann man einen Menschen für seinen Unglauben verurteilen?

Twardowski: Nein, man darf ihn nicht verwerfen, aber mann sollte ihn als Suchenden betrachten. Man sollte helfen, statt zu verurteilen. Ein Gläubiger kann, wie Sie bereits sagten, mitunter schlimmer sein als der Ungläubige, der in seiner Suche auf gutem Wege ist. Ich persönlich ziehe den Ungläubigen, der Wahrheit erheischt, dem Frömmler vor, der sich in einen überschwenglichen, veräußerlichten Glauben verrannt hat und manchmal selbst nicht mehr weiß, woran er eigentlich glaubt.

Skorupski: Dort an der Wand sehe ich ein schlichtes Holzkreuz hängen. Für mich bedeutet dieses Symbol eine Bindung der Horizontale mit der Vertikale, es ist die fundamente Konstruktion, auf die sich alles stützt. Vom Kreuz aus kann man, strahlenförmig, die Resultante der unterschiedlichen Vektoren ableiten. Am Schnittpunkt all dieser Begriffe findet sich der Punkt »0« als Konvergenz unserer Sinne. Das ist der Anfang: Die Stunde Null oder Wir können immer wieder von vorn beginnen. Dabei hilft uns das Kreuz, mit seiner Hilfe vermögen wir die wahre Richtung zu finden. Für mich ist das Kreuz ein physischer Begriff, zugleich aber eine moralische, psychologische und philosophische Komponente; das Kreuz ist das Skelett für die graphische Darstellung aller Werte.

Twardowski: Da haben Sie den Kern des Christenglaubens getroffen, in diesem Sinn ist das Kreuz wirklich die Basis unseres Glaubens, weil die Heiligkeit auf nichts anderem beruht als auf einem immerwährenden Neubeginn. Unsere Kirche hat eine Kirche der heiligen Sünder, nicht wahr. Ist Kontinuität der unterschiedlichen Anfänge, ist das auf die einzelnen Lebensmomente bis hin zu den Nullpunkten übertragene Kreuz. Das kennzeichnet unsere Verantwortung vor Gott. Wir müssen fortwährend bestimmte Angelegenheiten abschließen und dann von vorn beginnen. Eben darin liegt die größte Schwierigkeit, das ist die größte Kunst: anfangen können. Das bringen viele nicht fertig. Nicht nur auf das Individuum trifft das zu, sondern auch auf die Gemeinschaft. Und auf unser Land – Polen. Wie anfangen, daß es auch gut wird – das ist das Problem. Man kann es vergleichen mit dem Rosenkranzbeten: auf den Anfang kommt es an; danach gerät man manchmal ins Stocken, an welchem Punkt es abreißt, ist nicht mehr so wichtig. Das Wesentliche – fang an!

Wir müssen jedoch akzeptieren, daß der Mensch von Natur aus sündig ist, zum immerwährenden Neubeginn aber Beharrlichkeit und Geduld vonnöten sind. Nur diese Eigenschaften vermögen das Gute, das in uns steckt, auch zutage zu fördern.

Ich glaube an das jedem Menschen innewohnende Gute, man kann es erreichen, nicht nur einmal; das Gute will immer wieder neu erobert werden, schon deshalb sollte man stets von neuem beginnen. Täuschen wir uns nicht, auch die Heiligen waren nicht auf Anhieb heilig, sie mußten durch die Sünde gehen und sehr hart um diese ihre künftige Heiligkeit kämpfen.

Skorupski: Gewiß, die Grenzen zwischen Sünde und Heiligkeit sind nicht festgelegt, sind veränderlich.

Twardowski: Wir sind unterwegs zu einem Ideal, das wir nie erreichen, deshalb setzen wir auch keine Grenze der Heiligkeit fest. Wir müssen unserer Umgebung und den Nächsten gegenüber moralisch sauber sein, müssen ringen um unsere innere Kultur.

Skorupski: Sie wissen, Herr Pfarrer, daß Norwid unterschieden hat zwischen Kultur und Zivilisation, er sah die Widersprüche zwischen diesen beiden Begriffen. Die Kultur betrachtete er als einen der Zivilisation übergeordneten und zugleich von dieser ständig bedrohten Begriff. Izabella Cywińska brachte in unserem Gespräch zum Ausdruck, wir sollten eine große, gemeinsame Zivilisation auf der Welt anstreben, aber zugleich die Vielfalt der Kulturen wahren. Das heißt doch, daß die Zivilisation als Resultante der Kulturen denselben dienen sollte, statt sie zu zerstören. Was meinen Sie zu diesem Thema?

Twardowski: Zivilisationen sind sterblich, die Kultur ist ewig. Kultur ist immer etwas Autonomes, ein mehr vergeistigter Wert, die Zivilisation ist, wie Sie richtig bemerken, eine Resultante, also ein mehr technokratischer als metaphysischer Begriff. Die Kultur assoziiert ästhetische Empfindungen, ist Kunst: bildende Kunst, Literatur... Die Kultur ist auch eng verbunden mit der Religion, mit der Familie und ihren Sitten und Bräuchen. Die Zivilisation stellt lediglich die technische Summe dieser ästhetischen Werte dar, deshalb kann eine Vermischung manchmal schädlich sein. Das hängt davon ab, ob die Welt lebensspendende Asche im christlichen Sinne sein will. Hier müssen wir die Ökologie einbeziehen, ihr muß die Zivilisation sich unterordnen, wenn die Menschheit wirklich weiterexistieren will.

Die Kultur kann ein Biotop, ein Lebensraum sein, die Zivilisation aber nicht unbedingt, meist ist sie es nicht, weil sie die Natur vernichtet. Manchmal wirkt sie auch belebend, aber dann immer unter dem Einfluß der Kultur. Da gab es in einem Gewässer Fische, dann hat der Mensch sie vergiftet, aber nach einigen technischen Verfahren stellen sie sich wieder ein. Man kann diese Beispiele fortsetzen. Ich denke, es kommt alles aus der Erziehung – die Technik zerstört, aber sie kann auch wiederbeleben.

Skorupski: Zerstört sie öfter, oder belebt sie mehr?

Twardowski: Ich denke doch, daß sie mehr zerstört. Papst Johannes Paul II. sprach von einer Zivilisation der Liebe – die wäre erstrebenswert. Aber man darf das Problem der Ökologie nicht nur unter dem Vorzeichen einer Katastrophe betrachten. Unsere Religion sagt, daß die Welt eines Tages aufhört zu existieren, sie sagt aber nicht, daß das eine Katastrophe sein wird, nein, es wird eine Umwandlung sein. Die Welt wird endlich das Böse aus sich herauswürgen, aber ganz gewiß tritt das Weltende nicht ein, wenn nur noch böse Menschen auf der Erde sind, es kann kein Ende der Welt nur mit Schurken geben. Jeder einzelne Heilige bringt die Welt näher an ihr Ende heran, das heißt, die ganze Welt wandelt sich zum Positiven. Nein, mit einem Knopfdruck wird niemand die Welt auslöschen, sie entwickelt sich Schritt für Schritt zu einem Königreich des Guten, der Mensch geht daran, die Natur zu retten, alles wendet sich unaufhaltsam zum Besseren, bis einst, dank Gottes Allmacht, die Ökologie über die Welt herrschen wird.

Skorupski: So sagen Sie es auch in Ihren Gedichten!

Twardowski: Die Apokalypse spricht von einem Sieg des Guten, es wird ausgesondert für die Ewigkeit. Daran glaube ich. Das ist ja das Besondere und Sonderbare – der Unterschied zwischen göttlicher und menschlicher Logik. Wer hätte sich z.B. je träumen lassen, daß der Kommunismus zerfällt, ohne daß es

Krieg gibt? Wir wissen nicht, was uns bevorsteht, vielleicht wird schon morgen eine Erfindung gemacht, welche die ganze Welt rettet. Ich fühle mich in einem Zeitalter, in dem sich ein Schauspiel vollzieht. Da hatte man beschlossen, sich Gottes zu entledigen – der Kommunismus wollte das auf administrativem Weg tun, mit Dekreten. Im Westen wiederum fand man, daß Gott unserer Freiheit im Wege steht, daß er uns zu sehr einengt. Da hat Gott sich von selbst abgekehrt. Ich ziehe mich zurück, denkt er, und sehe mir an, was daraus wird. Und plötzlich fangen alle an, die Abwesenheit Gottes zu spüren, fühlen sich herrenlos. Denn der Mensch ist so geartet, daß er jemand über sich wissen muß.

Die Menschen haben an Gottes Platz die Wissenschaft gestellt. Was aber ist die Wissenschaft? Die Beschreibung der Welt auf der Grundlage von Beobachtungen. Gestützt auf diese Beobachtungen, entstehen neue Werte, neue Dinge. Diese Wissenschaft hat aber nicht nur Gutes erschaffen, sondern auch die Atombombe, verschiedene Gifte. Und schon gibt es Wissenschaftler, denen das, was sie geschaffen haben, nicht genügt, sie wollen dieser Welt entfliehen, in ein Kloster eintreten ...

Andere haben versucht, Gott durch die Kunst zu ersetzen, die ja zum Mystischen neigt. Das Theater z.B. ist ein Mysterium. Aber ein Theater ohne die Fürbitte Gottes ist wie ein Mensch, der hinkt.

Wiederum gibt es den Versuch, an Gottes Stelle den menschlichen Genius zu setzen. Die Erfahrung aber lehrt, daß selbst der größte Genius dem Untergang geweiht ist, wenn man Götzen anbetet wie Hitler und Stalin. Wir haben das Debakel erlebt. Also auch der Mensch ist eine Enttäuschung. So entsteht am Ende eine Leere, die der Mensch ausfüllen will.

In meinem Beichtstuhl bin ich Zeuge, wie viele Menschen sich jetzt bekehren, wie groß ihre Sehnsucht nach Gott ist. Das zwingt ihnen niemand auf, die Beichte ist ein sehr intimes Gespräch, nichts zum Vorzeigen. Und da kommen wir zum Wesen einer Erscheinung, die sich jetzt vor unseren Augen abspielt: die Menschen beginnen wieder zu glauben, daß es ein höheres, nicht identifizierbares Wesen gibt, eben diesen Gott, der sich von der Welt abgewandt hatte und uns nun von der Seite zusieht. Wie merkwürdig sie doch ist, diese göttliche Welt. Das sage ich in meiner Eigenschaft als Priester. Vielleicht haben Sie eine andere Auffassung ...?

Skorupski: Gott! Das Universum! Das Geheimnis ... Ich schreibe mir das alles ins Gedächtnis ...

Twardowski: Der Mensch besitzt so viel, aber ohne Herrn kann er nicht sein, trotz aller Zivilisation und Kultur, die genügen ihm nicht, vermögen nicht restlos zu beglücken, und so ist er unentwegt auf der Suche nach dem hundertprozentigen Glück, dem Ideal. Das Ideal aber – ist Gott.

Skorupski: Was aber sagen die Atheisten dazu, die, welche seit Anbeginn ihres Lebens gar keine Möglichkeit hatten, sich mit Gott zu treffen, ihm zu begegnen? Im Grunde mag ich das Wort Atheist nicht. Warum kämpft so ein Atheist gegen Gott, wenn er doch weiß, daß Gott gar nicht existiert? Ich denke hier auch an die Freidenker, die selbst nicht glauben, aber den Glauben der anderen billigen.

Twardowski: Ich stimme Ihnen zu, was den Atheismus betrifft. Es ist eine Frömmelei besonderer Art, ein Übereifer in die entgegengesetzte Richtung.

Skorupski: Der Freidenker unterscheidet sich vom Gläubigen nicht durch allgemeine Werte, sondern durch Werte auf dem Gipfel der Allwissenheit; für ihn sind die Natur, das Universum oder das Große Geheimnis dasselbe, was dem anderen Gott ist. Manchmal handelt es nur um die Namensgebung, nicht um den tatsächlichen Begriff.

Twardowski: Ich möchte noch etwas zum Thema Atheismus sagen. Atheisten sind oft Menschen, die gar nicht gegen Gott kämpfen, sondern gegen eine Karikatur Gottes oder aber gegen einen Gott, der keiner ist. Der Atheist tritt z.B. gegen den Gott an, der als Losung auf den Koppeln der deutschen Soldaten geschrieben stand: »Gott mit uns« war da zu lesen, das war ein Gott, von dem er sich verfolgt und unterdrückt wähnte. Es gibt aber nur einen Gott, dessen Gesetz alle unterliegen: die Gläubigen und die Ungläubigen, und sogar die sogenannten Atheisten. Es kommt nur auf den Bereich der Natur, des Universums an, zu dem sich der einzelne bekannt. Wozu dieser Kampf? Er ist ohnehin erfolglos. »Gott, Du allein erkennst des Menschen Glauben!« Früher oder später übermannt jeden Menschen die Sehnsucht nach Liebe, und diese Liebe ist dann der Gott, den jeder sucht. Die menschliche Liebe ist immer bedroht. Wenn ich jemanden liebe, dann quäle ich mich. Entweder ich vermeine, nicht genug zu lieben, oder ich bin bekümmert, daß ich nicht genug geliebt werde. Die Sehnsucht nach der Liebe ist aber häufig die unbewußte Liebe zu Gott.

Skorupski: Sie sprachen von der Losung auf den Koppeln der Deutschen: »Gott mit uns«. Die Mehrheit der Menschen will doch, daß Gott »mit ihnen« sei. Wäre es nicht besser, den Grundsatz anzunehmen, daß Gott »in uns« ist, das heißt, daß jeder seinen Gott im Herzen trägt und daß es für alle ein gemeinsamer Gott ist?

Twardowski: Das ist das Fundament des Evangeliums und seine Maxime: Gott ist in uns. Deshalb muß auch dieses »Gott mit uns« wie eine Lästerung klingen. Das ist Rückversicherung. Gerade in diesem Punkt kommt es zu Konflikten zwischen den einzelnen Individuen oder ganzen Völkern. Das Volk, scheint mir, ist mehr fromm als religiös. Das läßt mich für die Zukunft der Welt hoffen, die zum Glück auch mehr christlich ist als religiös. Ein subtiler Unterschied, der sehr wesentlich ist für die Klassifizierung des Guten. Die Welt ist so schön, daß die Menschen auch die Pflicht haben, gut mit ihr umzugehen. Außerhalb unseres Planeten extistieren der Mikro- und der Makrokosmos, die wir mit unseren Sinnen nicht zu erfassen vermögen. Das ist das Wunder, keine Kunst, nicht einmal die herrlichste, ist dem gewachsen. Warum wollen wir das zerstören, wir elenden Menschlein auf dieser Mikroerde? Ich glaube daran, daß Gott diese schöne Erde für den Menschen erhält. Deshalb messe ich den Fragen der Ökologie den ersten Rang zu, und wenn es von mir abhinge, würde ich dem Umweltschutz alle anderen Bereiche, ganz besonders aber die Wirtschaft, unterordnen. Man muß bei den kleinsten Dingen beginnen, so beim naturwissenschaftlichen Unterricht in den Schulen. Der Lehrplan umfaßt jetzt viele komplizierte biologische, physiologische und chemische Prozesse, das alles ist zweifelsohne sehr wichtig. Mich hat man damals noch durch die Wälder geführt, mir die schöne Welt in aller Stille gezeigt, mich dem Gesang der Vögel lauschen lassen, dem Rascheln von Gras und Blättern und hat jedes Stück Schöpfung beim Namen genannt. Heute spricht man ganz allgemein vom Baum und vom Vogel, aber wie das einzelne heißt, weiß kaum noch jemand. Lieben kann man jedoch nur, wen man anreden kann. Mir hat die Naturwissenschaft ein alter Lehrer im Ruhestand vermittelt, Gustaw Wuttke, dank ihm bin ich noch heute in der Lage, die Eigenheiten vieler Pflanzen, vieler Tiere exakt zu benennen. Viel über die Natur kann man auch aus dem Schaffen der Schriftsteller lernen: Eliza Orzeszkowa, Reymont oder auch Mickiewicz besaßen auf diesem Gebiet ein geradezu universelles Wissen.

Durch die geringe Achtung, die man der Natur heute zollt, hat, so meine ich, auch das Ansehen der Frau gelitten, die doch das Spiegelbild ihrer Schönheit ist, gleichsam die Natur selbst verkörpert. Meinen Sie nicht auch?

Skorupski: Ich sehe das ein wenig anders, empfinde die Frauen viel positiver als die Männer. Unlängst zeichnete der Polnische Rundfunk ein Interview mit mir für das Dritte Programm auf. Wir waren ziemlich schnell fertig und hatten noch Zeit. Da schlug die Redakteurin der Sendung, Lidia Nowicka, vor: »Machen wir doch noch zwei Fünfminutenprogramme.« Die Themen sollte ich auswählen. Das erste betraf Fragen der Kunst, mein ureigenstes Thema, das war unproblematisch. Das zweite bereitete uns Kopfzerbrechen. Ich sah meine Gesprächspartnerin an, sie war sichtlich müde, wirkte angestrengt, aber gerade das verlieh ihr Reiz, machte sie interessant. Da schlug ich als Thema »Die Frau« vor. Was fällt mir, wenn ich in polnischen Straßen durch die Menschenmenge laufe, besonders in Auge? Es sind die Frauen. Ermüdete Mütter mit ihren Kindern, Frauen beim Schlangestehen nach Brot und Fleisch, Frauen, die einer längst vergangenen Zeit hinterherlaufen, breithüftige Bäuerinnen, biegsame Tänzerinnen, mit lächelnden Gesichtern oder traurigen Augen. Man spürt den Tiefgang ihrer Seelen, da ist ein bißchen Dostojewski und ein Quentchen Flirt, da ist vor allem eine Fülle der in jeder Frau verborgenen Herzensgüte.

Betrachtet man dagegen die polnischen Männer – du lieber Himmel, der reinste Jammer: zerraufte und fettige Haare, bläuliche Nasen, dafür aber weiße Schuhe und grellgemusterte Jakketts. Vom reichlichen Alkoholkonsum – gestern abend genossen oder seit Jahr und Tag – sind die Augen aufgequollen und rotgerändert, der Schnaps hat seine Zeichen ins Gesicht gemalt wie mit einem Pinsel. Sie haben pfiffige Mäuler, aber jedes zweite Wort, das herauskommt, ist eine Zote ... Ich sage Ihnen, die Polizei im Westen hat keine Mühe, im Zweifelsfall den Polen herauszukennen. So stellt es sich heute dar, das beschämende Zerrbild des einst so ruhmreichen polnischen »Ulanen« oder des heute so »erfolgreichen« Businessman. Auch aus ihren Gesichtern spricht die »Seele«, aber Tiefgang entdeckt man nicht. Zum letzten Weihnachtsfest hatte Pfarrer Wiesław Niewęgłowski auf dem Warschauer Schloßplatz einen Christbaum geweiht, am Silvesterabend haben polnische »Helden« ihn übel zugerichtet, ich sah später ihr Werk, ein trauriges Bild. Und das hat nicht irgendwelches Gelichter vollbracht, nein, das waren brave Durchschnittspolen, »Kerle, trinkfest und kampfbereit«. Eine Zeitung forderte dazu auf, den Rädelsführer dieser Kampagne namentlich zu benennen. Es interessiert mich, ob man mit den für diese schlimme Verwüstung Schuldigen abgerechnet hat. Frauen brächten so etwas doch nicht fertig, folglich: alles in Polen spricht zu ihren Gunsten.

Twardowski: Auch ich nehme wahr, wie unsere Frauen sich aufopfern. Ist Ihnen aufgefallen, daß kaum noch Liebeslyrik geschrieben wird? Auch darin drückt sich die Verarmung aus. Einst, zu Lebzeiten meiner Mutter und meiner Großmutter, war die Frau rätselhaft, von Geheimnissen umwoben, voll persönlicher Anmut und nicht so leicht zugänglich. Sie genoß Ansehen als Herrin des Hauses, war ein Beispiel für die Familie. Jetzt kann man auf Schritt und Tritt beobachten, wie leicht sich die Burschen in ihren Beziehungen zu den Mädchen tun, aber ich glaube, daran sind die Frauen nicht unschuldig, oder? Vielleicht gibt es irgendwo noch die große, echte Liebe, es macht nur viel Mühe, sie zu entdecken. Ich meine, die Frau sollte sich nicht so rasch entblößen und öffnen, sie sollte zwar ihre Reize haben, aber auch ihre Geheimnisse, dann würde ihre Natur sich dieser Welt schöner darbieten, das ist, denke ich, auch der Wille Gottes.

Skorupski: Unser Leben ist angefüllt mit ständigem Neubeginn und der Hoffnung, daß jeder dieser Anfänge für uns und für andere nutzbringend ist, darüber sprachen wir schon. Wenn ich mir das gesellschaftliche Leben in Polen ansehe, habe ich mehr und mehr den Eindruck, daß wir in ein Nichts treiben. Wir überwinden zwar Hürden, springen über Zäune, und das sehr effektvoll, aber dann verderben wir wieder alles. Wir beschleunigen zwar unser Tempo, wissen im Grunde aber nicht, wohin wir uns mit unserer Eile bewegen, ob wir nicht im Dunkeln in einen Abgrund stürzen, aus dem wir nicht mehr herauskommen.

Twardowski: Früher waren wir ein von Fremden okkupiertes Land, da galten uns die von Menschen geschaffenen Gegenstände wenig, für jeden war es nur wichtig, zu überleben. Es entwickelte sich, im Gegenteil, eine regelrechte Manie, alles zu zerstören, was eventuell dem Eroberer in die Hände fallen könnte. Natürlich gab es in den einzelnen Teilungsgebieten Unterschiede; in Großpolen z.B. verstanden die Gutsbesitzer – vermutlich unter dem Einfluß preußischer Disziplin – ihre Landwirtschaft so zu organisieren, daß die Resultate menschlicher Arbeit sichtbar waren. Bis heute ist das im Posenschen so, wir sollten der deutschen Kultur dankbar sein, daß ihr Beispiel geholfen hat, hier ein Gefühl für bleibende Werte zu vermitteln. Schlimm stand es um das russische Teilungsgebiet, gemäß den Bedingungen, die hier durch die Okkupanten geschaffen wurden; das Land an der Weichsel war vernachlässigt, hier herrschte das gleiche Chaos wie im ganzen russischen Reich. Am besten sah es in Galizien aus, die Österreicher ließen den Polen die größten Freiheiten.

Freiheit – wieviel sie doch bedeutet, sie ist der Hauptmotor menschlichen Handelns. Wir müssen heute, wo wir endlich frei sind, lernen, uns für die Arbeit zu mobilisieren, wir müssen daran glauben, daß das sinnvoll ist.

Skorupski: Der Begriff »polnische Wirtschaft« ist keine neue Erfindung, er entstand schon vor dem Krieg, sonderbarerweise in einer Zeit, als wir ein unabhängiges Land waren. Unserer Wirtschaft fehlte die Effektivität, einigen »Mißernten« wurde die Verantwortung dafür zugeschoben. Jetzt sind wir auf dem besten Wege, die alten Fehler zu wiederholen.

Twardowski: Ja, aber damals fehlte es uns wirklich an Zeit, bemerkbar machte sich auch die Uneinheitlichkeit der gesellschaftlichen und sozialen Bedingungen in den einzelnen Teilen. Viele Menschen hatten nur die eigenen Interessen im Blick, und es herrschte große Armut. Eine grundsätzliche Entwicklung war in den wenigen Jahren nicht zu schaffen, die Geschichte geht langsamer voran, als wir glauben. Der Krieg brachte die Zäsur, und was danach kam, wissen wir ja. Weil alles »allen« gehörte statt dir und mir, fühlte sich der einzelne nicht verantwortlich, zwangsläufig entwickelte sich ein verlogener Lebensstil, jedem ging es nur darum, den anderen zu überlisten, alles mit Bestechungen, Winkelzügen, Betrügereien zu »erledigen«, um für sich etwas herauszuschinden.

Was immer man der Sanacja auch anlasten kann – daß man einen Arzt durch Schmiergelder dazu bewegen muß, einen Patienten zu behandeln, daß ein Lehrer, dem man »etwas zusteckt«, einem Schüler den Zugang zu einer Schule oder Privilegien verschafft, bei denen nicht das Wissen alleiniges Kriterium ist, so etwas wäre damals undenkbar gewesen. Bei den Arbeitern wurde es »Stil«, aus den Fabriken Waren, ja sogar Maschinen für den Eigenbedarf »abzuzweigen«; es herrschte der Slogan: Wer nicht stiehlt, kann nicht überleben.

Die Mazowiecki-Regierung machte mit diesen Methoden auf einen Schlag Schluß. Zu dieser Zeit herrschte Inflation, die Läden waren leer, die Zustände chaotisch. Die neue Regierung hat einen viel besseren Start. Man weiß nicht, wie viele Regierungen noch folgen werden. Der Mazowiecki-Regierung kann niemand streitig machen, daß sie die Korruption unterbunden hat. Seitdem hat sich manches zum Besseren gewendet.

Skorupski: Sie kennen meine »Müll-Theorie«. Es scheint so, daß es noch einige Zeit dauert, bis wir all diesen Unrat abgetragen haben. Die Anzahl unserer »Müllhalden« wächst, der Straßenhandel hat sich von Berlin in die Straßen Warschaus und aller übrigen polnischen Städte verlagert. Polnische Journalisten bezeichnen diese Art Handel und Wandel als »asiatisch«, die Asiaten dagegen, im Vollgefühl ihrer rassistischen Neigungen, erklären, diese »Polacken« seien nicht wert, ihnen die Stiefel zu putzen, so liederlich und schmuddelig, wie sie aussähen. Das müssen wir z.B. von den Japanern hören, und sie haben sogar recht, denn wie könnte man das Land der blühenden Kirschbäume mit dem verkommenen Polen vergleichen.

Twardowski: Das war schmachvoll, aber leider wahr. Dennoch bin ich überzeugt, daß man in Polen auch manches finden kann, was positiv ist. Die Regierung wollte den Handel in Schwung bringen, also ließ sie den freien Markt zu. Sicher ist das inmitten des Straßenstaubs und auf schmutzigen Tischen verkaufte Fleisch ein übler Anblick, aber das wird sich mit der Zeit normalisieren. Ich bin viel draußen in der Welt gewesen, in New York, in der Schweiz und anderswo. Auch dort ist nicht alles eitel Sonnenschein. Gewiß, das sind reiche Länder, aber ich könnte dort nicht leben. Trotz aller Wirrnis – hier ist man heimisch. Das bestätigen sogar Ausländer, die nach Polen kommen. Kürzlich hatte ich eine Schwedin zu Gast, auch eine Engländerin – wir haben uns über mannigfache Probleme des polnischen Alltags ausgetauscht, und immer wieder betonten sie, daß sie gern bei uns zu Gast seien, weil es die Polen verstünden, trotz aller Mängel eine herzliche und eine ganz eigene Atmosphäre zu schaffen, etwas, was es bei ihnen zulande nicht gäbe.

Wenn wir nur in unserem stürmischen Drang gen Europa diese persönliche Identität nicht verlieren! Hier ist bereits Europa, und es geht nur noch darum, auch den physischen Anschluß zu vollziehen an ein Europa ohne Grenzen und ohne Komplexe.

Da kommen mir wieder die Asche und der Diamant in den Sinn. Irgendwann muß dieser Diamant wieder zum Vorschein kommen, denn dieses Chaos kann nicht ewig andauern. Ich für mein Teil glaube an die alte Legende vom Phönix, der aus der Asche emporsteigt. Vielleicht sind das alles die Norwidschen Fackeln, die da lohen, vielleicht müssen sie in diesem Kampf verglühen. Ich bin gläubig, und ich bin Optimist, und so bin ich überzeugt, daß sich das Gute erneuert. Der Engel kämpft mit dem Teufel, so nannten wir es, der Professionalismus muß gegen die elende Stümperei zu Felde ziehen, der Fleiß muß die Faulheit besiegen, die Tatkraft die Hilflosigkeit überwinden. In diesem gegenseitigen Ringen wird das Gute gewiß die Oberhand gewinnen.

Skorupski: Ein großer Erfolg in der polnischen Politik war die Bereitschaft, Kompromisse einzugehen, sie sind ein Zeichen für demokratische Moral. Demokratie allein genügt nicht, diese Demokratie muß auch moralisch sein. Ich behaupte z.B. von den Deutschen, daß ihre Demokratie bewundernswert ist, nur ist sie nicht immer moralisch, damit haben sie sich aber abgefunden. Unsere Kompromisse zeitigten eine Erscheinung wie den Runden Tisch, der dann später in anderen Ländern des »realen Sozialismus« seine Nachahmer fand. Jetzt aber soll alle diese Kompromisse der Teufel holen, weil sie dazu führen, daß der Engel im Begriff ist, den Kampf zu verlieren. Wie schätzen Sie das ein?

Twardowski: Kompromisse sind wichtig, ohne sie herrschten Mißgunst, Ironie, also, um mit Norwid zu reden, die »polnische Hölle«, und dann könnte wirklich der Teufel gewinnen. Aber nicht für lange. Es gehört zu den menschlichen Eigenschaften, daß ein Mensch dem anderen nachgibt, das ist sogar eins seiner edelsten Wesensmerkmale, natürlich nur, wenn es sich um ein Nachgeben in gutem Glaubem handelt. Ohne Kompromisse kommt es zu Kriegen, der Persische Golf ist solch ein Beispiel; in Litauen, Lettland und Estland macht sich die mangelnde Kompromißbereitschaft auch ungünstig bemerkbar. In Polen haben die Kompromisse uns vorangebracht, auch für weitere Fortschritte sollten wir den Kompromiß suchen. Der Kommunismus dachte, das System erzöge den Menschen, nun hat sich aber erwiesen, daß der Mensch für das System verantwortlich ist. Es gilt, ganz von vorn zu beginnen – beim Menschen. Seine Moral, seine menschliche Qualität machen das System aus. Bei einem solchen Verständnis der Fakten bleibt Raum für den gesunden Kompromiß, für die gegenseitige Achtung. Ich denke, das schaffen wir.

Skorupski: Bei Kompromissen ist man aber nicht vor Fallen sicher, denn wodurch unterscheidet sich z.B. der Kommunismus vom »Pludemismus« (so nenne ich das, was gegenwärtig entsteht)? Jene hatten ihre Partei, die führende Kraft, um die herum sich Satelliten gruppierten, diverse Halb- und Viertelparteien. Mittels angeblicher Kompromisse entstanden »Einheitsfronten«, man rief also den Anschein von Einstimmigkeit hervor. Die neue Macht tendiert gegenwärtig in ähnliche Richtungen ...

Twardowski: Was Sie nicht sagen. Ich kenne mich in der Politik wenig aus, aber das klingt gar nicht gut.

Skorupski: Warten wir ab, die Geschichte geht ihre eigenen, oftmals verschlungenen Wege. Und in der historischen Distanz geraten manchmal bestimmte Fakten in den Hintergrund, werden vergessen. Nehmen wir z.B. die Französische Revolution, deren zweihundertster Jahrestag ja noch nicht allzu lange zurückliegt. Der Tag ihres Ausbruchs wurde zum französischen Nationalfeiertag, den alle immer sehr ausgelassen feiern. Sie freuen sich, trinken Wein, sind – mit einem Wort – glücklich; dabei wurde diese Freude mit der mörderischen Arbeit der Guillotine erkauft ...

Twardowski: Ich pflege so etwas nicht zu feiern, bin überhaupt ein Gegner jeglicher Revolutionen. Aber in Frankreich ehrt man aus diesem Anlaß drei erhabene Begriffe: Freiheit – Gleichheit – Brüderlichkeit! Das sind heilige Worte, ein Jammer nur, daß man um die natürlichen Rechte eines jeden Menschen einen so blutigen Kampf führen, so viele Leben opfern mußte. Das ist Barberei. Kein Grund zum Feiern.

Skorupski: Ich bin nicht einmal so sicher, daß man im Jahre 2117 nicht ebenso geräuschvoll den zweihundersten Geburtstag der russischen Oktoberrevolution feiern wird ...

Twardowski: Die hat man schon so viele Jahre gefeiert, daß es dessen vorläufig genug ist. Ich hoffe aber, man wird diesen Tag nicht begehen, denn über diesem Ereignis hängt das grausame

Schwert Stalins. Der Stalinismus war zu blutig, als daß man ihn irgendwann einmal heiligen könnte. Deshalb mußte der Kommunismus schließlich auch unterliegen.

Skorupski: Heute, vor unserer Begegnung, Herr Pfarrer, habe ich das sowjetische Fernsehen eingeschaltet, dort wurde gerade ein sehr salbungsvoller Film über Lenins Begräbnis vorgeführt, niemand erinnerte dabei an den »Archipel Gulag«. Heute ist der Jahrestag von Lenins Tod. Wissen Sie eigentlich, daß am gleichen Tag George Orwell gestorben ist, etliche Jahre später, aber auch am 21. Januar?

Twardowski: Welch merkwürdiger Zufall. Sie entfernen jetzt Lenins Denkmäler, und sonderbarerweise tun das häufig dieselben Menschen, die sie einst aufgestellt haben. Lesen Sie Bulgakows Werk »Der Meister und Margarita« oder andere große Schöpfungen der russischen Literatur, Dostojewski, Tolstoi ... Die Russen haben Seele, Größe und inneren Reichtum, man spürt das unaufhörliche Ringen des Engels mit dem Teufel. Wer hat je das Recht, die russische Seele von diesen Schätzen loszulösen, ihr das zu nehmen, was menschlich ist, sie Gottes zu berauben? Eben das hat Lenin getan, und Stalin vollendete es, und das dauert an bis zum heutigen Augenblick. Auch das geschieht unter schönen Losungen ...

Skorupski: Mir fallen auch einige solcher Losungen ein: »Lenin und die polnische Frage« oder »Lenin und die Unabhängigkeit Polens« ... Und dann hat man mich eines Tages in die Schweiz eingeladen, nach La Chaux-de-Fonds, wo ich anläßlich einer Ausstellungseröffnung zum hundertsten Geburtstag von Edmond Privat wohnte. Da war zuerst ein Konzert, das sehr herzlich aufgenommen wurde, dann folgte die Besichtigung der Ausstellung, die sich über die vier Stockwerke des Bibliothek ausdehnte. Eigentlich hatte ich nach dem Konzert gehen wollen, ich war müde, aber irgend etwas hat mich zum Bleiben bewogen. Erst im obersten Stockwerk machte ich eine wirklich wichtige Entdeckung, zu meiner Schande hatte ich davon bisher nichts gewußt. Ich gucke und traue meinen Augen nicht, als ein Buch, dann ein zweites und drittes unseren weißen Adler auf rotem Grund zeigt. Ich lese, und es erweist sich, daß der Held dieser Ausstellung, Edmond Privat, über den polnischen Novemberaufstand promovierte und danach sein ganzes Leben hindurch über Polen schrieb, für dessen Unabhängigkeit er sich einsetzte. Er wurde sogar dafür aus Frankreich ausgewiesen und verbüßte mehrere Strafen, wenn er immer wieder in das von Teilermächten beherrschte Land fuhr. Dann wirkte er als Experte für polnische Angelegenheiten im Völkerbund. Das Wichtigste aber – nicht Lenin, sondern er ist der Verfasser der Deklaration der Völker in der Frage der polnischen Unabhängigkeit. Den Entwurf dieser Deklaration sah ich in dieser Ausstellung, er trug die Handschrift von Edmond Privat. Dieser große Mensch, Professor, Dichter, Gandhis Freund und sein Biograph – er verdiente es, daß Polen seiner gedächte. Daran muß man denken, wenn die Denkmäler stürzen und die Straßen neue Namen bekommen. Das, was ich eben erzählt habe, soll natürlich nicht die Verdienste Lenins schmälern, die er sich vielleicht auf irgendeine Weise um die Unabhängigkeit Polens im Jahre 1918 erworben hat. Danach aber kam das Jahr 1920 mit dem polnisch-sowjetischen Krieg, der die große Expansion des Kommunismus über die Welt aufzuhalten suchte, wessen sich die Welt später nicht mehr so recht erinnerte. Ich freue mich sehr, Herr Pfarrer, daß Sie die russische Literatur so hoch einschätzen, zumal die Polen doch eigentlich recht antirussisch eingestellt sind, stimmt's?

Twardowski: Das ist die Schuld der geschichtlichen Ereignisse, aber das ist ein Fehler, denn die Menschen sollten einander das gegenseitig zugefügte Unrecht vergeben, sowohl das länger zurückliegende als auch das aus der jüngeren Zeit. Statt die Nationalismen wieder aufleben zu lassen, wäre es wichtiger, daß die Völker sich aussöhnen. Ebenso fehlerhaft wie ein enggefaßtes Nationalgefühl ist unsere Auffassung vom polnischen Christentum als Bollwerk, damit tut man dem Osten unrecht, zumal Ruthenien, die Ukraine, ein gewaltiges Zentrum des Christentums war. Wir haben uns von diesem östlichen Christentum abgelöst und nicht sie sich von uns. Wir müssen jetzt nach der Versöhnung streben.

Skorupski: Die Kirche ist in letzter Zeit politisch sehr aktiv geworden, das konnte man vor allem im Zweiten Weltkrieg zu den Präsidentschaftswahlen beobachten. Finden Sie das richtig?

Twardowski: Keinesfalls, ich bin ein großer Gegner davon, daß sich die Kirche in die Politik einmischt. Politik, das bedeutet Betrug; ein Lavieren, das paßt in die Sphäre der Diplomatie, widerspricht aber den christlichen Grundsätzen. Die Kirche sollte über solchen Machenschaften stehen. Es ist mit dem Evangelium unvereinbar, sich für die eine oder andere politische Persönlichkeit auszusprechen, denn die Kirche ist eine allgemeine Kirche, offen für alle Menschen, auch für die aus unterschiedlichen politischen Lagern stammenden. Es ist geschichtlich erwiesen, daß die Kirche immer dann Gläubige verloren hat, wenn sie sich nur einseitig orientierte. Die Politik ist manchmal eine ganz ordinäre öffentliche Sünderin, und mit so etwas sollte sich die Kirche nicht gemein machen.

Skorupski: Eine konkrete Frage an Sie als Geistlichen: Kann Gerechtigkeit nur von oben bemessen sein, so wie man es der Religion ja häufig vorwirft? Bei etlichen Menschen gründet sich die Abneigung gegenüber der Religion hauptsächlich auf diesen Punkt: Gerechtigkeit nur von einer Seite aus – von oben nach unten.

Twardowski: Ich glaube, es ist eine Lästerung, mit dem Begriff der sogenannten Strafe Gottes zu operieren, damit erlegen wir dem Herrgott die Verantwortung auf für den menschlichen Kodex. Das ist – ich wiederhole – eine Verhöhnung, das darf man nicht. Wenn wir Gott bezichtigen, daß er auf menschliche Weise richtet, ist das sogar eine Sünde. Da wird gesagt, daß dich für dieses und jenes Tun die Strafe Gottes trifft. Das ist grausam. Der Menschenkodex ist so unvollkommen; wir wissen, wie viele falsche, ungerechte Urteile auf der Grundlage der unterschiedlichen Gesetze verhängt wurden. Und das sollte der Herrgott besiegeln? Nein, das kann und darf nicht sein. Auf diese Weise rechtfertigt sich der Mensch, er überträgt die Entscheidung für sein Handeln auf Gott. Das trifft auch auf andere Religionen zu: den Buddhismus und den Islam. Da heißt es: Allah rächt, Allah verdammt. Der Mensch ist es, der verurteilt, indem er Gottes Namen mißbraucht, und das ist unaufrichtig. Hier liegt der Unterschied zwischen Religion und Magie: Gott lenkt den Glauben, die Magie kommt vom Willen des Menschen, der Gott als Deckmantel benutzt. Von da kommen Diktaturen, weil als Gottes Gebot eine Wahrheit ausgegeben wird, die im Grunde die des Diktators ist. Man soll dem Menschen lassen, was des Menschen ist, denn die göttliche Wahrheit ist allein Gottes Sache, sie ist die große Barmherzigkeit, die wir von Gott empfangen. Und hier haben Sie recht: es sollte nicht sein, daß wir die Wahrheit von oben anweisen und Gott bezichtigen, daß dies sein Wille sei. Gottes Gerechtigkeit ist die Barmherzigkeit, die wir nicht zu erfassen vermögen.

Skorupski: Die Welt von heute ist sehr laut. Man sollte sich folgendes vergegenwärtigen: Wenn wir »Ja« sagen, tun wir das ruhig, beinahe im Flüsterton, sagen wir aber »Nein!«, dann schreien wir das hinaus. Die neuzeitliche Welt, insbesondere die Welt der Kunst, ist eine Welt der Expressionisten, also derjenigen, die »Nein!« schreien. Ich will nicht verhehlen, daß ich ein Freund der Stille bin, nicht zufällig trägt auch das erste Gedicht, das je von mir gedruckt wurde, den Titel »Stille«. Später unternahm ich auf der Donau eine Segeltour, um an den Ufern die ökologische Bewegung zu initiieren. Wir fuhren auf zwei Schiffen, das eine hieß »Prinzessin«, das andere »Stille«, das ergab zusammengefügt die Losung »Prinzessin der Stille«. Und wirklich ist für mich die Stille eine Prinzessin, ich bin ihr leidenschaftlicher Liebhaber, weil sie die Einsamkeit, die Intimität und die Kontemplation begünstigt. Leider umgibt mich so häufig ein sehr ordinäres Geschrei. Wann wird diese Epoche der Expressionisten endlich vorbei sein?

Twardowski: Wie gut Sie mir gefallen in Ihrer Liebe zur Stille. Ich staune immer über Leute, die sich zu Ökologen und Anhängern der Umwelt erklären und die dann lärmen wie die Wilden oder die Wahnsinnigen. Nur mit Stille und Ruhe vermögen wir einzudringen in die Welt der Ökologie, die Welt der Natur. Die Natur liebt kein Geschrei. Auch sie schreit, gewiß, aber nur dann, wenn es unerläßlich ist, um Freude auszudrücken oder

Schmerz, wie bei der Geburt eines Kindes. Im christlichen Kalender gibt es Momente, die besonders die Wahrung von Stille, Gleichgewicht, Ruhe begünstigen, so die Fastenzeit oder der Advent. Der liturgische Kalender ist übrigens vollständig der Stille angepaßt, der Kontemplation, der Reflexion über ein würdiges Leben, über den Sinn des Lebens. Kaum jemand ist sich dessen bewußt, daß eben der liturgische Kalender der natürliche Schirmherr des menschlichen Lebens ist, weil er sich der Ökologie angleicht. Die von uns zitierte Asche tritt eben hier in Erscheinung: »Aus Staub bist du geboren, und zu Staub wirst du zerfallen«, der Priester bestäubt die Köpfe mit Asche – das ist eine schöne Reflexion menschlichen Schicksals und Lebenssinns. Ich kann jedem empfehlen, sich einmal von diesem Alltagslärm abzuwenden und für eine Woche oder zwei in ein Kloster zu gehen; solche Aktionen werden z.B. im Zentrum der Bruder-Roger-Gemeinde in Taizé organisiert. Unsere Religion ist in der Wüste entstanden, in der Stille also, dort, wo jetzt Krieg tobt, wo Menschen sich völlig sinnlos umbringen und niemand weiß, wer daran schuld ist. Nur der sündige Mensch kann einen solchen Krieg ersinnen. Sie haben recht, die Stille müssen wir suchen, müssen zurückkehren zu den Grundlagen unseres Daseins.

Skorupski: Man muß Schluß machen mit der Expression im Alltagsleben. Sie hat so grausame Erscheinungen wie den Faschismus und den Stalinismus begleitet. Der Schrei verlockte zum Kampf, zur Gewalt, zum Mord. Ist, was sich jetzt tut, nicht schon die Übermacht des Teufels über den Engel?

Twardowski: Wie Sie nach der Stille rufen, tun es andere Menschen auch immer öfter. Das ist das Zeichen dafür, daß der Teufel nahe daran ist, zu verlieren. Die Stille ist der Diamant, ist die Möglichkeit, Auge in Auge mit dem Großen Geheimnis zu sein.

Skorupski: Da wird ein furchtbarer Krieg geführt, und man kann nicht sagen, auf wessen Seite die Wahrheit ist. Gibt es noch solche Formulierungen wie »gerechter Krieg«?

Twardowski: Nein und abermals nein, es gibt keine gerechten Kriege, keine heiligen Kriege. Wir reifen zu einem immer besseren Verständnis des Evangeliums heran. Es gab einmal so etwas wie den Kampf mit Kreuz und Schwert, der ist jetzt nicht mehr denkbar, die Menschen würden es nicht schlucken. Die Kirche hat sich erneuert, hat sich der Weiterentwicklung des menschlichen Denkens angepaßt, die einen neuen Begriff der Gerechtigkeit schreibt. Begriffe wie »gerechter Krieg« oder »heiliger Krieg« wirken lähmend und wecken unangenehme Erinnerungen.

Skorupski: Dennoch – es gibt einen doktrinären Kampf zwischen den Religionen: dem Buddhismus, dem Christentum, dem Islam ... Die verschiedenen Religionen stehen einander in erbitterter Feindschaft gegenüber, viele sehen den gegenwärtigen Krieg am Persischen Golf als einen Religionskrieg. Ich las gestern in der St.- Martins-Kirche in der Warschauer Altstadt folgendes Plakat:

> »Arabisches Öl
> Polnisches Schwert
> Amerikanische Aggression
> Göttliche Gerechtigkeit ...«,

also existieren sogar in Polen unterschiedliche Interpretationen über den Weltkonflikt, der diesen schrecklichen Krieg hervorgerufen hat.

Twardowski: Heute kann keine Rede mehr davon sein, eine andere Religion als »feindlich« hinzustellen, zumindest im Christentum nicht, man spricht vom »abgefallenen Bruder« oder vom »Andersgläubigen«, die Kirche beansprucht heute kein Monopol mehr auf die Erlösung; ich berufe mich hier auf die Worte von Johannes Paul II., daß ein Katholik an die Verantwortung vor Gott, aber nicht an die damit verbundenen Privilegien gebunden ist. So muß ein Andersgläubiger nicht notwendig ein schlechterer Mensch sein, nur weil er einen anderen Weg zu Gott geht und die Welt auf andere Weise erfaßt.

Skorupski: Ich sehe aber noch nichts von der Suche nach einer geistigen Gemeinschaft aller Religionen. Wenn da einige Versuche der Versöhnung existieren, dann sind sie sehr künstlich und fragwürdig und gehen den Menschen nicht ans Herz.

Twardowski: Ich bin dennoch überzeugt, daß es langsam dazu kommt.

Skorupski: Sehr langsam.

Twardowski: Das Vatikanische Konzil hat die Losung von der Versöhnung ausgerufen. Wir sprachen bereits über Taizé in Frankreich, wo Bruder Roger die Aktion der Versöhnung der Gläubigen unterschiedlicher Religionen von unten, nicht von oben, durchführt. Oben streiten sie noch, aber auf der unteren Ebene gibt es gewisse Fortschritte. Die Versöhnung muß kommen.

Skorupski: Ich wechsele öfter meine Tätigkeiten. Es gab in meinem Leben eine Periode, da habe ich mich mit Goldschmiederei beschäftigt. Aus dieser Zeit stammt auch ein »Altar des Großen Abenteurers«, er war reich mit wertlosen Steinen verziert; aber es ging nicht um Reichtum, sondern um gewisse Symbole. In meiner Lyrik kehre ich jetzt häufig zu diesem Altar zurück, denn er fügt sich aus einem Kreis, einem Kreuz und einem Halbmond zusammen: senkrecht angeordnet, stellen sie das Ankerzeichen dar, so wie hier auf diesem Ring, den ich trage. Dem Kreis kann man alle Sonnen, Sterne und andere runde Religionszeichen zuschreiben, das Kreuz ist das christliche Symbol, der Halbmond dem Islam entnommen, alle die Zeichen an meinem Altar sind schon seit alters verbrüdert. Leider ist von einer solchen Verbrüderung im praktischen Leben nichts zu sehen, darunter leide ich sehr. Es wäre doch großartig, wenn die Chefs aller großen Religionsgemeinschaften sich träfen und einst ein gemeinsames Dogma von einem gemeinsamen Gott verkündeten.

Twardowski: Das wird auch geschehen, sehr langsam zwar, aber alles deutet darauf hin, daß der Mensch als ein Wesen des einen Gottes auf diese Vereinigung zusteuert. Wie sich in politischen Fragen und in der Wirtschaft Europa und nach und nach auch die Welt vereinigen, so finden langsam auch die Religionen zueinander. Denken Sie nicht auch? Die Menschen nehmen den Unsinn dieser durch den Menschen künstlich hervorgerufenen Ungleichartigkeit der Glaubensbekenntnisse wahr.

Andererseits liegen gerade in dieser Ungleichheit auch reiche Werte, denn die Vielheit der Sprachen, Kulturen, Religionen bilden die besonderen Farben dieser Welt. Natürlich kann es nicht den einen Gott für den Römer und einen anderen für den Griechen geben, diese Zeiten sind vorbei. Es bedarf hier großer Geduld und Beharrlichkeit.

Ich bin aber in dieser Frage sehr optimistisch, im Grunde hat der Mensch das Bedürfnis nach Gemeinschaft, er braucht den anderen Menschen, ich glaube auch, daß die Menschheit im ganzen das Gute will. Durch Leiden, sogar durch den Unglauben, gelangen wir zum Glauben. Das eben ist das Abenteuer unseres Lebens, daß wir mannigfaltige Schwierigkeiten überwinden und unaufhörlich Fortschritte machen. Blicken Sie in die Vergangenheit, die Menschheit geht nicht zurück, sondern strebt ständig zum Höheren, sie drängt zum Fortschritt.

Skorupski: »... und brennend fragst du, ob größere Freiheit dir wird «, sagt Norwid; ist das polnische Volk wirklich frei, ist Europa frei, ist die Welt frei, und bin ich selbst frei?

Twardowski: Sie unterscheiden in Ihrem Buch die individuelle und die kollektive Freiheit, die Freiheit des menschlichen Individuums und die der Nation. Ich denke, Sie haben recht, daß die individuelle Freiheit jedem Menschen die wichtigere ist, weil sie für ihn den Inbegriff des Humanismus darstellt. Der freie Mensch trifft seine eigenen, freien Entscheidungen, vielleicht auch in unmittelbarem Kontakt mit dem Großen Geheimnis. In Ihrem Gespräch mit Jaruzelski sagte dieser, daß die Summe der individuellen Freiheiten über die große, die kollektive Freiheit entscheidet, um die es schon Norwid ging. Mit der Freiheit ist es nun aber so, daß ihr Preis steigt, wenn der Mensch in Sklaverei lebt, sobald er aber völlig frei ist, versteht er sie nicht zu nutzen. Man muß reif sein für die Freiheit.

Skorupski: Ich habe mir den Begriff einer aventuristischen Freiheit geformt, das ist eine schöpferische Freiheit, die das Leben des Menschen zu einem Abenteuer macht.

Twardowski: Ich sehe da noch etwas anderes. In den Kategorien des Christentums bringt die Freiheit den Menschen näher zu Gott, sie klärt die Beziehungen zwischen Gott und den Menschen. Wir können nicht völlig frei sein, allein für uns. Wir müssen die Freiheit mit anderen Menschen und mit Gott teilen. Um diese Teilung vollziehen zu können, müssen wir erst einmal diese Freiheit schaffen, deshalb ist es richtig, wenn Sie von einer schöpferischen Freiheit sprechen. Wir müssen uns bemühen, daß die Resultate dieser Schöpfung nutzbringend sind.

Skorupski: Richtig: nutzbringend. Es geht darum, ob das Individuum, der einzelne Mensch also, das Recht hat, sich der Gemeinschaft, in diesem Fall der Nation, entgegenzustellen, wenn er sieht, daß bestimmte Resultate aus dem Wirken dieser Nation keinen Nutzen bringen oder sogar der allgemeinmenschlichen Ethik zuwiderlaufen.

Ich möchte das an einem Beispiel verdeutlichen. Während des zweiten Weltkriegs fanden in Deutschland nur einige wenige Individuen den Mut, sich Hitler entgegenzustellen; die Nation in ihrer Gesamtheit erwies sich als ein Volk von Barbaren. Wie geachtet sind jetzt jene Menschen in aller Welt, die damals aktiv gegen ihr eigenes Volk handelten. Meine Frage lautet: Wenn der einzelne sieht, daß die Nation falsch handelt, kann er sich der Masse entgegenstellen?

Twardowski: Der einzelne hat das Recht, sich dem gesamten Volk zu widersetzen, ob das aber immer zweckmäßig ist, kann ich nicht sagen. Vielleicht, wenn es sich um wirklich große Menschen handelt, um namhafte Künstler, bedeutende Staatsmänner – dann ist das sinnvoll. Wir kennen solche Beispiele der Menschheitsgeschichte, z.B. Mahatma Gandhi, der freilich die gesamte Christenheit des an seinem Volk verübten Verbrechens anklagte, aber sein in der Aussage humanitärer Widerstand war begründet; er war wirklich ein großer Heiliger.

Skorupski: Dieses Problem – Individuum und Volk – beschäftigt mich von jeher. Der Mensch hat nur ein irdisches Leben, und er möchte es würdig verbringen; er kann sich nicht einer Nation unterordnen, die nichtswürdig lebt, die von Haß erfüllt ist, intolerant und arrogant in ihrer Gesamtheit, die raren Ausnahmen nicht eingerechnet.

Twardowski: Sie berühren einen schmerzlichen Punkt, ich verstehe Sie und möchte mich mit Ihnen verständigen. Es ist schwierig, hier eine Lösung zu finden. Wir sollten bei anderer Gelegenheit noch einmal darauf zurückkommen. Es muß einen Ausweg geben, dem Guten zum Sieg zu verhelfen. Vertagen wir das Thema ...

Skorupski: Ich möchte noch einmal auf General Jaruzelski zurückkommen – Sie selbst haben ihn erwähnt – und einen Ausschnitt aus einer Predigt vorlesen, die Pfarrer Eugeniusz Makulski, der Pfarrer der Gemeinde in Licheń ...

Twardowski: Wo? In Licheń? Ich kenne den Ort, dort befindet sich das »Wunderbare Bild der Muttergottes der Schmerzensreichen«, es gibt eine ganze Legende darüber, wie ein napoleonischer Soldat aus dem Krieg zurückkehrte und dort ein Wunder erlebte ...

Skorupski: Eben dorthin kam am 4. Oktober 1990 Präsident Wojciech Jaruzelski, es war ein privater Besuch, er wollte das Grab seines Lehrers, Vater Józef Jarzębowskis, besuchen, dessen Denkmal vor kurzem dort enthüllt wurde ...

Twardowski: Wessen Denkmal? Jarzębowskis? Ach ja, der war ein Marianer-Bruder, General Jaruzelski ging dort in die Schule. Pfarrer Jarzębowski hat viel über Romuald Traugutt geschrieben, sein Lieblingsthema ... Aber was wollten Sie erzählen? Es interessiert mich ungemein.

Skorupski: Der Pfarrer und Domherr des Marien-Sanktuariums in dieser Gemeinde, Pfarrer Eugeniusz Makulski, überreichte Präsident Wojciech Jaruzelski eine Kopie des »Wunderbaren Bildes der Muttergottes der Schmerzensreichen« mit folgenden Worten:
»Herr Präsident, du suchst heute diese Stätte auf – und in deiner Person besucht uns gleichsam unser Vaterland. Die Mutter-

gottes freut sich deiner Anwesenheit, sie grüßt dich und hält dich, ihren Sohn, in ihren Armen. Die Schmerzensreiche Königin Polens kennt sehr gut deinen Lebensweg, der schwer war und häufig ebenfalls schmerzensreich. Von Jugend an hast du dich in den Dienst von Volk und Vaterland gestellt ... Vor deinem Herzen, Herr Präsident, stehen heute zahlreiche dir zugeneigte und dich liebende Herzen, die dir mit ihrem Gebet vor Gott beistehen. Wir sind uns bewußt, wie schwer und verantwortungsbewußt die Arbeit des Steuermanns ist, der das polnische Schiff durch stürmische und ungestüme Zeiten der Geschichte lenkt. Der heilige Paul sagt, daß jegliche Macht von Gott herkommt. Dir hat Gott das Steuer unseres nationalen Boots in die Hand gelegt, auf daß du es führtest zur sicheren Anlegestelle ... Über die Jahrhunderte erinnern wir die Siege: bei Tannenberg (Grunwald), bei Wien und Warschau ... Aber diese Siege und dieser Ruhm, erkauft waren sie mit Tausenden gefallener Ritter, Soldaten, Krieger. In den Geschicken der Welt ist es keinem gelungen, ungeteilten Sieg zu erringen, eine ganze Armee zu erhalten, das Leben aller Soldaten zu retten. Ich erkühne mich zu behaupten, daß in unserer Historie nur ein General einen solchen Sieg davongetragen hat, ein Befehlshaber nur, der, vor dem wir unsere Stirn heute beugen. Zu diesem Sieg und zur völligen Freiheit hast du unser Volk geführt, du, Herr Präsident! ...«

Die diesem Geschenk beigefügte Urkunde trägt die Unterschrift von Kardinal József Glemp.

Heute befindet sich die Kopie des »Wunderbaren Bildes der Muttergottes der Schmerzensreichen« im Belweder, mitsamt der Widmung an Wojciech Jaruzelski. Wie sehr weichen diese Worte von den Kommentaren ab, die man mitunter über Jaruzelski zu hören bekommt.

Twardowski: Was für schöne und wahre Worte. Wissen Sie, die Ausrufung des Kriegsrechts wirkte damals wie ein Schock, ein gewaltiger Schock, sie war schwer zu begreifen, und noch schwieriger war es, das alles zu erleben. Jetzt aber, aus der zeitlichen Distanz, vermag man dieses Problem schon mit anderen Augen zu sehen. Ich denke, daß niemand das Recht hat, auch ich nicht, General Jaruzelski zu verurteilen. Dieser Mann ist mit großer Würde zurückgetreten. Er ist eine traurige, sogar tragische Figur. Die Geschichte wird einst alles Gewesene werten und klären. Auch über Piłsudski herrschten die verschiedensten Meinungen, besonders nach dem Mai-Staatsstreich, habe ich recht? Ich persönlich schätzte Piłsudski sehr hoch. Er hatte nichts übrig für die Nationaldemokraten. Piłsudski war eine romantische Persönlichkeit, ein sehr authentischer Pole.

Was nach dem Krieg kam: ein Bierut, ein Gomułka, ein Gierek – das war, menschlich betrachtet, entschieden »zweite Garnitur«. Nicht die Klasse, die dann, zum Schluß, Jaruzelski verkörperte.

Wissen Sie, daß ich Kaczorowski, den Präsidenten der Londoner Exilregierung, kannte und einmal bei ihm zu Gast war? Ein angenehmer Mann, der viel Schweres erlebt hat und sehr interessant davon zu erzählen verstand. Kazimierz Sabbat war auch dabei, der sein Vorgänger als Präsident war und noch früher Premierminister, bei ihnen herrschte ja ein ständiger Wechsel; er tat sehr geheimnisvoll, hat nicht viel gesprochen. Sie haben sich nur gegenseitig Medaillen verliehen, auch die Präsidentschaftsinsignien zeigten sie mir, dieselben, die jetzt in Warschau Wałęsa überreicht wurden. Schade, daß alles so mißlich verlaufen ist und Jaruzelski auf solche Weise beiseite geschoben wurde. Aber er ist in Würde zurückgetreten, die Geschichte selbst wird das einschätzen.

Skorupski: Diese »Londoner Regierung« war ein einziger Ulk. Der Erwähnung wert ist höchstens Edward Raczyński, der als ehemaliger Botschafter der Republik Polen einige Autorität besaß und das Recht hatte, einen Teil der Regierung bzw. der ehemaligen Regierung zu repräsentieren. Der Rest war ein Ulk.

Ist Ihnen eigentlich bekannt, daß Jaruzelski und Kaczorowski doch etwas gemeinsam haben? Beide wurden am 19. Juli 1989 zum Präsidenten ernannt und am 22. Dezember 1990 abberufen.

Es ist übrigens reiner Zufall, daß Jaruzelski nicht mit der Armee von General Władysław Anders den Weg durch Palästina und Monte Cassino nahm, er wäre dann im politischen Lager von Kaczorowski gelandet. Genau so ein Zufall wie der, daß ein Pole dem anderen Polen gegenübersteht. Auf meinem Autorenabend im Juni 1985 in der Berliner Kudamm-Galerie war einer jener »Londoner« anwesend. Nach dem Treffen trat mein Freund Andrzej Jarecki zu mir und sagte: »Ich stelle dir hier einen Premierminister vor, Herrn Kazimierz Sabbat von der Londoner Emigrationsregierung.« Ich prustete vor Vergnügen, weil ich an einen seiner üblichen Witze glaubte. Das Gespräch ging dann auf künstlerische Themen über. Am darauffolgenden Tag steckte mir jemand eine Londoner Zeitung zu, in der ich las, daß mein Freund Jarecki, von Beruf Facharzt für Gynäkologie, zum Schatzmeister der Londoner Exilregierung ernannt worden sei. Ich rief ihn an und sagte, vor Lachen fast berstend: »Andrzej, ich gratuliere dir ...« und noch irgendwas in der Art. Mein Freund fing an drum herumzureden und sagte schließlich, daß er sich aus diesem »Geschäft« zurückziehen wolle. Ob er das wirklich gemacht hat, weiß ich nicht, denn seitdem ging er mir aus dem Wege und kam dann durch einen Autounfall tragisch ums Leben, gerade an dem Tag, als er seine eigene Arztpraxis eröffnet hatte. Es ist bedauerlich, daß die Erinnerung an unsere allerletzte Begegnung im Leben nun für immer mit dem Gedanken an diesen grotesken »Premier« verknüpft ist. Später wurde dieser »Premier« dann noch »Präsident«; um den »Staatsschatz« dieser »Londoner Regierung« aber kreisten unterschiedliche Legenden. Ich wüßte gern, ob jemand diesen Schatz irgendwann berechnet und abgerechnet hat. Es hießt, daß der »Präsident« ein Pfadfinder war und mit Bettdecken handelte.

Doch zurück zu unserem ursprünglichen Thema. Ich möchte Ihnen, Herr Pfarrer, ein in Deutschland herausgegebenes Buch zeigen, dieses hier, es trägt den Titel »Jaruzelski«, der Autor heißt Manfred E. Berger, und das hier ist die persönliche Widmung Wojciech Jaruzelskis, datiert vom 24. November 1989, dem Vorabend der Präsidentschaftswahlen also. Wir haben uns lange unterhalten. Ich wollte Präsident Jaruzelski überreden, durch eine Erklärung wenigstens einen Teil der Bürde abzuwerfen, die er mit der Einführung des Kriegsrechts im Jahre 1981 auf sich laden mußte. In dieser Periode herrschte Breshnew. Inzwischen ist aus den in der Tschechoslowakei und der ehemaligen DDR aufgefundenen Unterlagen bekannt geworden, daß der Warschauer Pakt bereits eine Invasion in Polen geplant hatte und ohne diesen Ausnahmezustand die benachbarten

»Bruderländer« uns eine blutige Lektion erteilt hätten. Denn mit den Polen wäre ein solcher Einmarsch nicht kampflos verlaufen, es hätte einen Kampf auf Leben und Tod gegeben.

Aber General Jaruzelski hat nicht die Absicht, sich der freiwillig übernommenen Verantwortung für den Kriegszustand zu entledigen und die Vorwürfe zu entkräften, die ihm große Teile des Volks deshalb machen.

»Ich persönlich habe die Verantwortung übernommen, ohne jemandes Unterstützung, und ich werde sie auch bis zum Ende tragen«, antwortete er mir. Für diesen Standpunkt gebührt ihm Achtung.

Twardowski: Zur Zeit schreibt General Jaruzelski seine Erinnerungen, das dürfte ein sehr interessantes Buch werden.

Skorupski: Vielleicht kommt das erste Buch noch 1991 heraus, für die folgenden Jahre stehen dann die weiteren Bände in Aussicht.

Twardowski: Es ist gut, daß solche Bücher geschrieben werden, sie tragen dazu bei, alle historischen Fakten zu erhellen. Die polnische Geschichte wimmelt von Fehlern.

Skorupski: Ein authentischer Fehler ist der polnische Antisemitismus.

Twardowski: Das ist eine nationale Dummheit, deren wir uns schämen müssen. Am letzten Sonntag wurde in den Kirchen ein Hirtenbrief der Konferenz des Polnischen Episkopats zu diesem Thema verlesen. Eine sehr entschiedene Stellungnahme der polnischen Kirche gegen den Antisemitismus, eine eindeutige Definition. Ich denke, daß von nun an die Interpretation dieser unangenehmen Erscheinung keine Probleme mehr verursachen wird.

Skorupski: Zum Abschluß noch eine ganz andere Frage. Bestimmt ist die Kunde zu Ihnen vorgedrungen von Menschen, die wundersame Heilungen vollbringen durch Berührungen, durch spezielle Verfahren oder durch die Übertragung ihrer Kräfte mittels Television, z.B. durch Anatoli Kashpirowski, der in Polen besonders populär und beliebt ist. Ich kann Ihnen eingestehen, daß auch ich vor nicht allzu langer Zeit in der St.-Annen-Kirche von Bruder Gwidon kuriert worden bin ...

Twardowski: Die Medizin vermag trotz ihrer großen Fortschritte noch nicht alle Fragen zu beantworten. In solchen außermedizinischen Heilverfahren steckt ein großes Maß an verborgener, noch unerforschter Wahrheit, es gibt da aber auch viel Scharlatanerie. Die Kirche schätzt die Fähigkeiten solcher Menschen und erlaubt ihnen, auf kirchlichem Terrain zu praktizieren. Manche Treffen mit solchen »Heilern« werden sogar durch die Pfarreien organisiert. Das ist mehr eine Frage der individuellen Auffassungen der jeweiligen Gemeindepfarrer. Ich selbst habe solche Zusammenkünfte weder organisiert noch an ihnen teilgenommen, weil ich dazu ein kritisches Verhältnis habe. Ich meine, man sollte lieber der Medizin vertrauen, die trotz aller ihrer Unvollkommenheiten ein sehr reiches Arsenal an Heilmöglichkeiten besitzt. Anatoli Kashpirowski ist immerhin Arzt, man kann ihn also schwerlich einer Handlungsweise zeihen, die im Widerspruch zur Wissenschaft steht, nicht wahr?

Skorupski: Ich danke Ihnen sehr herzlich für dieses Gespräch, Herr Pfarrer; ich bin überzeugt, daß es vielen Menschen helfen wird, die Wahrheit zu finden, sich zu orientieren; das ist nicht immer leicht. Überdies – viele der von Ihnen hier genannten Wahrheiten stecken in Ihren poetischen Werken. Auch das Lesen von Lyrik ist heilsam ...

Warschau, den 21. Januar 1991

Eine politische Richtung kann kein Diamant sein - ein Stück Geschichte wird niemals zu Asche

Gespräch mit Jerzy Urban

Der Journalist Jerzy Urban wurde am 3. August 1933 in Łódź als Kind einer jüdischen Familie geboren. Während der deutschen Okkupation verbarg er sich in Podolien und entging so der faschistischen Gehenna. Nach einem Studium an der Warschauer Universität wirkte er von 1955 bis 1957 als Redakteur der für damalige Zeiten sehr radikalen Zeitschrift »Po Prostu« (»Geradezu«), die später durch die Behörden aufgelöst wurde. Von 1961 bis 1983 redigierte er in der Wochenzeitung »Polityka« die Landesseite. Von 1981 bis zum Ende der Volksrepublik Polen war er Regierungssprecher und Vorsitzender des Komitees für Radio- und Fernsehfragen. Urban war ständiger Mitarbeiter mehrer Zeitschriften, dazu gehörten u.a. satirische Journale. Seit der Einführung eines freien demokratischen Systems in Polen ist er Eigentümer und Chefredakteur der Wochenzeitung »Nie« (»Nein«). Sein Buch »Urbans Alphabet« erschien 1990. Ungeachtet seiner umstrittenen politischen Vergangenheit nimmt Urbans Popularität in dem gleichen Maße zu, wie der Bedarf nach einer oppositionellen Haltung gegenüber der gegenwärtigen polnischen Regierung wächst.

Jerzy Urban

Skorupski: Ich beginne mit einem Zitat aus dem Gedicht »Hinter den Kulissen« von Cyprian Kamil Norwid, das Jerzy Andrzejewski seinem Roman »Asche und Diamant« vorangestellt hat. Erinnern Sie sich an seinen Wortlaut?

Urban: Nein, ich würde es gern noch einmal lesen.

Skorupski: Gut, ich zitiere es:

> Und immer entflammst du in dir
> Wie eine Pechfackel lohenden Zunder,
> Und brennend fragst du, ob größere
> Freiheit dir wird oder ob alles, was dein,
> Zuschanden gehen soll? Ob Asche nur bleibt
> und Staub, der mit dem Winde verweht?
> Oder ob auf der Asche Grund
> Strahlend ein Diamant erscheint,
> der Morgen des ewigen Sieges ...

Diesem Gedicht ist es wohl mit zu danken, daß Andrzejewskis Buch als Perle der Literatur des sozialistischen Realismus bezeichnet wird. Man hat den Roman damals unterschiedlich aufgenommen. Auch meine Gesprächspartner in dem Buch »... um die Polen zu verstehen« haben ihn verschieden interpretiert. Sie kennen dieses Buch. Welchen Standpunkten meiner Gesprächspartner würden Sie, um eine Metapher der von Ihnen geleiteten Zeitung zu gebrauchen, das Prädikat »Nein« zuerkennen, und wen würden Sie anerkennen?

Urban: Sie überschätzen mein Gedächtnis. Das Buch habe ich gelesen, weiß aber nicht mehr, wem die einzelnen Äußerungen zuzuordnen sind. Ich habe nur darüber nachgedacht, auf welche Weise die einfache und ganz direkte Aussage von Norwids Zitat hier mystifiziert wurde. In Andrzejewskis Roman wurde die Asche gleichgesetzt mit der Landesarmee, dem Streben nach Unabhängigkeit, mit Romantik und Todessehnsucht; der Diamant aber war für ihn die neue sozialistische Gesellschaftsordnung, verkörpert von einem Antihelden, geleitet von dem wenngleich verworrenen, so doch eine strahlende Zukunft verheißenden Grundgedanken. Dieser Roman war weit entfernt von den Schemata des sogenannten sozialistischen Realismus. Heute behaupten alle, die sozialistische Gesellschaftsordnung sei die Asche, der Diamant hingegen das, was sich aus der von Maciek Chełmicki vertretenen Tradition ableitet.

Aus geschichtlicher Distanz wäre es, denke ich, richtiger, diese ganz Norwidsche Metapher beiseite zu lassen, denn eine politische Richtung kann kein Diamant sein, und eine Wegstrecke der Geschichte wird niemals zu Asche. Diese Metapher ist für mich nicht akzeptabel. Sie operiert mit einem Kontrast, der vielleicht in der Chemie gut ist, nicht aber in einer Materie, die geschichtliche Abläufe, Gesellschaftsordnungen, politische Doktrinen und menschliche Neigungen kennzeichnet. Das Abenteuer eines Andrzejewski, der politisch sehr starken Schwankungen ausgesetzt war und sich von der Nationaldemokratie zum liberalen Katholizismus, vom liberalen zum Katholizismus zum Kommunismus und vom Kommunismus zum Antikommunismus hin entwickelte, bietet keine Grundlage für eine wirklich weitsichtige Metapher. Denn er vermochte seine Blamage nicht vorauszusehen, als er alles zur Asche zählte, was vor 1945 gewesen ist, und alles neu Entstehende zum Diamanten erklärte. Genauso blamieren sich alle diejenigen, welche die fünfundvierzigjährige Nachkriegsgeschichte zu Asche machen und den Diamanten einzig aus den vorangegangenen Zeiten zutage fördern wollen. Als ein Mensch der politischen Praxis sage ich: wenn die Freunde und Nachfolger von Maciek Chełmicki meinen, was er vertrat, sei der Diamant gewesen, dann vermochte dieser Diamant 1945 keinen Stoff zu schneiden. Andrzejewski charakterisierte seinen Chełmicki treffend als einen hochherzigen Menschen, nicht ohne Anziehungskraft, doch bereits im Verzweiflungsmoment, ohne Aussicht auf historische Realisierung seiner Ideen.

Diese Strömung, zu deren prägendsten Repräsentanten Andrzej Wajda gehörte, rechnete ab mit einer Methodologie, die besagte, das moralisch Schöne müsse in der geistigen Doktrin des Volkes vorherrschen. Mit anderen Worten, er führte einen Kampf mit der Romantik. Denn soweit ich mich erinnere, tauchte bei ihm die Asche-Metapher immer wieder auf. Ich denke hier an den Film »Zwischen Feuer und Asche« nach dem

Roman von Stefan Żeromski. Dort ging der Gedanke in eine andere Richtung, nämlich daß die Effektivität in der Geschichte eines Volkes nicht Kleben am Unmöglichen, sondern Realismus verlange und daß der polnische Ahistorismus, der in veränderter Fassung weiter bestehe, ein Grund für das Unglück dieser Nation sei. Ich denke, hier spielt sich wieder einmal das Drama nicht vorhandener Anpassungsfähigkeit ab. Wieder liefern die Polen den Beweis, daß sie sich nicht an neue ökonomische Gegebenheiten anpassen können; mit den politischen sieht das schon anders aus. Und wieder zeigt sich ein Riß zwischen dem gesellschaftlichen Bewußtsein und dem gegenwärtig auf recht mechanistische Weise zusammengefügten System.

Ich vergleiche die Geschichte des jetzt in Polen wiederhergestellten Kapitalismus mit der siegreichen Geschichte beispielsweise des amerikanischen Kapitalismus und befürchte, daß sich in den Aufbau des polnischen Kapitalismus Elemente vom Aufbau des Sozialismus einschleichen. Unser grundlegender Irrtum bestand doch darin, daß wir ein ausgetüfteltes Muster, vergleichbar etwa mit dem Modell eines Autos, in die Praxis umsetzen wollten. Gesellschaftsordnungen kann man nicht erfinden, das heißt – wie ein gewisser Publizist hervorhebt –, man kann es wohl, aber dann erweisen sie sich als ein Mißverständnis.

Der reale Sozialismus war keine bloße Erfindung, er entstand aus einem ausgetüftelten Modell. Ein ganz und gar erfundenes Modell war das Beispiel Kambodscha. Dort herrschte eine Doktrin der Gewalt. Ich fürchte auch, daß der Kapitalismus, wenn man ihn als Modell von außen nimmt und in die Tat umsetzt, sich als ein Irrtum erweist. Vielleicht nicht als Irrtum an sich, denn er ist kein so völlig erfundenes System, daß man es nicht auf gesellschaftlich vorteilhafte Weise verwirklichen könnte. Aber eine gewaltsame Privatisierung, der das ganze ökonomische Instrumentarium angepaßt werden muß, damit es überhaupt in Gang kommt, würde sich allerdings als Dogma erweisen. Den Privatunternehmen werden Privilegien übertragen, die man den staatlichen Unternehmen genommen hat, um sie zu vernichten. Das ist ein methodologischer Fehler.

In Amerika ist die kapitalistische Gesellschaftsordnung ein Tiegelmuster, leichter auszusondern als in Großbritannien, wo die kapitalistische Gesellschaftordnung in anderen, längst vergangenen Zeiten verwurzelt ist. Die amerikanischen Siedler versuchten zuerst, in Kommunen zu wirtschaften. Als ihnen dies nicht gelang, suchten sie andere Instrumente zur Kolonisierung. Zum Schluß bewährte sich die individuelle Farmer- und Handwerkerwirtschaft. Anfänglich stützte sie sich auf ländliche Gemeinschaften niederer Ordnung, die später zu Gemeinschaften höherer Ordnung zusammengeschlossen wurden. Alles entwickelte sich, wenngleich es auch stürmisch und dramatisch, auf natürliche Weise, zuging. Die Dinge nicht bei den Grundlagen anzupacken, bei den ökonomischen und demokratischen Mechanismen, kann zu einer Kette von Erschütterungen und Mißtönen zwischen der bereits im Bereich Polens geformten Wirklichkeit, den bis in kleinste Gruppen der polnischen Bevölkerung ausgeprägten Neigungen und Fähigkeiten und der auf künstliche Art und Weise dieser Bevölkerung aufgepropften Gesellschaftsordnung führen.

Skorupski: Ich behaupte, daß dieses neue System, das ich in einer Fusion von Pluralismus und Demokratie kurz Pludemismus nenne, sich im methodologischen Sinn nicht viel vom Sozialismus unterscheidet. Die Wahl Wałesas ist ein Werk des realen Sozialismus, denn in keinem anderen System, sei es auch nur auf Grund seiner mangelhaften Qualifikationen, hätte er Chancen gehabt, an die Macht zu kommen. Ihn hat dieselbe Kraft wie die kommunistischen Volkstribunen erhoben; von unten, und nicht zur Verbesserung der Gesellschaftsordnung, sondern, wie in einer proletarischen Revolution, zu ihrer völligen Zerschlagung.

Urban: Ich bin Ihrer Ansicht, denn nicht zufällig wurde Oberhaupt des polnischen Staates Tadeusz Mazowiecki, ein normaler westeuropäischer »Chadek«, ein Christdemokrat, an europäischen Standards gemessen vielleicht ein Politiker mit ungenügenden Qualifikationen, doch nach polnischem Maßstab mit ganz beträchtlichen rein politischen und recht annehmbaren ökonomischen Fähigkeiten. Er hat eine unglaubliche Niederlage erlitten, größer als je zuvor jemand in Polen. Denn zugleich wurde seine Linie voll beibehalten. Diese Niederlage ist deshalb irrational, weil seine Nachfolger, die Gewinner, sein Werk fortsetzen wollen. Ihm persönlich macht man keine Vorwürfe, er hat nichts verbrochen. Verloren hat er nur, weil sich die Mehrheit der Bevölkerung enttäuscht sah und dies nicht anders ausdrücken konnte. Einst war die gesellschaftliche Frustration gegen den Kommunismus gerichtet, das heißt, an allem Schlechten waren die Kommunisten schuld. Demnach war alles Antikommunistische gut und wurde als Gegengift betrachtet. Das Übel wurde beseitigt, den Menschen aber geht es nicht besser, im Gegenteil, sie leben immer schlechter. Das Sicherheitsgefühl ist durch die Arbeitslosigkeit ins Schwanken geraten, ungewiß ist auch die Zukunft der Jugendlichen. Plötzlich taucht wie ein Erlöser der Volkstribun Wałęsa auf, der keinerlei fremde Symbole repräsentiert, ein Fürsprecher der enttäuschten Massen ist und irgendwelchen demagogischen Unsinn redet, das heißt, er denkt und spricht wie der Durchschnittspole, desorientiert in allem, was geschieht, und auf der Suche nach einem Grund, um sich im Namen irgendwessen gegen irgend jemanden zu stellen. Wałęsa ist die genaue Kopie des polnischen Wählers mit durchschnittlicher Geisteshaltung. So hat sich denn auch dieser Durchschnittswähler für ihn entschieden. Es sei denn, er war noch frustrierter und wählte Tymiński, der ähnlichen Unsinn erzählte und das Blaue vom Himmel versprach.

Diese freien Wahlen zwischen Wałęsa und Tymiński bzw. zwischen zwei Nullen waren die größte Kompromittierung im Polen der Nachkriegszeit.

Skorupski: Was sagen Sie da? Immerhin sind doch die beiden Schriftsteller, haben Bücher geschrieben ...

Urban: Ich will nicht so bösartig sein wie Sie, sondern nur hinzufügen, daß Wałęsa gesagt hat, wenn er die Wahlen verliert, gibt er die Politik auf und geht ins »Business«, und daß Tymiński, umgekehrt, als Gewinner das »Business« aufgeben und in die Politik gehen will. Man könnte eine Satire über diese beiden Rivalen schreiben, aber gerade diese Konstellation entlarvt am deutlichsten die Schwäche der plötzlich und mechanisch eingeführten Demokratie. Sie bringt solche Endspielteilnehmer hervor, bei denen Lügenparolen wie »Wir geben jedem hundert Millionen Złoty« größten Anklang finden. Das bedeutet, die

Bevölkerung ist nicht richtig auf die Wahlen vorbereitet und versteht nicht den Sinn der Regierungspolitik. Hier handelt es sich um dasselbe, was nach der Entkolonialisierung Afrikas geschah. Damals versuchte man, die organisierten belgischen, britischen oder französischen Ordnungen dem Stammessystem aufzupropfen, und erlitt überall Schiffbruch. Nirgends kam man zu glatten Erfolgen. Die gleiche politische Kolonisation nehmen jetzt die Vereinigten Staaten mit Polen vor. Allzugern wird sie von unseren neuen Politikern angenommen, die sagen, daß sich »drüben« alles bewährt hat. Die Präsidentschaftswahlen haben gezeigt, daß daraus ebensolche Karikatur entstehen kann wie in vielen afrikanischen Ländern, wo von der Staffage westlicher Demokratien nur Perücken und Limousinen übrigblieben.

Deshalb sehe ich sehr schwarz für die Zukunft Polens. Aus den Mißerfolgen des Sozialismus wurde nicht die wichtige Erfahrung gezogen, daß man keine künstlichen Modelle von Gesellschaftsordnungen mit Hilfe des gesetzgebenden Apparats einführen darf. Man hätte eine natürliche Evolution der sozialen, ökonomischen und politischen Verhältnisse ermöglichen müssen.

Die Menschen meiner politischen Generation, die teilhatten am Stalinismus, diesem rein totalitären System, und dann durch die innerhalb dieser Gesellschaftsordnung vonstatten gegangene reformatorische Revolution an die Macht kamen, vertraten die Meinung, daß das Schweizer System besser wäre und man aus Polen eine zweite Schweiz machen könnte. Es gab sogar einige, die vorschlugen, das Wort Sozialismus abzuschaffen, es ganz zu vergessen, sich nicht zum Narren zu machen mit dem, was nur künstlich war, und das Wort Evolution dafür einzusetzen.

Vorgeschlagen wurde, echte Demokratie einzuführen, die bei den Gemeinden beginnt, und in den Wojewodschaften nur die Parteikontrolle zu belassen. Man befürchtete das Entstehen von Gemeindeklüngeln, die in der sicheren Obhut der Wojewodschaften die Menschen ungestraft bestehlen würden. Indessen wäre daraus vielleicht eine wirkliche Bürgerselbstverwaltung entstanden.

Wir waren viel zu sehr damit beschäftigt, gegen die Opposition anzukämpfen, wir wollten es nicht zum Umschwung kommen lassen, der dann später ohnehin eingetreten ist. Wir wollten auch den Kleinhandel und die Kleinindustrie durch Privatisierung aktivieren und dem Staat die Großindustrie überlassen. Ich meine nicht, daß dieses unser Denksystem keine guten Gründe hatte. Leider ging alles langsamer und zu inkonsequent vor sich, bar der verderblichen Kräfte, welche die Führung der »Solidarność« den geradezu absurd gewordenen sozialistischen Verhältnissen gegenüberstellte.

Skorupski: Bei der Vormachtstellung der PVAP waren solche Reformen unerreichbar. Die Kaderauswahl von übergeordneten Dienststellen aus und das Fehlen einer natürlichen Selektion von unten her bewirkten eine Apathie, die zwangsläufig in der Explosion münden mußte.

Urban: Ich stimme Ihnen zu, daß die Verhältnisse eher die konservativen Kräfte begünstigten, was sich praktisch aus der Vorherrschaft der politischen Doktrin ergab. In der Opposition hier hieß es, man solle nicht in die vorhandenen Strukturen eingreifen, sondern nur abwarten, bis sie von selbst zusammenbrechen. Aus ihrer Sicht hatten die Oppositionellen recht – es ist wirklich alles zusammengebrochen. Aber aus politischer Sicht wäre es besser gewesen, man hätte zehn Jahre früher bereits die reformatorischen Tendenzen unterstützt, um auf diese Weise das Machtmonopol schrittweise durch die Demokratie abzulösen.

Mit anderen Worten, diese Passivität hat zum Sturz des Kommunismus geführt, aber auch die Evolution der Verhältnisse in Polen erschwert. Dies ist die Mitschuld der heute Regierenden, und sie müssen selbst die Kosten dafür tragen. Es fällt ihnen offensichtlich zunehmend schwerer, mit der Gestaltung eines effektiv funktionierenden, mit dem staatlichen Machtmodell zusammenspielenden Gesellschaftsmodells voranzukommen.

Skorupski: Es liegt in der menschlichen Natur, daß man ständig vor die Wahl zwischen Gut und Böse, oder mystisch betrachtet, zwischen Engel und Teufel gestellt wird. Der Durchschnittsmensch weiß im Moment der Entscheidung nicht immer, was wirklich das Gute und was das Böse ist. Die Situation, in der Polen sich jetzt befindet, hat Tadeusz Mazowiecki als »polnische Hölle« bezeichnet; es ist der Zustand des Wählens, des Suchens und des Irrens. Das kann wirklich eine Hölle sein.

Urban: Ich glaube, wenn Mazowiecki von der »polnischen Hölle« spricht, versetzt er sich in die Gedanken jedes Politikers, der aus einem Salon, einer Redaktion, einem Café tritt, wo er nur von wohlgesinnten Menschen umgeben war, und plötzlich auf dem Sessel des Premiers sitzt. Dort sieht er sich nämlich nur von einem Personenkreis umgeben, der ihm unfreundlich gesinnt scheint, und er muß sich mit den Widrigkeiten herumschlagen. Dieser Situationswandel ruft bei ihm den Eindruck der »polnischen Hölle« hervor. Jemand, mit dem er während des Streiks in der Werft oder in der Internierung Seite an Seite auf einer Matte schlief, ist jetzt sein Feind.

Ich dagegen denke, daß die »polnische Hölle« darin besteht, gar keine Wahl zu haben zwischen Gut und Böse. Jeder ökonomische, politische oder auf das System bezogene Plan stößt auf furchtbare Schwierigkeiten, und den Diamanten, den man den Stein der Weisen für die Gestaltung des öffentlichen Lebens nennen könnte, gibt es nicht. Es ist kompliziert, Lösungen zu finden, jede Option erfordert enorme Kosten. Diese Mühen und Plagen werden sich auf ein ganzes Jahrhundert verteilen, künstliche Beschleunigungen werden kaum helfen. Derzeit gibt es bei uns keine wirklich guten Lösungen, lediglich ein bißchen bessere. Wenn man uns vorwirft, daß wir uns beim Regieren an die Philosophie des kleineren Übels gehalten hätten, dann kommt das eigentlich fast auf das gleiche heraus. Da ich kein Christ bin, begreife ich die auf der Gegenüberstellung von Gut und Böse beruhende Philosophie nicht. Ich halte diese Philosophie für trügerisch.

Wenn die Demokratie als ein Wert an sich ein Instrument sein soll, mit dem man auf vorteilhafte Weise gesellschaftliches Einverständnis für gut ausgewählte Ziele herstellt, dann erweisen sich ihre Selbstkosten, diese bereits genannten Personalkosten, immerhin als sehr hoch und ihre Funktionsweise als recht grotesk und heuchlerisch. Demzufolge sieht man sich versucht, diese Demokratie, z.B. in der Wirtschaft, im Namen des Rationalismus und der Effektivität einzuschränken. Diesen Gesichtspunkt vertrat Balcerowicz, um die Inflation einzudämmen. Mit

Erfolg, wie sich gezeigt hat, doch auf Kosten einer Rezession, die sich als strukturgebunden bzw. dauerhaft erwiesen hat.

Die ohnehin schon miserable polnische Wirtschaft erlitt schwere Schäden, diese Lösung hat sich demnach ebenfalls kompromittiert, die Wurzeln der Ökonomie wurden angesägt. Aus dogmatischen Gründen wurde der Absatzmarkt im Osten ruiniert. Der Absatzmarkt im Westen hat sich nicht geöffnet, weil die polnischen Erzeugnisse teuer und zu schlecht sind. Der Binnenmarkt ist geschrumpft, weil die Kaufkraft der Bevölkerung abgenommen hat. Die Voraussetzungen, allmählich zu prosperieren, sind nicht gegeben. Angesichts dessen muß man den Kampf gegen die Rezession aufnehmen, das haben Balcerowicz und alle anderen verstanden. Man muß produktionsfördernde Faktoren anregen. Wieder steigt die Inflation an. Ein Teufelskreis entsteht, es gibt keinen guten Ausweg. so muß balanciert werden, was man auch versucht. Zur Wahl steht nur ein sehr schmaler Grat. Es gibt Situationen, in denen kein Gut und Böse vorkommt, nur etwas dazwischen. Dieses »Etwas« gilt es sehr geschickt abzuwägen, wie ein Apotheker, um das potentiell Böse möglichst zu verringern.

Skorupski: Mein Freund, Hermann Ebeling, der zwar als Künstler mit der Politik nicht viel im Sinn hat, behauptet, die Polen seien in einer besseren Lage als die Deutschen. Sie sind ganz unten, von unten aber kann man sich leichter hocharbeiten, d.h. bei Null mit der vorteilhaftesten Formel beginnen.

Am Beginn der polnischen Ausgabe meines Buches nenne ich fünf Punkte, die ich als »Fünf-Finger-Theorie« bezeichne. Wenn alle diese Punkte verwirklicht sind, wird es meines Erachtens besser um uns stehen. Mitautor dieser Theorie ist Wolfgang Günther, ein Ökologe, Arzt und Künstler.

Die ökologische Adäquanz befindet sich im Daumen, der bei ausgebreiteten Händen nach oben gerichtet ist. Er ist auch anliegend, d.h. allen anderen Fingern adäquat gegenüber. Demnach muß die Ökologie in allen anderen Themen vorkommen, ja sie sich gar unterordnen, sonst kommen wir bald alle in einem uns immer dichter umgebenden Kohlendunst um.

Mit dem zweiten, dem Zeigefinger, arbeiten wir am meisten, ihm habe ich die wirtschaftliche Effizienz zugeordnet. Anders gesagt, wenn ich bei Null begonnen habe – mit nichts kann man immer beginnen –, dann einen gewissen Zeitraum gut verbringe und wieder bei Null, doch bereits an einem anderen zeitlichen Punkt, ankomme, dann habe ich Erfolg gehabt. Ein gut verbrachter Zeitraum ist ein vorzüglicher Anfang für den nächsten Start. Die »Null« verlagert sich immer auf die Kreuzung von Vertikale und Horizontale.

In den dritten, dem Ganzen das Gleichgewicht gebenden Mittelfinger, habe ich die soziale Gerechtigkeit gelegt, die von unten und nicht von oben diktiert werden muß.

Im vierten, dem Herzfinger, liegt die demokratische Moral. In ihrem Gezänk und ihren gegenseitigen Schmähungen ahmen Hunderte von Parteien, die jetzt in Polen und den anderen Ländern des ehemaligen realen Sozialismus entstehen, so perfekt und völlig gedankenlos den Westen nach, daß gar keine Rede sein kann von seiner moralischen Demokratie, die auf humanitären Grundlagen aufgebaut sein sollte, anders gesagt, darauf, was der Mensch fühlt, und nicht worauf er spekuliert.

Im fünften, dem kleinen Finger, befindet sich unsere Freiheit, denn die Dimensionen unserer Freiheit sind immer kleiner als das Bedürfnis nach ihr. Hier handelt es sich um die schöpferische Freiheit, eine aventuristische Freiheit, die uns in Schwung bringt, damit unser Leben ein Abenteuer ist, es geht um all das, war wir sozusagen »im kleinen Finger« haben; Apathie bedarf nicht der Freiheit.

Aber ich bin weit vom Thema abgeschweift...

Urban: Erlauben Sie, die einzelnen Punkte Ihrer Theorie sind wirklich ineinander verflochten wie die zu einer Hand gehörenden Finger. Aber diese Punkte liegen miteinander im Widerpart. Die ökologische Adäquanz beißt sich, zumindest zeitweise, mit der wirtschaftlichen Effizienz. Diese wiederum steht mit der sozialen Gerechtigkeit im Widerspruch, zumindest im menschlichen Verständnis, wenn schon nicht im amtlichen Sinn. All dies verstößt gegen die moralische Demokratie, eine solche in den Überzeugungen der Mehrheit verwurzelte Moral soll es doch geben. Am wenigsten halte ich von dieser aventuristischen Freiheit. Diese Begriff ist mir zu ungenau und zu allgemein.

Skorupski: Ich weiß, daß sich die Finger streiten, doch in dieser Disharmonie ist Platz für Kompromisse. Der Streit kann manchmal fruchtbare Zusammenarbeit bringen, wenn die Menschheit bestimmte Prinzipien anerkennt und damit kleinliche Augenblicksinteressen vergißt.

Urban: Ich möchte zurückkommen auf das, was Hermann Ebeling gesagt hat. Der Künstler hat nur scheinbar recht. In Wirklichkeit unterliegt er einer schrecklichen Illusion. Solche Theorien sind nicht neu. Beispielweise erklärten die amerikanischen Architekten nach den Krieg den deutschen und polnischen Architekten, sie hätten völlig zerstörte Städte und könnten sie deshalb neu bauen nach schöneren und viel vernünftigeren Plänen. In Deutschland war ich noch nicht, habe aber nichts davon gehört, daß dort eine Stadt von Grund auf neu entstanden ist, auch bei uns nicht. Dafür braucht man Mittel, die damals nicht vorhanden waren. Vielleicht dachten die Amerikaner an ihr eigenes Geld, das sie hofften anlegen zu können, und wollten künstlich eine verführerische Situation schaffen, damit der Architekt seinen Plan verwirklichen kann.

Die Architektur-Metapher ist so einfach auf das System nicht übertragbar. In der Architektur kann man einen Plan zeichnen. Allerdings ist danach nicht klar, warum die Menschen ablehnen, in diesen künstlich erdachten Städten zu wohnen. Mit den Systemen ist es anders. Man kann doch nicht plötzlich auslöschen, was in diesen fünfundvierzig Jahren war. Ich ziehe mich in die Geschichte zurück, in die Zeit, an die wir uns noch erinnern, die Hitler-Okkupation. Diese Periode hat die soziale und wirtschaftliche Struktur Polens derart umgepflügt, daß die neue Ordnung eindrang wie das Messer in die Butter. Hitler zerstörte das Polen der Vorkriegszeit, daher bekam die neue Ordnung keinen Widerstand seitens der alten zu spüren. Da war kein Eigentum zu verteidigen, es gab keine staatliche Struktur, die Intelligenz saß nicht auf ihrem angestammten Platz. Die polnische Nachkriegsgeschichte in dieser Form wäre ohne die fremde und künstliche Erscheinung der faschistischen Okkupation nicht möglich gewesen. Ebensowenig aber kann man diese fünfundvierzig Jahre nach dem Krieg in Nichts auflösen. Diese Periode hat sich in die Mentalität der Polen eingegraben. Auch Wałęsa ist ein Produkt dieser Epoche. Man kann zwar modifizieren, aber nicht beseitigen. Selbst wenn die jüngere Vergangenheit völlig ausradiert würde, könnte man kein System aufpropfen, das irgenwo in einem anderen Land oder in einem fremden Geist gezüchtet wurde. Eben dieser Fehler wurde mit dem realen Sozialismus gemacht; man versuchte, ein fremdes Gewebe einzupflanzen, und das wurde nicht angenommen. Veränderungen müssen auf natürliche Art und Weise entstehen. Der Denker, der alles bei uns neu beginnen will, von unten her, von den Grundlagen an, ohne das Vorhandene zu berücksichtigen, geht in die Irre.

Skorupski: Sie befürworten demnach, wie jetzt häufig zu beobachten, daß man zum politischen Leben der Vorkriegszeit zurückkehrt und dort die Vorbilder für das künftige Leben sucht? Das ist doch eine schlimme Erscheinung ...

Urban: Diese Erscheinung ist komisch und schrecklich zugleich. Sie entspringt einer gewissen ideologischen Verblendung, unsere zwischen den beiden Weltkriegen liegende Vergangenheit aus politischer Sympathie zu mystifizieren und sie im falschen Licht darzustellen; praktisch die Vorkriegsverhältnisse nachzuahmen. Das steht im bedauerlichen Widerspruch zum ersehnten Anschluß an Europa, zu den großartigen Konzepten für den Aufbau eines modernen Staatswesens. Das Vorkriegspolen – das war der rückständige Antipode Europas, da herrschte ein undemokratisches und fürchterlich uneffektives System. Dieser Staat kann in keiner Beziehung Vorbild sein. Noch grotesker ist die Gründung von Parteien, die Vorkriegsparteien nachahmen. Damals entstanden sie aus irgendwelchen Interessengruppen, beruhten auf Phobien und Vorurteilen. Heute sind sie nur noch die Erfindung einiger Gentlemen, die, auf alte Traditionen gestützt, ein paar hundert oder einige Dutzend Mitglieder um sich scharen können. Naive Illusionen, jemand könnte auf diesen Leim gehen. Was nicht bedeutet, daß ich dagegen bin, nach bereits fertigen Lösungen zu suchen. Dies wäre fabelhaft.

Skorupski: Also das Pulver noch einmal ...

Urban: Das Pulver... die Technologien, das Wirtschaftliche, die Systemlösungen. Gefährlich aber sind Dogmatismus und Servilität, beispielsweise gegenüber den Vereinigten Staaten, das heißt, wenn man sich von amerikanischen Beratern abhängig macht, die hier nichts begreifen, weil sie die Polen in Polen nicht verstehen können. Andererseits gibt es Autoritäten, sie kommen aus einem Land, wo Ähnliches funktioniert. Selbstverständlich kann man bestimmte fertige Lösungen übertragen, doch muß man sie sofort korrigieren, unseren Erfordernissen anpassen, sogar wenn's sein muß, in den Hintergrund stellen.

Das sind Allgemeinplätze, man sollte aber ganz konkret sagen, wie – beispielsweise – eine polnische Gemeinde verwaltet werden sollte, die anders als eine amerikanische Gemeinde entstanden ist; oder wie eine polnische Börse funktionieren muß, die auch spezifische Eigenschaften haben soll.

Skorupski: Beim Zuhören drängt sich mir eine Überlegung auf. In der allgemeinmenschlichen Ethik wird immer davon ausgegangen, daß das Verhältnis des Individuums zur Gemeinschaft, in der es lebt, in diesem Fall zur Nation, ein dienstbares ist, ergo, daß sich das Individuum immer der Nation unterordnen muß, ungeachtet dessen, ob diese Nation im Recht ist oder nicht. Nur dieses Verhältnis des Individuums zur Nation stimmt mit der offiziellen Moral überein.

Ich sträube mich gegen diese Darstellung. Diese Folgerung ergibt sich nicht aus irgendwelchen kurzfristigen Maßnahmen dieser oder jener Politiker, sondern entspringt der Arroganz eines Volkes in seiner Gesamtheit. Ich habe nur ein Leben und will mich nicht in diesem einzigen irdischen Dasein ständig der kollektiven Dummheit unterordnen. Ich habe mir die »Theorie des Müllhaufens« ausgedacht und meine Bitterkeit da hineingelegt. Das ändert nichts an der Tatsache, daß ich in einem Zwiespalt lebe, es als Drama empfinde, mich der Dummheit meines Volkes erwehren zu müssen. Es geht nicht darum, diese oder jene politische Richtung zu billigen oder abzulehnen, sondern die Dummheit zu akzeptieren, die das polnische Volk bei den letzten Wahlen gewählt hat. Nicht, weil das Volk Wałęsa gewählt hat; den liebe ich geradezu, weil er die Professoren herunterputzt, die sich viel dümmer gezeigt haben als er. Nein, das Volk hat die Dummheit gewählt.

Irgendwann muß die Entwicklung der menschlichen Moral die Interessen des einzelnen Menschen berücksichtigen, denn nicht immer hat das ganze Volk recht.

Urban: Die polnische Tradition verlangt nun mal, daß ein guter Bürger der Diener von Staat und Gemeinwesen ist, alle seine Tugenden beruhen darauf, für das Wohl aller tätig zu sein. Diese Tradition leitet sich her aus der Aufklärung, die eine Reaktion auf den Egoismus einer kleinen engstirnigen Elite war. Später wurde sie von den selbstmörderischen Aufständen beflügelt, um schließlich in das Polen der Zwischenkriegszeit zu münden, als man lediglich darum stritt, ob das Individuum nur dem Staat oder auch dem Volk gegenüber dienstbar sein muß. Bei den Piłsudski-Anhängern dachte man anders darüber als bei den »Endeks«, den Nationaldemokraten.

Der Sozialismus sprach, doktrinär, auch davon, daß sich das Individuum den gemeinschaftlichen Zielen unterordnen müsse. Gegenüber dem klassischen Marxismus war dies Revisionismus, denn der hatte sich das Individuum als Ziel auserkoren. Der Marxismus sagte allerdings auch, daß nur Makro-Lösungen, Lösungen in gesellschaftlicher Dimension dem Individuum Wohlergehen gewährleisten. Freilich war dies eine Illusion, da man die materialistische Betrachtung der von der Gemeinschaft erzielten Leistungen nicht auf jedes Individuum übertragen konnte.

Jetzt wird diese Tradition fortgesetzt. Nach wie vor spricht man von Staat, Gesellschaft, Nation und anderen Gemeinschaften, beispielsweise von der Solidargemeinschaft, der die Ziele des Individuums untergeordnet werden müssen, genauso wie man einst von der proletarischen Gemeinschaft gesprochen hat. Dies steht im Widerspruch zur Philosophie des Liberalismus, die hinter dem Wirtschaftsprogramm von Balcerowicz steht.

Bekanntlich ist der Raum für den ökonomischen Liberalismus das individuelle Unternehmertum, das Streben des Menschen, seine Ziele zu erreichen. Und aus dem von diesen Individuen erreichten Wohlstand entsteht Gemeinwohl.

Wie meist, liegt auch hier die Wahrheit in der Mitte. Weder

summieren sich die individualistischen Bestrebungen in dem Maße, daß die herrliche Welt der Individualisten sich über die ganze Bevölkerung ausdehnt, noch wird ein Gemeinwohl sich gleichmäßig über alle Mitglieder der Gesellschaft verteilen.

Die Demokratie aber ist ein entscheidendes System, selbst wenn es irrationalen Schüben unterliegt. Angesichts dessen muß es so starke Eliten wie in den westlichen Gesellschaften geben, um die Individuen oder die Mehrheit steuern zu können. In Polen hat die Elite reichlich individualistische Züge. Jeder Intellektuelle erklärt genau wie Sie, daß er sich der Gemeinschaft nicht unterordnen will. Zugleich glauben aber die Repräsentanten dieser polnischen Elite blind an die Demokratie. Das ist auch die Tragödie Mazowieckis, der die Folgen der Demokratie zu kosten bekam; sie war ideal für ihn, solange er die Mehrheit hinter sich wußte. Zwei Tragödien spielen sich hier ab. Erstens die Tragödie der von der Gesellschaft entfremdeten und ihr nicht angepaßten elitären Gruppen, mit denen hatten wir es in Polen immer zu tun. Zweitens die Tragödie der Elite, die sich die Gesellschaft selbst erziehen und ausbilden muß, d.h. derjenigen Repräsentanten, die die Interessen verschiedener Gruppen vertreten, sich diesen aber gleichzeitig nicht völlig, beispielsweise um zusätzliche Wählerstimmen zu bekommen, zu unterwerfen vermögen und die gegen alle Widerstände die Bevölkerung zur Anerkennung der höheren Ziele bewegen. In beiden Fällen finden diese elitären Gruppen in der politischen und ökonomischen Kultur wie auch in der Kultur des Zusammenlebens ganzer Gemeinschaften ein niedriges Niveau vor. Im Westen hat sich das irgendwie zu einem zwar komplizierten, aber funktionierenden Mechanismus zusammengefügt. Das muß sich über Jahrzehnte entwickeln und darf nicht automatisch übergestülpt werden.

Skorupski: Ich erkläre mir das noch anders. Das 20. Jahrhundert war ein Jahrhundert der Expression, ein Jahrhundert des Aufschreis, der ungewöhnlichen Kontraste, welche Phobien, psychische Normabweichungen, Depressionen auslösen. Verschiedene Ideen riefen so starke Explosionen hervor, daß dadurch Entstellungen verursacht wurden.

Ich möchte an den Titel Ihrer Zeitung anknüpfen. Wenn wir

»Ja« sagen, kann man sogar flüstern, wenn wir »Nein« sagen, muß man schreien. Das 20. Jahrhundert ist ein Jahrhundert des Nein-Geschreis. Daher schlagen Sie mit Ihrer Zeitung die richtige Seite des aus unserem Zeitalter stammenden Instruments an. Ist das ständige Verneinen, der ständige Widerstand gegen etwas, noch bevor es entstanden ist, programmatisch richtig?

Urban: Ich glaube, wenn man die Sache wie Sie betrachtet, d.h. aus der Negation ein Programm macht, dann haben Sie recht. Meiner Ansicht nach war das 20. Jahrhundert nicht eins der Negation. Im Gegenteil, die Anpassungsfaktoren beeinflußten die Geschichte. Demnach ist es ein Jahrhundert der leichten Anpassung. Beispielsweise haben sich die Emulsionen des Nihilismus 1968 trotz des Jugendprotests, trotz der großen Expression dieser Erscheinung als überaus schwach erwiesen. Man hat doch ausführlich darüber geschrieben, wie diese Leute dann weiße Kragen anlegten, ihre Aktentaschen packten und in die Banken marschierten. Solche Nein-Eruptionen sind von Zeit zu Zeit für die Gesellschaftshygiene direkt unerläßlich.

Skorupski: Kürzlich wurde in Polen über die »Dąbrowski-Männer«, die Internationale Brigade »Jarosław Dąbrowski« im spanischen Bürgerkrieg, gesprochen. Man wollte im polnischen Parlament diesen Männern sogar die Frontkämpferrenten streichen, ihnen ihre Verdienste absprechen, obwohl sie als erste den Kampf gegen den Faschismus aufgenommen hatten. Was für eine wundervolle Sache war doch diese Spanische Republik. Ihr stimmten die Intellektuellen der ganzen Welt zu, eine Menge heroischer Werke wurde über sie geschrieben. Heute überlege ich mir, ob dieses Blutvergießen notwendig war, ob man diese blutige Revolution nicht zugunsten einer Evolution hätte vermeiden können, die zum Schluß ohnehin vonstatten ging. Der Diktator Franco, der damals siegte, faßte später selbst den Entschluß, demokratische Freiheiten einzuführen. Er selbst ernannte vor seinem Tod den liberalen Juan Carlos zum König. Nun sind die Spanier sehr zufrieden mit ihrer Monarchie, obwohl sie eine Fülle anderer, innerer Probleme haben. Dieses »Nein« damals und das ganze vergossene Blut scheint ein unnötiges Opfer gewesen zu sein.

Urban: Ja, das war dieser Nein-Schrei, nach dessen Grund man sehr oft, aus geschichtlicher Perspektive fragt. Natürlich hätte man damals in Spanien einen Konsens zwischen der republikanischen Linken und der national-faschistischen Strömung finden können. Lassen Sie aber nicht außer acht, daß es im 20. Jahrhundert sehr viele solcher wichtigen Nein-Schreie gab. Ein solcher Nein-Schrei war der Hitlerfaschismus, denn er begann mit dem Nein. Schließlich war die jetzige Wende in Osteuropa ein ebensolcher Nein-Schrei. Auch weiterhin werden solche Schreie erschallen. Aber es ist das Merkmal von Gesellschaften, sich nach einem kurzen Ausdruck des Protests anzupassen, wie es z.B. bei der Gesellschaft des sowjetischen Imperiums der Fall war. Unabhängig davon, wie lange diese Anpassung dauert und welche Methoden verwendet werden, die Gesellschaften sind derart festgefügt, daß es heute überaus schwierig ist, sie zu zerschlagen. Der Hitlerfaschismus, der der Protest des Lumpenproletariats und des Kleinbürgertums gegen die Weimarer Republik war, hat sich schnell in ein System des gesellschaftlichen Konformismus verwandelt. Wieder paßte sich die deutsche Bevölkerung der Elite an, die Hitler unterstützte. Daraus folgt, daß Gesellschaften eher bereit sind, sich anzupassen, als zu protestieren, anders gesagt, die Menschenmassen des 20. Jahrhunderts schreien von Zeit zu Zeit »Nein«, um sich dann sofort wieder anzugleichen. In Polen wurde der große Nein-Schrei 1980 und 1989 ausgestoßen. Jetzt wirken die Anpassungsfaktoren mit den Frustrationsfaktoren zusammen, und daraus entsteht eine Gesellschaft mit verschwommenen Konturen.

Meine Gedanken dringen nicht in die Zukunft vor, zum Futurologen eigne ich mich nicht. Wie die Gesellschaft der Zukunft aussehen wird, weiß ich nicht, die Prognosen sind sehr unterschiedlich. Meine technologischen Kenntnisse sind gering. Ich weiß nicht, ob die Produktion und jegliche wirtschaftliche Tätigkeit bald kein ökologisches Problem mehr sein wird, ob man wenige Menschen dafür brauchen wird oder ob auch dies eine Utopie ist. Ich bin ein Mann mit sehr örtlicher Orientierung, und ich meine, in Polen gibt es keine Chance, daß eine Idee auftaucht und einen Umschwung bringt, aus dem eine neue Gesellschaftsordnung wächst. Die Gesellschaften, vor allem die mysteriöse russische Gesellschaft, lassen sich meiner Ansicht nach nicht so schnell wieder darauf ein, an eine von irgendwem künstlich konstruierte vielversprechende Ordnung zu glauben. Nach diesen letzten Erfahrungen zieht sich die Bevölkerung darauf zurück, mit der Arbeit an der Basis zu beginnen, verschiedene einfache Lösungen zu probieren. Wenn uns beispielsweise die Demokratie enttäuscht, setzen wir uns für die keinen Widerspruch duldenden Regierungen ein, die uns dann ordentlich zusetzen. Anschließend untergraben oder stürzen wir sie, was scheußlich teuer und dramatisch ist und nicht ohne Blutvergießen abgeht. Diese neuen Regierungen haben noch keinen Blutschock erlitten, wie ihn die kommunistische Regierung hatte. Sie bekam das Blut zu kosten und fürchtete sich dann sehr. Eine Regierung, die sich für eine Verkörperung der Volksmacht hält, kann entgegen dem schönen Schein sehr wohl auf dieses Volk schießen. Nein, in Polen, in der Tschechoslowakei, in Deutschland oder Ungarn und vor allem in Rußland geht heute niemand mehr einem charismatischen Führer auf den Leim, der diese Völker, wie einst Hitler und Stalin wieder in die Irre führt. Nein, solche Ereignisse sehe ich nicht voraus.

Skorupski: In Ihrem Buch »Urbans Alphabet« kommen Sie auf alle meine Gesprächspartner zu sprechen, auf Szczypiorski, Wajda, Cywińska, Wałęsa, Jaruzelski, nur nicht auf Waldemar Fydrych. Alle gehen Sie kritisch an, fast an allen haben Sie etwas auszusetzen. Nur Jaruzelski erhält Lob, vielleicht weil er Ihr Chef war. Ich kann nicht verbergen, daß ich alle meine Gesprächspartner vor Ihnen schützen möchte. Ausgewählt habe ich sie nach dem Prinzip, daß man nicht alle nehmen kann, sondern sich auf einige beschränken muß. Später hat sich herausgestellt, daß die Wahl nicht einfach zufällig getroffen wurde. Diese Persönlichkeiten sind wahrhaftig repräsentativ für die unterschiedlichen Ansichten und Einstellungen, ich hatte Glück mit meiner Wahl.

Andrzej Szczypiorski ist für mich der mutigste Vertreter der polnischen Intellektuellen. Sein offener Brief an Wałęsa und seine zahlreichen Äußerungen zu den verschiedensten öffentlichen Angelegenheiten bestätigen, daß er in der intellektuellen Landschaft Polens eine überaus wichtigen Platz einnimmt. Er ist ein Freigeist im weitesten Sinne. Sie verwenden die Bezeichnung »Katechumene«, ich weiß nicht, woher Sie dieses Wort haben. Er bezeichnet sich als Christ, sein Christentum ist ganz auf den Menschen gerichtet. In Krosno, wo er in den Senat gewählt wurde, soll er als wenig bekannter Schriftsteller gelten. Das wirft eher auf die Menschen dort ein schlechtes Licht als auf Szczypiorski, der einige wichtige internationale Literaturpreise erhielt. Seine Bücher wurden im Ausland zu Bestsellern, er ist ein namhafter Repräsentant der polnischen Kultur. Daher ergreife ich seine Partei.

Andrzej Wajda ist ein großer Künstler. Seine Filme sind sehr polnisch und zugleich universell. Er hat in der internationalen Filmgeschichte einen festen Platz inne. Selbstverständlich hat er das gesellschaftliche Leben Polens in den verschiedenen Perioden von unterschiedlichen Standpunkten betrachtet. Auch das macht ihn zu einem Sachwalter des Durchschnittspolen, der sich sehr schnell den verschiedensten Umständen anpassen kann. Beachten Sie bitte, daß Wajda bei dieser Anpassung niemals zum Speichellecker wurde, er war immer sehr kritisch. Auch kürzlich, während der Wahlen, hat er seine Unabhängigkeit unter Beweis gestellt. Wajdas Konformismus ist von sehr fortschrittlicher Art, denn er ist fähig, seiner Zeit vorauszueilen. Die Veränderungen in seiner Persönlichkeit waren nicht so krass wie im Fall von Wiktor Woroszylski.

Urban: Ja, bei dem bildet der Ausbruch prokommunistischer Hysterie tatsächlich einen großen Kontrast zu seiner prokirchlichen Hysterie.

Skorupski: Der Fall Wajda läßt sich nicht mit Woroszylski vergleichen. Ich verteidige ihn vor Ihren ständigen Angriffen.

Izabella Cywińska hat der Regierung Mazowiecki eine gewisse Wärme verliehen. Sie sehen doch, wie elend diese neue Mannschaft ohne Frauen aussieht. Sie hat mitgeholfen, die Welt der Kultur auf die Gleise der freien Marktwirtschaft umzulenken, ohne Rücksicht auf ihren eigenen Ruf, denn den Künstlern hat das gar nicht gefallen. Aber sie hat ihren Charme spielen lassen und gekonnt vorgegeben, die Künstler zu schützen. Übrigens hat sie sich vor die Künstler gestellt, doch nicht da, wo es notwendig gewesen wäre, nämlich beim Finanzminister. Ich selbst war Partner von Gesprächen, in denen es ihr darum ging, Hilfe für die Kultur zu finden. Sie tat, was sie konnte, doch die Katastrophe auf dem Kulturmarkt war unvermeidlich. Dies nahm sie als erste auf ihre Schultern. Zuvor ging es den Künstlern schlecht, aber sie konnten irgendwie existieren. Jetzt, auf dem freien Markt, zeigt sich, daß es sehr schwierig ist, nur von der Kunst zu leben. »Wenn du ein richtiger Künstler bist, behaupte dich in diesem schwierigen Kapitalismus, den du so sehr herbeigesehnt hast.« Sie hat als erste den Kampf aufgenommen.

Lech Wałęsa ist für mich der Vertreter der Volkskultur, und Sie müssen zugeben, daß er sich vor dem Hintergrund der anderen »Klugschwätzer« sehr vorteilhaft ausnimmt. Einmal mußte ich ihn sogar gegenüber einer Gruppe Abgeordneter der OKP, des Bürgerlich-Parlamentarischen Klubs der »Solidarność« verteidigen, die ihm vorwarfen, daß er sich seit zehn Jahren mit klugen Leuten umgeben habe, ohne etwas von ihnen zu lernen. Und doch hat er etwas dazugelernt. Er sagte nämlich: »Ich will nicht Präsident werden, aber ich werde wohl müssen«, und er wurde es. Die Wichtigtuer haben nämlich von ihm nichts gelernt, sonst hätten sie ihm nicht erlaubt, Präsident zu werden. Wer denn noch auf der Welt brächte einen derartigen Sprung übern Zaun fertig, wer? Alle Stürme hat er durchgemacht, und deshalb empfinde ich Hochachtung für ihn. Von dem Volk, da ihn gewählt hat, kann man dies freilich nicht immer sagen. Dieses Volk ist krank. Ich nehme Lech Wałęsa, den Präsidenten der Republik Polen, vor Ihnen in Schutz.

Waldemar Fydrych, warum sind Sie nicht auf ihn aufmerksam geworden? Im politischen und künstlerischen Leben Polens hat er doch ziemlich von sich reden gemacht. Ein überaus origineller und interessanter Mann. Wissen Sie eigentlich, daß er jetzt nach Paris gefahren ist, sich dort zum »Präsidenten der Polnischen Emigrantenrepublik« ernannt und alle »Londoner Regierungen« für aufgelöst erklärt hat? Und wie er das gemacht hat; man kann sich kaum ein amüsanteres Happening vorstellen.

Wojciech Jaruzelski, Ihr Idol: ihn muß ich nicht vor Ihnen verteidigen. Zugegeben, ich war einst sein Gegner, damals hätten Sie vor mir eine Lanze für ihn brechen müssen. Das ist jetzt anders. Der Kriegszustand hat mir überhaupt nicht behagt, zumal mein Sohn damals Soldat war. Ich fand, daß General Jaruzelski

193

meinen Sohn in Konfrontation zum Volk gebracht habe. Damals wie heute bin ich der Ansicht, daß es kein besonders gutes Verfahren zur Lösung von Konflikten ist, mit Panzern gegen die wehrlose Bevölkerung vorzugehen, wie es auch in den baltischen Republiken geschieht. Allein die Tatsache, daß ein General, wer immer er auch sei, an der Spitze des Staates steht, riecht immer nach Junta, Regime oder Diktatur. Aber General Jaruzelski ist ein ganz anderer Mensch, bestimmt hat er seinen Beruf verfehlt, er sollte Gedichte schreiben. Sicher glauben Sie nicht daran, daß es Menschen gibt, die außergewöhnliche Fähigkeiten besitzen, verborgene Wesensmerkmale auszusenden und zu empfangen, und dadurch recht präzise die Eigenarten von Personen oder Dingen im unmittelbaren Kontakt mit Ihnen bestimmen können. Ich möchte nicht ausführlicher auf dieses Thema eingehen, sondern sagen, daß ich nur wenig Berührung mit einem Menschen brauche, um zu erkennen, ob er wertvoll oder ein Taugenichts ist. Seit meinem ersten Gespräch mit Wojciech Jaruzelski bin ich von seiner Lauterkeit überzeugt. Außerdem: ich glaubte, zu einem General zu gehen und traf einen Humanisten und Intellektuellen. Seitdem hege ich für ihn große Sympathie.

Urban: In einem haben sie recht: es ist ein Mangel, daß ich Fydrych in meinem Buch nicht erwähnte. Fydrych hat mich immer gereizt, ich habe mit ihm sympathisiert, selbst als die Regierung, der ich angehörte, ihn gar nicht mochte. Von den echten, den gefährlichen Gegnern habe ich ihn gesondert und mich bemüht, ihn in seinem eigentlichen Format zu sehen. Ich war sogar versucht, nach Wrocław zu fahren, um ihn kennenzulernen; wollte ihm ein gemeinsames Happening vorschlagen. Das wäre ein hübscher Skandal geworden. Das waren so Ideen, für die dann die Zeit fehlte. Aber Kontakte zu ihm habe ich gesucht. Schade, daß nichts dabei herauskam. Als ich das Buch schrieb, habe ich ihn einfach vergessen. Daß er sich zum Präsidenten ausgerufen hat, weiß ich nicht, es imponiert mir aber sehr. Nach dem Spektakel, in dem man Wałęsa die Insignien der Vorkriegsregierung aushändigte, endlich mal wieder ein kluger Akzent, mit Freuden werde ich in »Nein« darüber berichten.

Die Regierung »Major« Fydrychs erkenne ich als die meine

an und werde ihre Farben tragen. Die Farbe Orange ist ein mit Galle versetztes Rot. Fydrych und Norwid sind auf dem Umschlag der polnischen Ausgabe Ihres Buches die einzigen Personen, deren Porträt nicht in Farbe erscheinen. Es fügt sich, daß ich gerade diese Menschen nicht kenne. Ich bin Wałęsa, Wajda, Cywińska und Szczypiorski begegnet, kann sie folglich in unterschiedlichem Grad als meine Bekannten bezeichnen. Jaruzelski kenne ich am besten, mit ihm hatte ich jahrelang Verbindung.

Als ich über hundert und ein paar Menschen schrieb, ohne mit ihnen zusammenzukommen, konnte ich nicht annähernd so gründlich sein wie Sie. Das war mehr eine Personenbeschreibung aus dem Kopf denn nach Dokumentationen oder persönlichen Kontakten mit diesen Leuten. Man muß das in die entsprechende Gattung einstufen. Binnen drei Wochen, ohne einen einzigen Zettel mit persönlichen Daten über diese Personen entstand dieses Buch.

Ich möchte noch kurz auf die Gestalten aus Ihrem Buch eingehen, die Sie so eifrig verteidigen.

Szczypiorski: den mochte ich nicht, vom ersten Augenblick an. Zugegeben, er wird von einem sehr starken moralischen Imperativ begleitet, seine Lauterkeit steht also außer Frage. Er schien mir zu wenig kameradschaftlich und recht unklug im Sinne des Unverstands der Intellektuellen, die über eine komplette Apparatur von Gedanken und Sprache verfügen, wohinter sich ziemlich vereinfachte, schematische Vorstellungen verbergen.

Wajda: er war ein großer, überaus bildhafter Künstler, vor allem auf den verschiedenen Gebieten der Filmkunst, denn seine Theaterarbeiten haben drittklassiges Format. Wunderbare Sachen hat er gemacht, gerade weil er im Gegensatz zu den meisten Filmschaffenden auf der Welt nicht nur nach seiner Formel arbeitete. Da ist die geniale Verfilmung der »Hochzeit« von Stanisław Wyspiański, etwas kaum Vorstellbares, denn dieses Werk atmet eine hinreißende Dynamik. Dieser »Schulschinken«, bei dem ich als Kind im Theater eingeschlafen bin, die schlimmsten Erlebnisse der Schuljahre, nicht anders als eine Lektion griechische Grammatik; da – plötzlich gingen sie dem Menschen ein, man spürte den Atem eines Meisterwerkes. Die großen Genrebilder im Film »Das gelobte Land« sind etwas völlig anderes. Dieser Film ist politisch und intellektuell ausgetüftelt. »Der Mann aus Marmor« macht wiederum eine andere Filmkategorie aus. Immer wieder schockte der Künstler uns mit etwas Neuem und Unwiederholbarem. Aber wie das Leben oft zugeht, er selbst ist eine vollkommen uninteressante Figur, das personifizierte Mittelmaß und – im Gegensatz zu Szczypiorski – völlig bar eines stärkeren moralischen Imperativs. So eine Art Salonheld, der sich der Regierung gegenüber immer vorteilhaft zu plazieren weiß, in dem gerade nötigen Maß auch untertänig ist und so unabhängig wie erforderlich, um bei der Regierung und den Kulturschaffenden geschätzt zu sein. Dank seiner Frau, der Bühnenbildnerin Krystyna Zachwatowicz, glaubte Wajda an seine Berufung als Missionar der Künste und als Politiker. Das war sein Ende als Künstler. Der beste Beweis für seinen kulturellen Verfall war der Film »Der Mann aus Eisen«, ein entsetzlicher Schmarren. Nun ist er nicht mehr Künstler und selbstverständlich auch nicht mehr Politiker, denn war für ein Politiker sollte schon aus ihm werden. Geblieben ist eine ins Zeitliche abdriftende Gestalt.

Cywińska: mit ihr habe ich einmal ein Abendessen samt Wodka vertilgt, sie ist eine gute Bekannte Rakowskis. Mir erschien sie als eine recht patente Frau. Als Kulturminister, glaube ich, war sie schauderhaft, das schlimmste Modell für eine Frau in der Regierung. Ihre Ansicht teile ich nicht, daß sie den Künstlern geholfen hat, aus der sozialistischen Wirtschaft in die Marktwirtschaft umzusteigen, oder Pfründe verteilt hat – zu nichts hat sie ihnen verholfen. Ihr Vorzug ist, daß man sie in dieser Regierung vom Künstlermilieu isolieren konnte, das selbstverständlich in gleicher Weise wie bisher auf Unterstützung pocht. Sie hat auf die Lösungen des Balcerowicz-Plans gesetzt, auf die Hungerkur für die Kunstschaffenden. Ihre Fähigkeit, sich über die mächtigen Künstlerkreise und ihre Forderungen hinwegzusetzen, ist ein Plus für sie, gerade deshalb aber wird sie jetzt vom »Milieu« gehaßt. Sie hatte weder eine Konzeption noch ein Programm.

Skorupski: Mein Interview mit Frau Cywińska veröffentlichte die »taz« in ihrem Kulturmagazin. »Die Tageszeitung« wird von vielen Kunstschaffenden in Deutschland gelesen. Frau Martiny, seinerzeit Kultursenatorin in Berlin, hat dieses Interview gelesen und Izabella Cywińska nach Berlin eingeladen. Das war der erste offizielle Besuch eines polnischen Ministers in dieser Stadt, da ja bis zu diesem Zeitpunkt Westberlin nicht als Teil der Bundesreublik betrachtet wurde. Damals legte sie ein Programm vor, in dem sie davor warnte, gedankenlos den Westen nachzuahmen, also vor dem gerade, was jetzt in Polen vor sich geht. Sie warnte vor dem Verlust der eigenen, polnischen Identität. Man muß ihr auch zugute halten, wie mutig sie ihr Repertoire zusammengestellt hat und wie sie die Regie in den Stücken führte. Ich habe mir ihre Inszenierung von »Finsternis bedeckt die Erde« nach Jerzy Andrzejewski angesehen, ein beherztes Unterfangen, wenn man es mit einigen Experimenten vergleicht, die jetzt über die polnischen Bühnen gehen.

Urban: Sie verteidigen sie auf einer anderen Ebene, als ihr meine Angriffe galten. Man muß als positiv einräumen, daß sie sich von einer fürs Theatermilieu verpflichtenden Denkweise gelöst hat, um in umfassenderen Kategorien zu denken, eben das hat sie befähigt, Balcerowicz zu unterstützen. Zugleich erwarb sie sich den Ruf eines unberechenbaren Weibsstücks, das nicht immer genau weiß, was es tut, wem es etwas zukommen läßt bzw. entzieht und wofür, und das dabei durchaus nicht ganz uneigennützig vorgeht. Als Politikerin hat sie keinerlei Profil gezeigt.

Wałęsa: vor allem ist er ein sympathischer Mann, was man in der Öffentlichkeit nicht wahrnimmt. Ein kleines Schlitzohr, oder auch die Verkörperung der von ihm repräsentierten Schicht. Er hat politischen Instinkt und sonst gar nichts, d.h. einen blinden Instinkt; er ist ein Naturtalent wie der Knabe Janko in Sienkiewicz' bekannter Novelle, gleichsam »Der Spielmann« der Politik, einer, der noch nie Beethoven gehört hat, keine einzige Note kennt, die Musik aber wahrnimmt und nachspielt, oft nur auf einer einzigen Saite.

Alles war gut, solange er nicht den Präsidentenrock anlegte, der ihn kneift und ihm auch nicht zu Gesicht steht. Das hat seinen politischen Instinkt und alles Spontane und Wertvolle in ihm kaputtgemacht. Es ist leicht, seinen Intuitonen zu folgen, wenn man Janko, der Spielmann auf dem Feld unter der Weide, ist. Jedoch in einem Orchester wie dem Staatsapparat wird ihm das, was er mit der Nase wittert, sofort ausgeredet. Er ist ein

Mann, dem das Wort nichts gilt, er ist politisch formbar und meint, was er sagt, habe keinerlei Bedeutung. Er hat die Wahl gewonnen, weil er etlichen Leuten genau das sagte, was sie hören wollten, er ging auf Effekte aus. Nun gilt es, staatliche Verantwortung zu tragen, die Worte bekommen ein anderes Gewicht. Die Bevölkerung ist schon dahintergekommen, daß überhaupt nicht zählt, was der Präsident sagt, daß er das eine Mal eine Erklärung abgibt, sie dann wieder dementiert und daß keinerlei Aktivitäten darauf folgen.

Welches Schicksal wird ihm beschieden sein? Entweder er versucht, sich aus dieser Zwangsjacke zu befreien, und erklärt: »Dieser Premier, das war meine Schuld, er war für die Katz, so habe ich das nicht gewollt.« Das kann das Volk annehmen, akzeptieren, ihm Beifall zollen. Aber solche Nummer gelingt nur einmal. Dann wird er versuchen, die Staatsorgane unter sein Zepter zu bringen und mit autoritativer statt diktatorischer Kraft zu regieren, mit dem Glauben an das Charisma des Individuums. Es ist eine Illusion, zu glauben, er brauche sich nur hinzustellen und etwas zu sagen, und alle würden ihm nachfolgen. Als Führer der aufgebrachten Massen gegen eine böse Staatsmacht wird er nicht mehr auftreten können, er ist zur politischen Auszehrung verdammt, das heißt, er muß abdanken und irgendwohin aufs Abstellgleis versetzt werden, begleitet vom öffentlichen Schamgefühl. Weshalb? Deshalb, weil er aller Wahrscheinlichkeit nicht zum Diktator, nicht einmal zu einem Halbdiktator Polens taugt. Dafür hat er nicht den Rückhalt, der ihn stützen könnte. Seine politische Basis ist einfach zu schwach. Er ist, scheint's, eine Übergangsfigur, die man dann mit Ehren abspeisen, die man bitten wird, still am Rande zu sitzen. Ihm droht kein Drama, sondern das Schicksal eines Mannes, der sich als Mißverständnis erwiesen hat, der seine Schuldigkeit getan hat, aber kraft der festgelegten Entwicklungsrichtung in eine andere, ihm nicht förderliche Epoche versetzt wurde.

Jaruzelski: Sie sprachen davon, wie Sie zu Jaruzelski gingen und ihn schematisch für einen despotischen General und somit uninteressanten Menschen hielten, dann jedoch einem feinfühligen Intellektuellen, einem denkenden und edlen Menschen begegneten. Ich glaube, wenn Jaruzelski mit jedem der achtunddreißig Millionen Polen einzeln sprechen könnte, wäre er unbestritten Staatsoberhaupt auf Lebenszeit, weil er im Handumdrehen einen nach dem anderen fasziniert hätte. Einzelnen gegenüber hat er verführerische Fähigkeiten, nicht aber den Massen gegenüber ...

Skorupski: Sie haben recht, so ist es wirklich. Eine Sache gibt mir zu denken. Jaruzelski mußte doch als Premier und Erster Sekretär der PVAP oder zuvor als Minister für Nationale Verteidigung mit Journalisten reden. Warum hat er früher nicht sein Inneres gezeigt, wie jetzt in dem Gespräch mit mir? Ich schreibe mir doch keine besonderen psychologischen Fähigkeiten zu. Übrigens hat er im Verlauf unserer nächsten Gespräche gestanden, sich nie zuvor jemandem so tiefgründig anvertraut, anders gesagt, früher niemandem das Innerste seine Seele offenbart zu haben. Schade, hätte er dies früher getan, wäre er als Mensch und nicht als Technokrat bzw. Würdenträger in Uniform von der politischen Bühne getreten. Nie zuvor hat er sich als ein so vielseitiger Denker zu erkennen gegeben ...

Urban: Das konnte und durfte er nicht. Schließlich haben Sie mit ihm in einer Periode gesprochen, als gewisse Schranken bereits gefallen waren. Wären Sie ihm ein paar Jahre früher in einer anderen Situation begegnet, dann, so befürchte ich, hätte er sich Ihnen gegenüber nicht so offen gegeben. Er hatte seine eigene, unerschütterliche Konzeption für sein öffentliches Auftreten, war streng, verschlossen, höflich, sogar galant, aber steif und undurchsichtig – geheimnisvoll. Das sein Plan, sein Image. Wir als seine Berater, zumindest ein Teil davon, haben ihm immer wieder inständig zugeredet, diese Steifheit zum Teufel endlich abzulegen und den Zauber und Charme seiner Persönlichkeit zur Geltung kommen zu lassen. Er hat unsere Vorhaltungen einfach nicht zur Kenntnis genommen. Sehen Sie, eine bestimmte geschichtliche Epoche, mit der er verbunden war, erlitt eine Niederlage, er persönlich aber hat gesiegt, und das ist ein unerhört großer Sieg. Nach dem Verzicht auf das Präsidentenamt hat er in seiner Laufbahn die höchste Popularität erreicht. Dieses Potential steht weiterhin hinter ihm, und es nimmt noch zu.

Skorupski: Die Geschichte kennt keinen Fall von »Was wäre, wenn?«. Ich weiß aber nicht, wie die Wahlen, vor allem in der zweiten Runde, ausgegangen wären, wenn Jaruzelski auf der Liste gestanden hätte ...

Urban: Nein, Jaruzelski hätte nicht gesiegt, weil er viel zu stark die vergangene Epoche, die politische Niederlage verkörperte. Selbst Menschen, die bereit sind, ihm Sympathie entgegenzubringen, hätten nicht für ihn als Staatspräsidenten gestimmt. Sie gingen zu den Wahlurnen, um Veränderungen herbeizuführen. Er hätte viele Stimmen bekommen, jedenfalls einen guten zweiten Platz. Dann wäre er ins Finale gekommen, hätte aber gegen Wałęsa verloren. Jaruzelski hat kein Fernsehgesicht, und das ist bei den heutigen Wahlen sehr wichtig.

Skorupski: Am Wahltag, dem 25. November 1990, kam er hervorragend im Fernsehen heraus, viel besser als die Journalisten, die diese Wahlsendung leiteten, er war geradezu unübertrefflich, ein Fernsehstar, und das Starlett neben ihm war seine Tochter Monika. Einen Tag zuvor sprach ich mit ihm, er war sehr beherrscht und ernst. Da ich zu den ihm wohlgesinnten Leuten gehöre, versuchte ich ihn zu überreden, sich wenigstens eines Teils der Verantwortung für den Kriegszustand zu entledigen. Man wußte doch inzwischen, daß diese am 13. Dezember 1981 getroffene politische Entscheidung eine Invasion der Nachbarländer in Polen verhindert hatte. Mit Fug und Recht hätte er jetzt sagen können: »Ich habe Polen vor der Katastrophe bewahrt.« Aber nein, er hat das ganze Gewicht der Verantwortung tapfer auf sich genommen. Mir imponiert dieser Mann.

Urban: Wir haben es mit einem polnischen Adligen und General zu tun, der das traditionelle Ehrgefühl repräsentiert und diese edle Haltung vertritt. Wenden wir uns vom Stereotyp ab und der Psychologie zu. Er ist das ganze Gegenstück zu Wałęsa. Wałęsa ist es völlig gleichgültig, was er redet. Er gibt selbst zu, daß er »früh das und abends jenes, am nächsten Tag wieder etwas anderes sagen kann«. Wałęsa empfindet Wörter nicht als eine politische Tatsache. Jaruzelski hingegen, und das ist eine seiner großen Schwächen, mißt den Wörtern übertriebene Bedeutung bei, eine viel größere als den Taten. Für ihn steht in der Politik das Wort für die Tat, ja er ist ein Gefangener seiner Worte. Dieser sein großer Fehler hat zu zahlreichen Fehlschlägen geführt. Er vertrat die in den Beziehungen zur Sowjetunion, zu den Vereinigten Staaten, in den internationalen Beziehungen und in den Beziehungen mit der polnischen Bevölkerung sehr wichtige politische These, daß der Kriegszustand eine souveräne polnische Entscheidung war, für die er selbst die Verantwortung trage und die seiner Ansicht nach besser und vorteilhafter für Polen war als die uns vermutlich bevorstehende Intervention. Über den Kriegszustand wird im allgemeinen naiv geurteilt. Viele im Westen und in Polen meinen, die Entscheidung konnte nicht souverän polnisch gewesen sein. Indessen war der Mechanismus in den damaligen Beziehungen zwischen Jaruzelski und dem Kreml ganz anders. Selbstverständlich konnte er den Kriegszustand nicht ohne Wissen der sowjetischen Seite einführen. Sie mußte etwas von den Vorbereitungen wissen. Jedoch ist es auch nicht so, daß sie ihm gesagt haben: »Führe den Kriegszustand ein« oder daß er gefragt hat: »Soll ich den Kriegszustand einführen?« Nein, so etwas gab es nicht. Niemand von draußen wollte die Verantwortung für den Kriegszustand übernehmen. Sie wollten, daß ihn Jaruzelski ohne ihre Genehmigung oder Billigung einführte, sie wollten sogar vorgeben, nichts zu wissen. Denn wenn die Sache schiefgegangen wäre, hätte man darauf entsprechend reagieren können. Mit anderen Worten, die Mächte wollten Bewegungsfreiheit haben. Wir redeten dauernd davon, daß der Kriegszustand eingeführt wurde, weil sonst eine Intervention erfolgt wäre. So wäre es vermutlich gewesen, doch das ist nur eine Hypothese. Wenn Breshnew noch lebte und man ihn befragte, würde er auch behaupten, nichts gewußt zu haben. Solange die Intervention keine beschlossene Sache war, konnte niemand wissen, ob es dazu kommen würde. Die Vorbereitungen für die Intervention gingen vor sich wie eine Theaterinszenierung, eine Art Druckmittel. Alles hing vom Geschehen in Polen ab. Solange kein Blut floß, war alles gut. Wenn in Polen Blut geflossen wäre, hätten selbst die Amerikaner die Russen aufgefordert, in Polen Ordnung zu schaffen, Dann wären die Russen sicher einmarschiert, vielleicht sogar unter der Schirmherrschaft der UNO, was weiß ich ... Darauf gibt es keine Antwort. Wann sich Jaruzelski für den Kriegszustand entschieden hat? Sonnabend drei Uhr gab er Befehle, die dann unumstößlich waren. Bis dahin hatte er geschwankt. Alles war in unterschiedlichem Maße und in verschiedenen Varianten vorbereitet. Das ist übrigens unwesentlich, denn jede Regierung ist auf diverse Situationen vorbereitet, sollte es wenigstens sein. Wichtig war jedoch nur die Ein-Mann-Entscheidung Wojciech Jaruzelskis. Man muß die Mechanismen der Politik kennen, um zu verstehen, wie es vor sich ging. Freilich, wäre die Sowjetunion nicht dagewesen und hätte Polen isoliert dagestanden, hätte Jaruzelski den Kriegszustand nicht einführen brauchen. Dann hätte es die Ursache, die Angst nämlich vor der Intervention, über die er sich Rakowski gegenüber äußerte, wenn es dazu käme, würde er sich eine Kugel in den Kopf jagen, nicht gegeben. Außerdem wäre er gar nicht mehr an der Macht gewesen, denn ohne die Sowjetunion hätte die »Solidarność« die Macht übernommen...

Skorupski: Bedeutend früher...

Urban: Eben, und das ganze »Was wäre wenn«-Gerede hat gar keinen Sinn.

Skorupski: Ich möchte noch einmal auf Ihre Buch »Urbans Alphabet« zurückkommen. Dort haben Sie zwar nicht die Formulierung gebraucht, daß wir Polen Hinterwäldler sind...

Urban: Aber ich könnte es sagen...

Skorupski: Genau. Hätte dieses Buch, in fremdsprachigen Übersetzungen, in anderen Ländern auch so großen Erfolg? Wohl nicht... Ich genieße gewissermaßen den »Luxus«, von außen auf Polen sehen zu können, wie auf eine Theaterbühne, auf der etwas passiert. Von außen sieht man manches besser. Sie stecken drin in diesem »polnischen Müllhaufen«. Ihre Art, die Welt wollüstig zu betrachten, liegt mir nicht. Es ist zwar nicht meine Angelegenheit, aber Ihre Art empfinde ich als recht heuchlerisch, das ist vielleicht eine Frage Ihres Charakters. Was mich an Ihrem Buch fasziniert, sind das große Quantum an Intelligenz und der authentische Humor. Doch zur Sache. Ich habe in Ihrem

Buch nur an die zwanzig Personen gefunden, die man auf die
»Weltliste« setzen könnte. Der Rest, das sind eher Lokaltalente,
Provinzgrößen. Haben Sie die beste Garnitur in Polen nicht bemerkt, weil Sie sich das nicht leisten konnten? Wußten Sie nichts
von diesen Leuten, oder wollten Sie sich nicht sehen? Sie haben
über lebende Menschen geschrieben, gewissermaßen auf meine
Anregung schrieben Sie auch über den 1983 gestorbenen Andrzejewski...

Urban: Das war ein Fehler, das ist der einzige Fall. Danach ließ
ich es bleiben.

Skorupski: Unter den Lebenden haben Sie die Wichtigsten nicht
bemerkt, zumindest nicht alle. Nehmen wir nur drei aus jeder
Kulturdisziplin, beispielsweise der Philosophie. Natürlich haben
Sie Adam Schaff erwähnt. Dagegen war kein Platz mehr für Bruder Józef Bocheński, Leszek Kołakowski und für Andrzej
Walicki. Ohne sie wäre die moderne polnische Philosophie arm
dran. In der Literatur fehlt mir Józef Lobodowski, auch fehlt der
Nobelpreisträger Czesław Miłosz, den Sie, wie ich annehme,
nicht sehr schätzen. Aber gerade deshalb wäre es interessant,
Ihre Meinung über ihn zu lesen. Schließlich fehlt mir noch ein
Dichter, der Pfarrer Jan Twardowski...

Urban: Ich ging von Leuten aus, die hier im Lande, in Polen leben...

Skorupski: Nicht unbedingt, denn Adam Schaff haben Sie auch
genannt...

Urban: Er ist mal hier, mal dort. Von allen, die Sie aufzählten,
hätte ich nur über Kołakowski schreiben können, den kenne ich.
Und dann wurde das Buch nicht für eine besondere Elite geschrieben...

Skorupski: Wenn Sie sich auch von der intellektuellen Sphäre
fernhielten, sollte man doch das gemeine Volk wissen lassen,
welche Persönlichkeiten Polen besitzt.

Urban: Ich bitte Sie! Unterstellen wir ganz einfachen Fakten nicht nachträglich eine Idelogie. Den Auftrag habe ich von einem Verleger bekommen und zugestimmt, daß ich das Buch einen Monat später zum Druck abgebe. Dokumentationsarbeit kann ich nicht ausstehen. So habe ich nur Impressionen aufgezeichnet, über die ich etwas von mir geben konnte, aus der Erinnerung oder aus sehr allgemeinen Kenntnissen. Das ist kein Buch über hundertundeine Persönlichkeit, sondern ein politisches Buch, das meinen Standpunkt darstellt durch ...

Skorupski: Das ist vor allem ein Buch über Sie selbst.

Urban: Ja, in zweiter Linie ist das auch ein Buch über mich. Ich wollte keine Memoiren schreiben, dafür habe ich weder das Gedächtnis noch die Unterlagen. Außerdem schreiben so viele Leute ihre Erinnerungen, immer über dasselbe. In letzter Instanz ist es ein subjektives Buch über die darin vorkommenden Personen, über meine Sympathien und Antipathien ihnen gegenüber.

Skorupski: Wenn Sie erlauben, bringe ich meine Liste mit den Persönlichkeiten zu Ende, die kennenzulernen ich Ihnen empfehlen möchte und über die Sie in Zukunft einmal schreiben könnten.

Urban: Ich bin von vornherein davon ausgegangen, daß mein Buch sich für eine Übersetzung nicht eignet ...

Skorupski: In der Musik sind das Witold Lutosławski, Andrzej Panufnik und Krzysztof Penderecki oder auch den Entdecker neuer Töne Witold Szalonek und eine Menge wunderbarer Interpreten, Sänger, Pianisten und Geiger.
   Im Film gibt es bei Ihnen Andrzej Wajda und Krzysztof Zanussi. Doch fehlt mir der jüngere Kieślowski oder auch Marczewski, die bereits viele wertvolle Preise bekamen.
   In der bildenden Kunst hätten Sie sich um ein Happening mit Tadeusz Kantor bemühen können, der damals, als Sie dieses Buch schrieben, noch lebte. Sie hätten den Vorläufer der »neuen Wilden«, Władysław Popielarczyk, den Pionier der interna-

tionalen »pop art«, Władysław Hasior, und schließlich, wie schon erwähnt, Waldemar Fydrych aufnehmen können.

Im Theater haben Sie Grotowski bemerkt. Aber dem Theatergipfel hätte ich auch Leszek Mądzik aus Lublin zugeordnet, seine plastische Experimentierbühne ist weltberühmt. Da hinein gehörten auch Tadeusz Kantor mit seinem Theater »Cricot[2]« und ganz Gardzienice.

Urban: Sie reden schon wie ein Verleger mit mir, der die Grundkonzeption für ein neues Buch vorschlagen möchte. Man kann meine Prinzipien kritisieren, sie sind methodologisch wirklich nicht besonders gut, zumal es sich nicht um einen bewuußt ausgewählten Kreis erhabener Persönlichkeiten handelt. Die Leute kennt, von einigen Ausnahmen abgesehen, niemand auf der Welt. Aber ich habe sie mir zunutze gemacht, um etwas zu erzählen, Histörchen oder auch ein Stückchen aus meinem Leben. Es kommen auch Personen vor, die ein bißchen skandalumwittert sind, um auch den Lesern mit schlechterem Geschmack etwas Stoff zu geben. Die Motive sind unterschiedlich, einige sind aus den Fingern gesogen, bloß damit etwas losgeht.

Sie werfen mir mit geradezu deutscher Pedanterie vor, daß ich kein ordentliches Buch geschrieben habe, in dem ein Gebiet nach dem anderen abgearbeitet wurde, gleichsam eine Aufstellung der repräsentativsten Namen mit konkreten Daten usw. Ich habe etwas ganz anderes gemacht. Zuerst habe ich mir einen Buchstaben ausgesucht und dann überlegt, wer da wohl hineinpassen könnte. Mein Buch ist ein leicht gemixter Cocktail von Gestalten und Erinnerungen.

Skorupski: Ihre Unverblümtheit, die ungenierte Art, Ihr Urteil über Menschen auszudrücken, bringt viele in Verlegenheit. Trotzdem ist das Buch ein Bestseller geworden. Sie sollten mir Glauben schenken, daß solch ein Buch einen anderen Rang bekäme, wenn bedeutendere Namen enthalten wären. Sie haben das polnische Krähwinkel dargestellt, und das ist für einen Außenstehenden zu wenig...

Urban: Das ist zweifellos eine Schwäche des Buches. Ich hatte weder Zeit noch Lust, mehr Arbeit hineinzustecken.

Skorupski: Um das Gespräch über Ihr Buch abzuschließen, möchte ich noch etwas ergründen, was mich als Menschen berührt, der auf jegliche Art von Diskriminierung besonders empfindlich reagiert. Sie sind Jude, weshalb schreiben Sie das Wort immer klein, obwohl doch die polnische Rechtschreibung eine Großschreibung vorgibt? In Polen wird so viel über Antisemitismus geschrieben, und hier erscheint plötzlich ein Jude selbst wie ein Antisemit, der das Wort »jude« wie ein Nationalist in seinen schmutzigen Broschüren schreibt. Ich bin kein Jude, doch mich verletzt und schmerzt es ...

Urban: Hier liegt ein Mißverständnis vor. Sie interpretieren die recht komplizierten Regeln der polnischen Orthographie falsch. In Polen wird »Jude« als Angehöriger einer Nationalität groß geschrieben, der »jude« als Angehöriger einer Religion aber schreibt sich wie der »christ« klein.

Skorupski: Sie können mir nicht einreden, daß Sie es nur mit orthodoxen Juden, also den mit den kleinen Anfangsbuchstaben zu tun haben. Die Rechtschreibregeln kenne ich, ein bißchen Polnisch kann ich auch schreiben ...

Urban: Ich habe das intuitiv geschrieben, und wie man sieht, wurde das nicht korrigiert.

Skorupski: Das heißt, die Kleinschreibung hat nicht die Bedeutung »Nein«?

Urban: Absolut nicht!

Skorupski: Das beruhigt mich, weil ich deswegen schon eine ungute Meinung über Sie hatte, die kann ich zum Glück jetzt ändern. Wechseln wir auch unser Gesprächsthema und versuchen wir, den realen Sozialismus mit dem Pludemismus auf dem Gebiet der staatlichen Organisation zu vergleichen. Vorher gab es eine große Hauptpartei, die Kommunistische, um die sich die paar kleinen Parteien und viele andere »Satelliten« gruppierten, mit deren Hilfe der Eindruck erweckt werden sollte, daß in dieser Einheit dennoch Vielfalt vorhanden sei. Jetzt ist es genau umgekehrt. Man will den Eindruck hervorrufen, daß sich in der Vielfalt doch irgendwie Einheit verbirgt. Künstliche Körperschaften werden gebildet, denen verschiedene Parteien angehören. Selbst die Sozialdemokraten haben sich dort eingeschrieben, um zu beweisen, daß die Polen geschlossen und gemeinsam vorgehen. Früher hat man »zusammen« den Sozialismus aufgebaut, jetzt kehrt man »zusammen« zum »Urzeit«-Kapitalismus zurück. Mit Armut, Kälte und Hunger, aber *zusammen*! Was halten Sie davon?

Urban: Ich denke, das ist wie bei dem »Juden« mit kleinem Anfangsbuchstaben. Sie messen der Phraseologie, die jede Staatsmacht auf der Welt benutzt, eine besondere Bedeutung bei. Ob Bush, ob Mitterand, ob Gorbatschow oder irgendein anderer, sie alle suchen in den verschiedenartigen Ansichten, Bekenntnissen, Bestrebungen, Erwartungen und Sehnsüchten nach Unterstützung für ihre Politik, und das bezeichnen sie dann als Einheit oder Geschlossenheit. Sie verwenden verschiedene Parolen wie Freiheit, Demokratie, Universalismus und Einheit, aber alles dreht sich um ihre eigene Politik. Genauso faselt die jetzige Regierung, die die Verschiedenartigkeit der polnischen Gesellschaft respektieren muß. Ebenso hat einst Jaruzelski gesprochen, wie auch ich als sein Mitarbeiter. Nur nannten wir das Staatsräson, was auf dasselbe hinausläuft. Jede in einem Staat organisierte Gesellschaft hat gewisse gemeinsame Dinge und Merkmale, jede Regierung stützt sich darauf. Was macht dagegen Wałęsa in seiner verflixten politischen Ratlosigkeit? Er imitiert Jaruzelskis Gedanken mit dem Konsultationsrat, um auch hiermit zu beweisen, daß er der Präsident aller Polen ist. Um unabhängig zu werden, schüttelt er ziemlich rücksichtslos die Kräfte ab, die ihn unterstützt haben. Alle sind gelaufen, haben sich ihm verschrieben. Die einen, um ihn zu unterstützen, die anderen, weil es sie gar nicht gibt und sie auf diese Weise erst einmal existent wurden. Dritte, weil sie sich mit dem Dreck des Kommunismus beschmutzt haben, sie treten ein, damit der Präsident sie ein bißchen reinwäscht. Jeder hat ein Geschäftchen im Sinn, wenn er diesem Präsidentenrat beitreten will. Am Ende brauchte man sich nicht einmal persönlich hinzubemühen. Die Telefonistinnen nehmen ja die Anmeldung an. Dieser ganze

Rat kann wohl nicht so wichtig sein, wenn er nicht zusammenzutreten braucht. Tritt er aber zusammen, weil sich gewisse Bürokraten um solche Zusammenkünfte kümmern, dann nur, um irgendeine bombastische Rede anzuhören. Und das ist schon die ganze Arbeit. Diese Sache hat überhaupt keine Bedeutung.

Skorupski: Nicht alle haben sich eingetragen, die Sozialisten und das Mazowiecki-Lager sind nicht hingegangen.

Urban: Das hat gar nichts zu sagen. Wałęsa will wie Noah zeigen, daß er alle seine Tiere wie in einer Arche aufnehmen kann, denn er ist der Führer der gesamten Nation.

Skorupski: Sie wollten doch kein Futurologe sein ...

Urban: Ich kann keiner sein!

Skorupski: Versuchen wir dennoch eine Prophezeiung. Wir haben über Revolutionen gesprochen. Die ganze Welt, nicht allein in Frankreich, hat 1989 den Jahrestag der Französischen Revolution begangen, während deren Verlauf die Guillotinen pausenlos in Aktion waren. Dennoch wurde dieses Jubiläum gefeiert. Was meinen Sie, werden 2117 unsere Nachkommen Sekt trinken anläßlich des 200. Jahrestages der Oktoberrevolution, die nicht nur 1917, sondern auch in den darauffolgenden Jahrzehnten unendlich viele Blutopfer forderte? Gestern Nacht sah ich den Film »Feliks Dzierżyński«, anschließend wurde ein anderer Film über die Zerstörung des Feliks-Dzierżyński-Denkmals in Warschau gezeigt ...

Urban: Diesen Film habe ich mir auch angesehen. Ganz sicher werden unsere Nachkommen Sekt trinken. Es ist eine Eigentümlichkeit der Menschheitsgeschichte, daß man nach ein paar Jahren so ziemlich alles feiert, was für die Historie wichtig und grundlegend war. Blut ist kein Kriterium. Wenn man unterlassen wollte, die Jahrestage blutiger Ereignisse zu begehen, müßte man aus dem Geschichtskalender das meiste streichen. Selbst wenn 2117 keine Spuren mehr von dem Experiment zu sehen sind, mit dessen Verwirklichung man zweihundert Jahre zuvor in Rußland begonnen hatte, wird diese Welt derart stark davon geprägt sein, da ohne dieses Experiment der westliche Kapitalismus nicht in dieser Ausgabe existiert hätte. Es ist und bleibt ein wichtiges Datum in der Menschheitsgeschichte.

Die Sache mit dem Film über Dzierżyński eignet sich vielleicht nicht für Ihr Buch. Aber als Fachmann für Propaganda und Politik habe ich mich gestern abend über die jetzigen Verantwortlichen für das Fernsehen vor Lachen gekugelt. Die neuen Machthaber Polens glauben in ihrer Arroganz, jeder teile automatisch ihre Ansichten und spucke auf alles Rote und Russische. Sie hielten diesen Film für einen Stoff, mit dem man das Thema Dzierżyński endlich ein für allemal abhaken kann. Deshalb haben sie so intensiv für ihn geworben. Der Film ist indessen so geschickt gemacht, daß er faktisch die stalinistischen Verbrechen verschleiert. Gezeigt wird Dzierżyński als der großartige und einnehmende Mensch, der er in gewissem Maße wirklich war. Er beinhaltet heute sehr moderne Reflexionen über Hunger, menschliche Tragödien und Schlechtigkeiten, gegen die Dzierzynski ankämpfte, so daß der Durchschnittszuschauer den Eindruck haben konnte, der Dzierżyński war doch eigentlich ein ganz sympathischer Kerl.

Skorupski: Dzierżyński war ein polnischer Adliger ...

Urban: Ja eben, und nach diesem sympathischen Porträt von Dzierżyński hat man dann den anderen Film über die brutale Zerstörung seines Denkmals gezeigt, das hat dann sicherlich bei den Zuschauern eine ganz entgegengesetzte Wirkung hervorgerufen. So hätten es auch die Kommunisten dargestellt, erst den Film über diesen edlen Menschen und dann, wie der Mob brutal und gemein sein Denkmal stürmt. Das mußte zwangsläufig den verkehrten Effekt erzielen. Sie haben schon recht, dieser Pludemismus, wie Sie ihn nennen, unterscheidet sich wenig vom Kommunismus.

Skorupski: Muß man den Marxismus unter Verlust abbuchen?

Urban: Nein, den Marxismus muß man nicht abschreiben. Er selbst hat dazu Anlaß gegeben, als er sich, entgegen der eigenen

Theorie, als allgemeingültige, religiöse Wahrheit deklarierte, die er selbstverständlich nicht ist. Hätte sich der Marxismus als eine die moderne Welt mitgestaltende Doktrin behandelt, stünde er unter den anderen Doktrinen an zweiter, wenn nicht gar an erster Stelle. Nach wie vor besitzt er seine Werte, er hat sie nicht verloren. Freilich kann eine vor 150 Jahren gezogene Analyse der Lage und Entwicklung heute nicht mehr aktuell sein. Die ganze Methodologie, vor allem die historischen Analysen und das Denken in den Kategorien der dialektischen Philosophie betreffend, wird dagegen immer aktuell bleiben, denn im Marxismus ist das ganze Denksystem der Menschheit enthalten, selbst wenn wir die Bezeichnung dafür ändern sollten.

Skorupski: Sie bezeichnen sich als Atheist. Sollten Sie sich nicht besser einen Freidenker nennen? Ich will nicht, daß Sie »Ja« sagen. Sagen Sie ruhig weiter »Nein«, aber Ihr »Nein« sollte kein wütender Ruf sein. Der Atheist ist nach Ansicht Pfarrer Twardowskis ein Frömmler, der am gegenüberliegenden Ufer steht. In der polnischen gesellschaftspolitischen Landschaft, wo die Kirche eine so wichtige Rolle spielt, sollte man übereinstimmende Punkte suchen. Ständig »Nein« zu rufen löst Frustationen in der Gesellschaft aus. Überhaupt ist im Leben eines jeden Menschen ein bißchen Mystizismus nötig. Seelen ohne Mystizismus sind kalt, sind nicht mehr menschlich, sie können sich in Bestien verwandeln ...

Urban: Ich würde keine Punkte eines gemeinsamen Handelns suchen, hier geht es um eine individualistische Haltung, bei der keiner Gott, Kirche oder Religion behelligt. Ich mache dies, weil da eine leere Stelle ist, die ich der Hygiene des geistigen Lebens wegen besetzen möchte, und sei es nur, um die Wirkungen der Demokratie spürbar zu machen. Die Ansicht Pfarrer Twardowskis teile auch ich, daß ein Gegner Gottes lächerlich ist; wer der Meinung ist, daß es keinen Gott gibt, wird zum Gegner eines Nichts, gewissermaßen zu einem Don Quichote, der mit dem Säbel die Luft durchschneidet. Ich habe »Atheist« gesagt, obgleich »gottlos« besser wäre, es bedeutet nicht »Antitheist«, sondern nur »Atheist« und besagt, daß man die Existenz Gottes abstrahiert. In landläufiger Bedeutung ist dies einfach ein Ungläubiger. In Polen reagiert man dem Phänomen Glauben und seinen Symbolen gegenüber empfindlich. Schuld daran sind die Wunden aus der Zeit der Religionskämpfe. Die meisten Menschen sind religös neutral. Für alle Fälle widersetzt man sich der Religion nicht, denn ihre Kraft ist so groß, daß man keinen Streit mit ihr anfangen sollte. Meiner Ansicht nach muß man gegen diesen Komfort der Funktionsweise der Kirche als eine bestimmte Art von Tabu ankämpfen. Der Klerus ist jetzt so übermütig geworden, daß er offene Widerstandsreaktionen entfacht hat, die es zu Zeiten des realen Sozialismus nicht gab. Was allerdings die philosophische Ebene betrifft, daß man gegen den Herrgott nicht kämpfen kann, wenn man nicht an ihn glaubt, so stimme ich dem auch nicht ganz zu. Ich halte Gott für eine bestimmte Begriffsfälschung, daher bekämpfe ich die Fälschung, auf deren Grundlage das nächste Stockwerk des Bösen aufgebaut wird, beispielsweise in Form des Klerus, der das gesellschaftliche Leben vergiftet und versucht, die staatliche Gesetzgebung in seine Gewalt zu bekommen. Warum muß ich, wenn ich der Ansicht bin, daß es ihn nicht gibt, alle Konsequenzen Gottes annehmen? Deshalb kämpfe ich gegen ihn an.

Skorupski: Meinen Sie nicht, daß Sie damit die Rechte anderer auf Gott, an dessen Existenz die meisten Menschen doch glauben, verletzen? Wie halten Sie es denn mit der Toleranz?

Urban: Die Kirche sagt doch auch, daß der Mensch ihrer Wahrheit folgen und sie ernst nehmen soll. Genauso mache ich es und nehme meine Wahrheit ernst. Für die Kirche ist es gar nicht wichtig, ob die Menschen glauben oder nicht, sondern nur, daß die aus der Existenz Gottes abgeleitete Doktrin die einzig richtige ist. Dies mag für die politische oder gesellschaftliche Funktionsweise sogar brauchbar sein, ist jedoch intellektuell unehrlich.

Skorupski: Ein Quäntchen Mystizismus im Leben hilft einem als Individiuum. Wenn dieses Individuum in sein Inneres blickt und mit sich abrechnet, werden die Überlegungen über das gesellschaftliche Leben vollkommener. Wenn das Innere der Seele zur Ruhe gekommen ist, gleich ob bei einem gläubigen oder einem ungläubigen Menschen, ist es moralisch bereichert und wertvoll durch seine Empfindsamkeit. Dabei denke ich an den irrationalen und rationalen Mystizismus, der in jedem Menschen verborgen ist. Man muß ihn nur finden. Ich kann mir unser Land nicht recht vorstellen, wenn darin alle Polen plötzlich kämpferische Atheisten wären – eine einzige Katastrophe! Ein Kerl, der ständig »Nein« ruft, könnte sogar für die Umgebung gefährlich sein, nicht wahr?

Urban: Ich bin nicht der Partner für dieses Gespräch. Doch weiß ich, daß die Religion immer als Kandare bestanden hat. In den Oberschichten des 18. und 19. Jahrhunderts vertrat man die Ansicht, die Religion würde gebraucht als Stütze der bestehenden Ordnung, sogar wenn diese Oberschichten sehr freidenkerisch waren und selbst etwas ganz anderes glaubten. Für die Elite die Zügellosigkeit – für die kleinen, braven Leute die Religion. Es war und ist so, daß bestimmt ein hoher Prozentsatz Menschen nicht stiehlt, weil er von der Kirche beeinflußt wird. Das Gotteshaus ist auch ein Platz, wo sich der Mensch, selbst wenn er nicht unbedingt gläubig ist, auf den Sinn des Lebens konzentrieren kann. In der Küche, wo die Kinder plärren, ist nicht immer Gelegenheit dazu. Sie haben recht, ohne diese Ausbeute gäbe es die Religion, den Klerus und seine Positionen nicht.

Skorupski: Der Nutzen ist größer als der Verlust, ganz gewiß ...

Urban: Ich bin ein großer Anhänger des Rationalismus, und die in jedem Menschen angelegten metaphysischen Elemente sind bei mir besonders unterentwickelt. Ich erinnere mich, daß ich, um diesen Makel auszugleichen, in jungen Jahren, wenn ich in der Schule mit Fehlschlägen oder mit der Einberufung zur Armee rechnen mußte, einen Pakt mit mir selbst abschloß. Falls ich Glück hatte, wollte ich das oder jenes tun oder auch nicht. Solche Wetten mit sich selbst bedeuten, daß man sich auf das Absolute beruft. Voller Scham muß ich eingestehen, daß so etwas in meinem Leben vorgekommen ist. Wenn es aber in meiner Macht gestanden hätte, das Phänomen Religion aus der Welt zu schaffen, indem man mir z.B. einen Bogen Papier hingeschoben und gesagt hätte, ich müsse nur unterschreiben und die Religion würde verschwinden, dann hätte mir die Hand gezittert. Ich weiß nicht, ob ich gewagt hätte, die Religion, dieses menschliche Bindemittel, zu eliminieren. Solange die Religion jedoch besteht und sich stark fühlt und alle mit dem Schwanz wedeln oder sich fürchten, kann ich als Redakteur der Zeitschrift »Nein« Tabus brechen und die öffentliche Meinung davon zu überzeugen versuchen, daß man sich der Religion widersetzen kann. Damit mache ich den Leuten irren Mut, den Klerus zu bekämpfen, was nicht unbedingt bedeuten muß, Protest gegen die Kirche und den Herrgott entfachen zu wollen, eher gegen die üblen Erscheinungen, die die Religion mit sich bringt. Darin sehe ich eigentlich die Erfolge meiner Wochenzeitschrift »Nein«. Das verleiht mir Zufriedenheit, nicht, weil ich den Herrgott am Bart zupfe, sondern weil ich dem arroganten und ungeheuer aufgeblasenen polnischen Klerus die Ohren langziehen kann.

Skorupski: Anarchie wird in Polen immer mit etwas Schrecklichem in Zusammenhang gebracht. Das Wort steht für alles Böse. Sobald in der Bevölkerung etwas nicht gelingt, nennt man es Anarchie. Interessant, daß dieser Begriff nicht für den »polnischen Müllhaufen« verwendet wird. Ich verbinde die Anarchie mit dem Mystizismus, über den wir so viel gesprochen haben. In der Schweiz ließen sich zwischen den Städten La Chaux-de-Fonds und St. Imier vor Jahren Anarchisten nieder, die durch die Revolution aus Rußland ausgewiesen worden waren. Ihr geistliches Oberhaupt war der Prinz Pjotr Alexejewitsch Kropotkin. Die Menschen leben dort in enger Brüderschaft; jede Begrüßung ist eine feierliche Handlung, ihr Essen schmeckt ihnen, wie es Gott in Frankreich schmeckt, selbst der Tee duftet besser. Sie sind der Kunst gegenüber sehr aufgeschlossen, und sie haben vortreffliche Organisationsformen. Ich glaube, sie sind auch voller Mystizismus. In Polen höre ich immer »Das ist Anarchie« oder auch »Das ist Afrika« und »Das ist Asien«, als ob diese Begriffe schlimmer sein müßten als der polnische Sumpf, in dem alle versinken. Das hat mit dem typischen polnischen Komplex zu tun, im Zusammenhang mit dem vieldiskutierten Anschluß an Europa oder mit irgend jemandes Armut. Ähnlich schlagen Sie sich mit dem Religionskomplex herum, nicht war?

Urban: Ich habe viele Gebrechen, die ich aufzählen könnte. Zum Beispiel könnte ich nicht mit einer Prostituierten schlafen, was mir sehr leid tut, denn ich bin innigster Anhänger dieser Institution. Ich preise die bezahlte Liebe, aber da gibt es einen gewissen aus meiner Jugend herrührenden Freudschen Komplex, daß ich sie nicht vollziehen kann. Ein anderes großes Problem ist meine mangelnde Neigung zum Mystizismus und zu der damit verbundenen Sensibilitätssphäre. Ich bin ein ganz gewöhnlicher Mensch mit seinen Unvollkommenheiten. Ich habe eine Frau mit mystischen Neigungen, und ich finde diese lächerlich. Doch wage ich nicht laut zu lachen, sonst bekäme ich nämlich eins aufs Maul. Ich weiß nicht, wie diese Sachen heißen, aber sie sind sehr seltsam. Wenn sich meine Frau beispielsweise nicht wohl fühlt, faßt sie bestimmte Gegenstände nicht an, legt sich etwas unter den Kopf, übt irgendwelche Zauberkunststücke aus, die sie sich angelesen hat, usw. Sie hat sich verschiedene Magier kommen lassen, die irgendwelche Bioströme ausnutzen oder was weiß ich für Scharlatanerien betreiben. Alles ist ganz auf Nützlichkeit bedacht, das heißt, diese Geister werden ausschließlich zu ihren Gunsten in Bewegung gesetzt. Es handelt sich hier nicht um uneigennützige Kontakte mit dem Absoluten oder auch mit seinen Geistern. Das ist etwas mir Unverständliches, vor allem aber begreife ich diese mystischen Neigungen meiner Frau überhaupt nicht.

Skorupski: Ist es nicht vielmehr so, daß die Wissenschaft noch nicht alle Geheimnisse dieser schönen Welt erforscht hat? Ich habe auch Heilfähigkeiten, von denen Sie sprachen. Auch Sie können sie haben. Sie müßten sie nur mobilisieren. Nach dem Gespräch mit mir werden Sie sich bestimmt besser fühlen, manchen Menschen empfehle ich, meine Gedichte zu lesen, meine Musik zu hören oder meine Bilder zu betrachten. Denn Kunst hat ganz allgemein heilsame Wirkung, das kann ich Ihnen versichern. Diese Heilfähigkeiten besitze ich erst seit kurzem, genau gesagt, nach dem Tod meines Vaters, der sie gewissermaßen an mich weitergegeben hat. Hier beginnt nun die absolute Metaphysik, von der ich rein gar nichts verstehe. Ich kann Ihnen sagen, daß ich selbst durch andere Heilkünstler geheilt wurde. Vor nicht langer Zeit war ich recht krank, obwohl mir das kaum jemand, der mich sah, glauben wollte, weder die Professoren an der Universitätsklinik noch der Richter auf dem Gericht (er glaubte, ich simuliere), auch nicht der Facharzt im Ambulatorium »Alfa«. Zufällig begegnete ich einem Medizinstudenten, der einst einem von Kirche zu Kirche wandernden Heilkünstler assistiert hatte. Er verwies mich an den Vater Gwidon, der gerade in Warschau zu Besuch war. Hin zur St.-Annen-Kirche ging ich an Krücken, auf den Arm meines Sohnes gestützt. Ich will Ihnen hier nicht das ganze Ereignis beschreiben, nur sagen, daß mir Vater Gwidon nach der Behandlung befahl, zuerst eine Kniebeuge zu machen und anschließend zu hüpfen. Ich gehorchte, verwundert, daß mir nichts mehr weh tat. Zum Erstaunen der in Reihe wartenden Menge ging ich fort wie neugeboren. Danach war meine ganze rationalistische Weltsicht zum Teufel. Weiß Gott, ich habe nichts gegen die klugen Ärzte, die mich nicht zu heilen vermochten, denn sie gaben sich ernsthaft Mühe, nur ist es ihnen nicht gelungen. Mit anderen Worten, ein Geheimnis muß nicht unbedingt mit Scharlatanerie verbunden sein, wie Sie meinen.

Urban: Sie vertreten eine gängige, weitverbreitete, um nicht zu sagen banale Ansicht. Wenn mir in meinem über fünfzigjährigen Leben so etwas begegnete, dann würde ich, um meine kühlrationalistische Weltanschauung zu retten, zu allen Mitteln greifen, die diese Erscheinungen auf wissenschaftliche Weise erklären können, zu Büchern, die von Suggestion handeln, von Krankheiten, die wie in Ihrem Fall eine geheimnisvolle und unerforschliche Ursache haben. Ich würde so lange lesen, bis ich endlich etwas erfahren hätte. Einen Teil dieser Erscheinungen hat Freud erklärt, den anderen können die Psychotherapeuten erklären. Das hat nichts mit Mystik zu tun. Anders als auf rationalistische Weise kann ich mir nichts erklären. Ich wurde in marxistischer Tradition erzogen, die besagt, die Welt ist noch nicht bis in letzte erforscht; sie besagt aber nicht, daß die Welt nicht erkennbar ist. Diese Doktrin besagt aber auch, daß die Welt nie völlig erforscht sein würde. Daher wird immer irgendein Vater Gwidon kommen, der, mag sein, neue Pfade bahnt. Nur bin ich ein zu großer Ignorant, als daß mich dies beunruhigen würde. Ich weiß nicht, warum diese Glühlampe brennt und was Elektrizität ist. Wenn sie morgen eine neue Art von Elektrizität entdecken, glaube ich ihnen, weil mir nicht in den Sinn kommt, dagegen zu argumentieren. Außerdem wäre ich, wenn ich das täte, ein Vollidiot. Ich bin ein so großer Ignorant, daß man mir alles einreden kann, man braucht nur mit der entsprechenden, meinem schwachen Geist angepaßten Apparatur zu arbeiten, das heißt, man muß es mir wissenschaftlich erklären. Heute wird alles nur auf diese Weise begründet. Wenn ich sehe, daß da Betrug im Spiel ist, glaube ich einfach nicht daran. Ich hüte mich vor irgendwelchen unnützen Überlegungen, in der Annahme, daß ich das schwarze Loch im Kosmos nicht begreifen kann. Dennoch mache ich mir, im Gegensatz zu den meisten Menschen, die Mühe, über dieses Thema etwas zu lesen. Die vierte Dimension verstehe ich nicht, wenngleich ich die populärwissenschaftlichen Vorlesungen der Neopositivsten gehört habe, die angeblich diese Dinge am besten erklären. Ich habe mich bereits daran gewöhnt, daß ich nicht geschaffen bin, bewußt und intellektuell die Gegenwart zu erleben, da ich sehr weit von der Zivilisation entfernt bin und einen überaus ungelehrigen Verstand habe. Vielleicht ist der Szientismus des 20. Jahrhunderts Selbstverteidigung meiner Ignoranz. Alles ist für mich ein Teil der materiellen Welt und nicht des Absoluten. Wenn wir manches noch nicht wissen, bedeutet es nicht, daß wir es nicht einst erfahren werden. Ich spreche vom irdischen Maßstab, denn der kosmische Maßstab ist unfaßbar für mich und wohl überhaupt nicht zu fassen.

Skorupski: Schreckliche Kriege finden auf der Welt statt, und nicht immer ist zu erkennen, auf wessen Seite das Recht ist. Akzeptieren Sie den Begriff des gerechtes Krieges?

Urban: Den Begriff des gerechten Krieges möchte ich stark relativieren. Der Krieg im Nahen Osten weckt gemischte Gefühle. Einerseits sollte die internationale Gemeinschaft ein wirksames Instrument zur Lösung von Konflikten zwischen den einzelnen Ländern in Händen halten. Beispielsweise wenn ein Land ein anderes überfällt, muß man den Status quo ante – die zuvor bestehende Lage – wiederherstellen können. Sonst würde die Neigung zu lokalen Kriegen die ganze Welt überfluten.

Die pragmatischen Gründe der Amerikaner, die für ihre Aktion internationale Unterstützung bekamen, sind richtig, und auf diese Ebene hege ich für Bush Sympathie. Andererseits schaue ich Saddam Hussein zu, sympathisiere nicht mit ihm, schaue ihm nur zu. Denn im Zusammenhang mit dem Geschehen in der Sowjetunion wird die politische Weltarchitektur in diesem Augenblick gefährlich. Alle haben vorausgesagt, daß sich die Welt zum Vorteil verändern wird, von einer, in der zwei Supermächte herrschen, in eine, in der einige Mächte eine annähernd gleichrangige Rolle spielen, in eine polyzentrische Welt demnach. Heute gibt es nur noch eine Supermacht, die Vereinigten Staaten. Eine Übergangssituation womöglich, denn es ist zu erwarten, daß Deutschland für das erforderliche Gleichgewicht die zweite Supermacht wird, auch Japan hat Chancen. Bis dahin haben wir es mit der amerikanischen Arroganz zu tun, denn auf dem Feld bleibt nur ein Sieger zurück. Ich möchte daher die amerikanischen Position relativieren und werde zufrieden sein, wenn Amerika eins auf den Hintern kriegt. Mit anderen Worten, ich bin daran interessiert, daß beide Seiten etwas auf den Hintern kriegen. Den Vereinigten Staaten prophezeie ich etwas in der Art eines zweiten Vietnams, denn ihre Arroganz überschreitet alle Grenzen. Dieser Krieg wird nicht so schnell zu Ende sein, denn seine blutigen Spuren verlaufen breit. Die Amerikaner werden dort bleiben müssen, sonst wird Hussein oder ein Nachfolger immer wieder zurückkehren. Man muß auch die Kurden befreien, gar nicht zu reden von der dort im Vordergrund stehenden Palästinafrage. Die Relationen zwischen dem Krieg am Persischen Golf und der Kriegssituation in der Sowjetunion sind auf Langzeitwirkung ausgerichtet. Die Sowjetunion mußte die Vereinigten Staaten gegen ihren früheren Verbündeten unterstützen, sie fühlt sich dadurch gedemütigt. Infolgedessen kann sie die Aufmerksamkeit von ihren inneren Konflikten ablenken; die auch für Jahrzehnte ein Weltproblem sein werden. Diese Komplikationen sind größer, als man allgemein annimmt. Daher irren sich diejenigen sehr, die der Sowjetunion das polnische oder auch ungarische Modell aufzwingen möchten. Die ökonomische Tragödie dort ist noch gar nicht nach außen gedrungen. Sie wird die ganze Welt aus dem Gleichgewicht bringen. In der Sowjetunion wird es etliche

Machtwechsel geben, und sie werden stürmisch sein. Die einen Länder werden sich lossagen, andere sich anschließen. Die Bündnisformel wird sich verändern. Deshalb wird es zu Kriegen zwischen den einzelnen Unionsländern kommen. Mit einem Satz, das gesellschaftliche Leben dort wird lange instabil sein. Eins ist sicher, Rußland bleibt groß, es wird auf irgendeine Weise mit anderen Ländern verbunden sein oder sich mit ihnen entzweien. Dieser Koloß wird weiterhin eine wichtige Rolle in ganz Eurasien spielen.

Skorupski: Ich wollte zum Schluß »Nein« hören, zumindest im Kontext des von Ihnen Gesagten. Aber das Bild dieser Welt ist tragischer als unsere Wünsche.

Die Journalisten formen erheblich die öffentliche Meinung, bringen durch Informationen die Gesellschaften und Völker einander näher, trotz der furchtbaren Kriege, die uns verfolgen. Sie sind Journalist, bitte sagen Sie, warum der polnische Journalismus so miserabel ist, was vor allem während der Präsidentenschaftswahlen in Erscheinung trat. Die polnischen Journalisten klagen, daß sie ihre Stellungen verlieren. Ich würde alle entlassen und sie in den Westen schicken, damit sie sich bewähren müssen. Dann können sie nach Jahren der »Tyrannei« wieder auf ihre warmen Pöstchen zurückkehren.

Urban: Zu meinen vielen Schwächen rechne ich auch, daß ich keine andere als die polnische Sprache beherrsche. Ich könnte nicht ausreisen. Doch brauche ich nur eine westliche Zeitung in die Hand zu nehmen oder mir das Fernsehprogramm anzusehen, und ich kann mich überzeugen, daß Sie recht haben und da eine andere Qualität herrscht. Ich habe eine berufliche Intuition und kann beurteilen, was gut, schlechter oder ganz schlecht ist. Das Niveau des polnischen Journalismus war immer niedrig, aber in der letzten Zeit, nach der »Freiheit«, ist er völlig am Boden. Dieses Phänomen kann ich nicht rational charakterisieren. Vielleicht sind die Auswahlkriterien weniger institutionalisiert. Auch entstehen so viele Presse-Mikroorganismen, daß bei dem geringen Angebot und der großen Nachfrage die Qualität sinkt. Vielleicht auch, weil es zuvor Regeln des Professionalismus gab und bestimmte Institutionen darüber wachten, jetzt aber jeder machen kann, was er will. Ich denke, daß auf westliches Kapital aufgebaute Inseln entstehen, die mit höheren Honoraren die besseren Journalisten an sich binden werden. Auf diese Weise wird sich durch das Geld des freien Marktes auch die Qualität des polnischen Journalismus entwickeln. Als Redakteur der Zeitschrift »Nein« weiß ich, es stimmt nicht, daß die Journalisten in Polen unter Arbeitslosigkeit leiden. Ich würde gern einen handwerklich ganz durchschnittlichen Journalisten einstellen, für die normale, unkomplizierte Arbeit. Aber bis jetzt habe ich noch keinen gefunden. Es gibt keinen! Die Arbeitslosigkeit ist das Geschrei von Schreiberlingen, die zu nichts nutze sind.

Skorupski: Ich danke Ihnen für das Gespräch und grüße Sie statt mit »Nein« mit einem »Ja«, denn das Gespräch mit Ihnen hat mir ungemein gefallen.

Warschau, den 30. Januar 1991

Nachwort

Die Menschen meinen, ihr ganzes Drama beruhe auf dem Kampf gegen andere Menschen. Nein, so ist es nicht. Das echte menschliche Drama beruht darauf, daß der Mensch gegen sich selbst auftreten muß. Ich meine, es ist mir gelungen, den inneren Zwiespalt der menschlichen Seele während dieser Gespräche, die ich darstelle, nach außen zu bringen.

Ich habe versucht, den Gedanken meiner Gesprächspartner zu folgen. Ich war ihnen sehr nahe, selbst wenn ich eine andere Meinung als sie vertreten habe, und trotz Zugehörigkeit zu einer anderen Ideologie.

Da könnte jemand fragen: Wie kann man gleichzeitig gegenüber Lech Wałęsa und Wojciech Jaruzelski wohlwollend sein, das ist doch paradox. Das Leben besteht jedoch aus Paradoxen, und in diesen Gesprächen, vielleicht auch in diesen Paradoxen, steckt das Geheimnis des Kompromisses, der sich für die Polen in letzter Zeit als so notwendig und hilfreich erwiesen hat.

Leider ist es mir nicht gelungen, ganz unparteiisch zu bleiben, obwohl dies mein fester Vorsatz war. Ich habe mich von der Stimmung und meiner inneren Überzeugung tragen lassen. Ich frage mich, was geschehen würde, wenn man zum Thema der Gespräche einen Roman oder ein Drama, vielleicht auch Verse schriebe. Die letztere Ausdrucksweise liegt mir besonders am Herzen. Natürlich, man müßte eine Fabel finden, etwas Exotik und Sensation müßte hinzukommen, der Aufbau wäre zu ändern usw. Wer würde mir dann glauben, daß diese Polen tatsächlich so und nicht anders sind, daß man wahrhaftig »die Polen begreifen« muß, wie es im Titel des Buches anklingt. In diesen Gesprächen wird dagegen Geschichte lebendig, es kommen Menschen zum Vorschein, die diese Geschichte gerade mitgestalten, die den Wagen der Geschichte auf der holprigen Straße mit zahlreichen Kurven fahren, selbst der härteste Draufgänger würde es nicht wagen, diesen Weg einzuschlagen. Ist das nicht faszinierend?

Die Idee zu diesem Werk ist in der Nacht vom 3. zum 4. Juni 1989 in Berlin-West entstanden. Auf dem »Künstlerfest« in der imposanten stillgelegten Halle des Schöneberger Bahnhofs versammelten sich zahllose Menschen, denen man etwas bieten mußte. Dieses »etwas« sollte durch Exotik und Extravaganz schockieren und gleichzeitig geistige Nahrung sein. Eine schwierige Aufgabe, zumal ich damals nicht im Zuschauerraum saß, sondern zu den hart arbeitenden Künstlern gehörte.

Ich entschloß mich, mit Hilfe von allen, tatsächlich allen »Festteilnehmern«, denn diese Aktivität war sozusagen die Eintrittskarte, entlang des Bahnsteigs eine neue »Berliner Mauer« zu errichten. Diesmal nicht aus Ziegelsteinen und Beton, sondern aus Schnur und rotem, aber auch goldenem und silbernem Buntpapier, vor allem jedoch aus Blumen, Tausenden von bunten, echten Blumen. Beim Betreten des Bahnsteiges erhielt jeder Blumen zur Begrüßung, später bekam er auch etwas Schnur, Buntpapier, Klebeband und mußte daraus ein Gebilde basteln, das an einer speziellen Konstruktion aus Stangen, Leinen und Schnur befestigt wurde. Der Geiger Hubert Stokowski spielte eigens für diesen Anlaß komponierte Melodien, was der Veranstaltung einen zusätzlichen Reiz verlieh. Das Spiel kam bei allen gut an, aber noch wichtiger ist: Diese neue »Berliner Mauer« war beeindruckend schön, so schön wie eine Blumenmauer nur sein kann. Es gab in dieser »Mauer« jedoch gewisse plastische Lücken, die ausgefüllt werden sollten.

Ich erinnere mich, daß mir irgend jemand einen Stoß kleiner Handzettel mit der roten Aufschrift »Solidarność« gegeben hatte.
Dort stand ganz genau, wie und wer gewählt werden sollte. Fast alle Namen waren durchgestrichen. Ich habe diese Agitationsblättchen nicht verteilt, zum Glück, denn sie waren jetzt sehr nützlich. Schnell landeten alle Plakate auf der »Blumen-Papier-Mauer«. Die Informationen und Streichungen hatten keine Bedeutung, denn niemand konnte Polnisch. Die Zettel stachen durch die Röte der Aufschrift »Solidarność« deutlich aus dem Geflecht von Leinen und Schnüren hervor. Das verlieh dem Ganzen eine absolut neue Bedeutung, es erinnerte an das Tor der Danziger Werft im August 1980. Der rote Charakter der gesellschaftlichen Bewegung »Solidarność« kam zum Ausdruck, zum Entsetzen der einen und zur Freude der anderen.

In den Morgenstunden des 4. Juni brach die gesamte Konstruktion zusammen. Bevor die Besucher nach Hause gingen, stürzten sie sich auf die Blumensträuße, die auf der Erde lagen. Jeder wollte ein Andenken mitnehmen. Und, was noch wesentlicher ist, auch sämtliche Plakate mit der Aufschrift »Solidarność« waren verschwunden.

Ein Künstler, dem ich keine Widmung in meinen Lyrikband »Do, ut des« geschrieben hatte, sagte: »Ich gebe Dir, damit Du mir gibst. Ich möchte Dir prophezeien, daß diese zugeschüttete »Mauer« ein Zeichen dafür ist, daß bei den heutigen Wahlen in Polen die »Solidarność« siegen wird und daß die echte Berliner Mauer ebenfalls fallen wird. Du mußt unbedingt darüber schreiben. Merke Dir, was ich gesagt habe.«

Seither habe ich mir den Kopf zerbrochen, wie ich diese Geschichte vermitteln soll. Jetzt ist der Zeitpunkt gekommen. Man muß zugeben: der Künstler hatte recht. Am 4. Juni 1989 waren gerade in Polen sämtliche Mauern gefallen, die Ost- und Mitteleuropa einengten. Was hat sich seither nicht alles ereignet, wie haben sich Europa und die Welt verändert! Und man muß Polen auch als Land mit kämpferischen und tapferen Menschen sehen, und nicht nur als den Müllhaufen, der sich auf dem »Polenmarkt« in Berlin darbietet.

Jener Künstler hat mit mir damals länger debattiert: Polen habe der Welt zwei einmalige Dinge zu bieten: die Bürgerbewegung »Solidarność« und das Netz der Bürgerkomitees, zugänglich für jedermann, ungeachtet der Weltanschauung. Ich protestierte, wies auf die Intoleranz hin, die zum Vorschein kam, als die neuen »Apparatschiks« versuchten, die »Solidarność« zu beherrschen. Ich verwies auf die Möglichkeit, die Bürgerkomitees aufzulösen, da sie die apodiktische Steuerung behinderten. Vor den nächsten Wahlen würde alles wieder neu organisiert für die rein spektakulären wahlpolitischen Aufgaben, also so wie im Kommunismus verfahren. (Es gab damals Anzeichen für eine solche Entwicklung, die dann auch eintrat.) Er fragt: »Wer bist Du, warum bist Du so widersprüchlich? Zum einem unterstützt Du die »Solidarność«, zum anderen greifst Du sie an; mal sprichst Du wie ein Mann der Linken, mal verteidigst Du die konservativen Ansichten des Papstes Johann Paul II. Es spielt doch keine Rolle, daß er ein Pole ist, kannst Du nicht objektiv bleiben?«

Ich antworte: »Ich bin weder ein Mann der Linken noch der

Rechten, noch der Mitte – ich schwebe in den Wolken des Pegasus, von dort aus sieht man die Welt besser, man sieht mehr von ihr; natürlich, es passiert, daß ich mal nach rechts oder links neige, meist geht es geradeaus, es passiert auch, daß ich herunterfalle, aber mit der Zeit blicke ich immer öfter zurück. Lies meine Dichtung, höre Dir meine Lieder an, betrachte meine Bilder, dann wirst Du begreifen, wer ich bin. Mein Schaffen hat zudem den Vorteil, daß ich Geist und Körper zugleich heile. Es ist ein Instrumentarium der Psychotherapie. Meine Werke wirken beschwörerisch, man kann sich trösten und dabei das Herz und die Leber heilen.«

»Wirklich?« fragte er.

»Ja, wirklich«, antwortete ich. Seit dieser Zeit ist er verschollen.

Würde mir jemand heute diese Frage stellen, ich würde genauso antworten. Am 8. März 1990 erzählte ich dem Vorsitzenden des Berliner Vorstandes des VS die Geschichte kurz, er war sprachlos; im nachhinein sagte er: »Schreib das Gedächtnisprotokoll nieder und bring es zu unserer nächsten Vorstandsitzung mit.«

Als ich dieselbe Geschichte anderen Bekannten erzählte, sagten sie »Entsetzlich«, »du mußt es falsch verstanden haben«, »willst du damit sagen, daß du irgendwelche surrealistische Erzählungen schreibst« usw. Ich habe diese Geschichte jemanden erzählt, der bis vor kurzem zur Berlinder Prominenz gehörte, er erwiderte: »Na ja, ihr ausländischen Künstler kommt hierher, weil Berlin sehr attraktiv ist, eine Stadt der Weltkultur.« Daraufhin ich: »Bitte bedenken Sie, daß Berlin eine attraktive Stadt ist, nicht weil Sie hier wohnen, aber weil ich hier meinen Wohnsitz habe.«

GERECHT WIE EIN DEUTSCHER

Ich habe einen ungeheuren Traum gehabt.
Meine deutschen Freunde
Haben zu mir gesagt:
- Du bist gerecht wie ein Deutscher!
Und ich habe einen Toast
Auf die ganze glückliche Menschheit ausgebracht.

Mit göttlichem Nektar,
Weil alle Steine zu monströsen Kelchen aufblühten.
Nachher habe ich in meinem Boot gesessen
Und bin in die Hinterwelt gesegelt.
– Halt! Weiter darfst du nicht segeln!' –
Ruft ein deutscher Polizist.
Ich wache auf.
Danach habe ich noch ein Schild gesehen:
»Nur für Deutsche!«

Am 12. März 1990 hat ein Kulturmagazin das Gedicht abgedruckt und diese Geschichte beigefügt. Ich habe mehrere Drohungen bekommen. Darüber will ich jetzt nicht schreiben, das würde viel Zeit kosten, aber mir ist heute schon klar, daß mein nächstes Buch den Titel »Gedächtnisprotokoll« haben wird.

Auf dem ewig unvollendeten Bild der Geschichte hinterlassen die Ereignisse verschiedenfarbige Male, oft sind es Flecken von Blut, manchmal auch von unbekümmert verschüttetem Champagner.

Indessen wurde in Berlin ein Prominenter von gestern erneut erster Würdenträger – eine Folge von Ereignissen, die nicht einmal er vorauszusehen vermochte. Eines Tages wird er seinen Posten wieder abgeben müssen, neue werden kommen, sagen: »Das Schicksal hat's so gewollt.«

Über das menschliche Schicksal entscheiden weder Verfassungen noch Rechtsbestimmungen, sondern Ereignisse. Die erste demokratische Verfassung in Europa, die zweite in der Welt nach der Verfassung der Vereinigten Staaten von Amerika, war die polnische »Konstituion des 3. Mai« 1791 – eine für damalige Zeiten sehr fortschrittliche. Sie wurde aber nie in kraft gesetzt. Die Umstände ließen es nicht zu. Urpsrünglich sollte genau zweihundert Jahre später, am 3. Mai 1991, in Polen eine neue Verfassung verkündet werden. Und wiederum verhinderten die Gegebenheiten, der Zustand des Landes, eine solche Beschlußfassung. Alle stimmen darin überein: erst ein neues, aus wirklich demokratischen Wahlen hervorgegangenes Parlament kann diese neue Verfassung erarbeiten und beschließen.

Immer wieder hat der einzelne Mensch – lebenslang ein verlorenes Körnchen im Staub der Geschichte – die Folgen von Irrtümern, Übereifer, Machtgier oder einfach Dummheit zu tragen. Warum?

Weil der einzelne, das Individuum, an die illusorische Kraft einer Gruppe glaubt, nicht erkennend, daß diese Gruppe, diese politische Partei, nie etwas anderes ist als ein magisches Instrument in den Händen von Mächtigeren, die, nicht immer zum Wohle der Allgemeinheit, ihre Ziele erreichen wollen. Allen, die mir nahestehen, sage ich deshalb: »Stimmst du für einen bestimmten Menschen, wählst du seine Klugheit. Stimmst du für eine Partei, wählst du ein vorgetäuschtes Spiel, das sich in der Folge gegen dich wendet. Machen wir endgültig Schluß mit dem Parteienmythos, der die Ursache gesellschaftlicher Mißstände ist, gleich ob im Osten oder im Westen. Die Völker müssen andere, bessere, ehrlichere und effizientere Formen finden für die Gestaltung menschlicher Ideen und die sich daraus ergebenden Wahlen. Ein Recht, das es unmöglich macht, sich für einen mit Vor- und Zunamen genannten Menschen zu entscheiden, ist kein Recht mehr, man kann es ignorieren, ohne Schaden für die eigene Würde. Ja, es ist sogar moralisch begründet, dieses Recht zu mißachten, denn die demokratische Moral beruht auf menschlichen Eigenschaften, nicht aber auf dem Programm politischer Parteien.«

Somit habe ich in die Galerie meines spontanen Autorentheaters die Politik eingebracht; ihre Wirkung soll den Farben in der Malerei entsprechen, doch diese Farben sind so verschmutzt, daß man sie schwerlich reinwaschen kann. Muß denn Politik immer schmutzig sein? Muß sie immer im Schlamm der Geschichte versinken. Ich frage mich das jetzt, nach den Gesprächen mit den Helden meines Buches. Und sie werden sich gewiß ähnliche Fragen stellen. Schon heute, nach so kurzer Zeit, würden ihre Antworten wieder so anders ausfallen, daß man eine neue »Pentalogie«, ein neues »Ektrodram«, eine neue »Dilogie« daraus gestalten könnte; ein völlig anderes Buch würde entstehen.

Am frühen Morgen des 28. Februar 1991 weckte mich das Telefon. Jemand fragte, ob ich an einem einzigen Tag Millionär werden wolle. Warum nicht? antworte ich. Ich sei Schriftsteller und Aventurist, und gern würde ich eine große finanzielle Operation so nebenher, als Hobby, betreiben, falls eine solche Tätigkeit den laienhaften Umgang mit Geld nicht überstiege. Zwar sei ich ein Geldsammler, verfügte aber bislang über eine recht armselige Kollektion. Ich war noch gar nicht recht munter, als ich schon begriff, daß für mich ein neues Abenteuer begonnen hatte. Statt der Politik mischte sich nun das Geld in mein Spontanes Theater. Das Happening läuft: Bankdirektoren platzen vor Lachen, der Schalksnarr macht ein mürrisches Gesicht. An Einschlafen war ohnehin nicht mehr zu denken, und unwillkürlich schaltete ich den Fernseher ein. Der Präsident der Vereinigten Staaten von Amerika – erfuhr ich – hatte einseitige Waffenruhe im Golfkrieg verkündet! Mit ein paar Schritten war ich am Kühlschrank und goß mir Apfelsinensaft in ein Glas. Brachte einen Einmanntoast aus auf seine Gesundheit, gewiß nicht, weil er den Krieg begonnen hatte, sondern weil er ihn nun beenden wollte. Anschließend machte ich mich schnell an die Arbeit. Ich schrieb irgendetwas, wahrscheinlich übersetzte ich Gedichte von Berliner Schriftstellern für meine Anthologie deutscher Lyrik ins Polnische. Gegen Abend kam ich zu dem Schluß, daß man nicht denken kann ohne etwas im Magen. Ich durchstöberte die ganze Wohnung, fand aber nur Tee und – Waschpulver. Notgedrungen mußte ich das Haus verlassen. Ich weiß nicht, wie ich vor die Tür des Berliner Hebbeltheaters gelangte, wo der Titel »Aujourd'hui c'est mon anniversaire« einen Auftritt des Krakauer Theaters »Cricot« verhieß. An der Kasse fragte mich der Kartenverkäufer, wo ich sitzen wolle. »Bitte so weit hinten wie möglich«, sagte ich. Der Zuschauerraum war ziemlich voll, ich aber saß ganz allein in der letzten Reihe, die etwas erhöht war, ein sehr guter Platz. Das fand auch die junge Blondine, die noch kurz vor Beginn der Vorstellung kam. »Wie angenehm«, sagte sie, mich freundlich ansehend.

Wir müssen in dieser leeren letzten Reihe wohl ausgesehen haben wie ein jungverliebtes Paar. Ich zählte meine Bekannten im Saal, sie würden Grund haben für neuen Klatsch.

In Krakau war ich zum letztenmal am 8. Dezember 1990, gerade als Tadeusz Kantor, bildender Künstler, Regisseur und Hauptdarsteller des Cricot-Theaters, starb. Nie zuvor hatte ich dieses Theater besucht.

Der Applaus nach der Aufführung dauerte ebensolange wie das ganze Spektakel, das wie für diesen Tag vorbereitet schien.

Die Stille einer grauengesättigten Leere breitete sich aus über die Bühne und fand hier ihren angemessenen Kommentar. Die Größe dieses Stückes liegt darin, daß im Vergangenen die Bedeutung von Künftigem vorausgenommen wird. Wenn es jemals Augenblicke gibt, in denen ein polnischer Emigrant Grund zu restloser Zufriedenheit hat, dann im Kontakt mit der einheimischen, der polnischen Kultur. Ist sie doch der einzige absolute Wert, den Polen besitzt. Alles andere, besonders die polnische Politik, gerät in den Sog meiner »Müllhaufen-Theorie«.

An diesem Tag besuchte ich noch die »jaïda rondo«, das obligate Donnerstagtreffen meiner Freunde Tautorat in Neukölln, um mich mit Bekannten über die Tagesereignisse auszutauschen. Wir diskutierten auch über die Arbeit des Bruder Roger Schutz in Taizé sowie über die Theorien von Vater Józef Bochenski. Als Hauptopponent Vater Bocheńskis trat Hermann Tautorat auf, der alle Argumente mit sarkastischem Lachen quittierte. Wenngleich ich nicht allem zustimme, was der polnische Philosoph schreibt, stellte ich mich doch auf die Seite des Angegriffenen und nicht auf die des Angreifers, damit die Diskussion ihre Dynamik behielt. Die Unterhaltung ging in Esperanto vonstatten, glänzendes Beispiel, wie sich Menschen verschiedener Nationalität unabhängig von der Muttersprache und der Sprache des Gastlandes in einer dritten, neutralen Sprache verstständigen können.

Außer meinen Freunden Tautorat und ihrer Tochter Vera, Gerd Bussing und weiteren Deutschen nahmen u.a. auch Didier Izacard, ein Franzose, und der Amerikaner Dan Maxwell teil. An diesem Tag hatten sich auch Litauer, Letten und Russen ins Gästebuch eingetragen, ob sie sich an der Diskussion beteiligten, erinnere ich mich nicht.

Ich kehrte in Etappen nach Hause zurück. Zuerst brachte mich Raimund Riedel über Steglitz, wo er Gerd absetzte, nach Charlottenburg. Weiter ging es mit anderen Freunden. Unterwegs hielten wir »Erinnerungsabend« ab, gedachten gemeinsamer solcher Fahrten durch Berlin vor zehn Jahren; der Vollmond leuchtete damals genauso wie jetzt, und doch sah die Welt rund um unsere »Insel« ganz anders aus. Besonders im Gedächtnis geblieben ist mir ein »Leser« meiner Bücher, ein Grenzpolizist. Bei jedem Grenzübertritt befahl er mir, alles Gepäck zu nehmen und ihm in ein Magazin zu folgen, wo er peinlich genau alle meine Manuskripte, Bücher und Zeitschriften durchsah, was mitunter einige Stunden in Anspruch nahm. Wenn er zu Ende »gelesen« hatte, fragte er jedesmal: »Schreiben Sie nur Gedichte oder auch Bücher? Was Sie mit Ihren Gedichten sagen wollen, versteht man nicht immer ...« Der Zufall wollte es, daß ich ihn in der Nacht zum 3. Oktober 1990, dem Tag der Vereinigung, wiedertraf; er trug jetzt eine andere Uniform. Da sprach ich ihn an: »Ich habe ein neues Buch herausgegeben, möchten Sie es nicht lesen?« Wortlos wandte er sich ab, meinen Paß würdigte er keines Blickes ...

Ein ähnliches Erlebnis hatte ich am 6. Dezember 1990, als ich mit den Berliner Schriftstellern Wilfried Bonsack (Ossi) und Olaf Münzberg (Wessi) nach Polen fuhr und sie Zeugen einer neuen »Leseprobe« wurden. Zunächst las der Grenzer den Paß. Auch er erwies sich als »Leser« meiner Gedichte. Gerade wollte er aktiv werden, da griffen meine Freunde ein, und der Polizist ließ mich in Ruhe; ich reiste auf Kosten und im Auftrag des Berliner Senats. Noch bevor wir in Warschau ankamen, hatte ich einige Gedichte meiner Begleiter ins Polnische übersetzt, gewissermaßen als Dank für die Rettungsaktion. Und weil die übertragenen Verse bei Autorentreffen von den polnischen Dichterkollegen so wohlwollend aufgenommen wurden, entstand die Idee, eine Anthologie »Berliner Lyrik« herauszugeben.

Noch eine andere »Lesung« an einer DDR-Grenze ist mir in recht unangenehmer Erinnerung. Im August 1982 kamen wir aus Antwerpen zurück: Louis Beaucaire, Didier Izacard und ich, der ich das »Solidarność«-Abzeichen unüberlegt am Aufschlag trug. Wir mußten stundenlang warten. Gegen 18.00 Uhr erklärte der Grenzpolizist »gnädig«, wir hätten Glück, daß sein Dienst beendet sei, und dürften nun weiterfahren. Das ereignete sich einige Monate nach Veröffentlichung meines Solidarność-Aufrufs in der Zeitschrift »Monato« und diverser anderer Artikel in deutschen Zeitschriften.

Und jetzt, noch immer kaum zu glauben, gibt der ostdeutsche Aufbau Taschenbuch Verlag ein Buch von mir heraus. Die Welt, scheint es, dreht sich in neuer Richtung.

Zurück zu jener nächtlichen Rundfahrt, nach der ich erst im

stillen Morgengrauen zu Hause, auf der Insel Tiefwerder, eintraf. Keine Gedanke an Schlaf, also begann ich zu schreiben, ein Gedicht, in dem alle Erkenntnisse des zurückliegenden Tages, alle Erinnerungen der vergangenen Nacht ihren Platz fanden. Sein Titel: »Aujourd'hui c'est mon anniversaire«!

Ich rief Gerd Bussing und Hermann Tautorat an und traf mich mit ihnen zur ersten Lesung, sie sind häufig die ersten Kritiker meiner neuen Arbeiten. Gerd prüfte die sprachliche Seite, Hermann machte den »Computer-Test«. Wie sich herausstellte, könnte es das längste Gedicht der Welt werden, es zählt, bei Anwendung eines entsprechenden Programms, 46656 Teile in nur einer Sprache. Bei einer reimlosen Übersetzung in andere Sprachen kann es sich auf Millarden Strophen und sogar bis ins Unendliche verlängern. Das ist kein postdadaistisches Zufallsspiel, wie sie im zeitgenössischen Literaturschaffen Mode sind, sondern man findet mit dem Computer – falls im Chaos dieser Welt überhaupt eine Ordnung existiert – leichter eine entsprechende Systematik. Wieder etwas später schuf ich zu diesem Gedicht eine einfache Melodie. Und somit entstand die längste Ballade der Welt:

Aujourd'hui c'est mon anniversaire

Philosophierend
In Angst und Schrecken
Fraternisierend

Listige Rührung
Eindruck erwecken
Schlaue Verführung

Aujourd'hui c'est mon anniversaire

Stumm sind die Stimmen
Müde die Erde
Strahlen verglimmen

Grün muß verblassen
Abwehrgebärde
Wir sind verlassen

Aujourd'hui c'est mon anniversaire

Wüste in Flammen
Kein Vöglein zwitschert
Glut schlägt zusammen

Zerschoss'ne Fenster
Kein Stern mehr glitzert
Zeit der Gespenster

Aujourd'hui c'est mon anniversaire

Zaghafte Geste
Ende der Szene
Stille Proteste

Haupt des Tyrannen
Schrei der Hyäne
Werte zerrannen

Aujourd'hui c'est mon anniversaire

Schlußkanonade
Hut fliegt vom Kopfe
Trauerballade

Alles in Scherben
Schlösser verrotten
Jetzt heißt es sterben

Aujourd'hui c'est mon anniversaire

Zeugnis der Steine
Bald graut der Morgen
Jedem das Seine

Sonnen vergehen
Nichts bleibt verborgen
Menschen entstehen

Aujourd'hui c'est mon anniversaire

Mein Geburtstag dauert ein ganzes Jahr, dauert das ganze Leben hindurch, wird auch nach meinem Tode andauern ...

Am 8.April öffnete Westeuropa seine Pforten für Polen. Im Schatten der Illusion wird Realität zur Fiktion. Wie die

Konstitution vom 3. Mai, wie der 1. Mai, wie der Geist der Skłodowska-Curie in den Nebeln von Hiroshima und Tschernobyl, wie die Solidarität, wie die Blumen und Steine an der deutsch-polnischen Grenze. Sehnsüchte und Träume verblassen im Laufe der Zeit. Im Gedächtnis bleibt eine Stimmung zurück, die der Entzauberung recht gibt – wie bei der »Solidarność«, wie beim Fall der Berliner Mauer.

Doch die Erinnerung der Menschen ist flüchtig, und so sollen die von mir aufgezeichneten Gespräche – einschließlich einer ersten vorsichtigen Interpretation der Geschehnisse, die das Gesicht Europas und der ganzen Welt veränderten – mit zu den Dokumenten dieses faszinierenden Abschnittes polnischer Geschichte gehören. Die Zeit verfliegt, und es geschieht so manches, das Hoffnung weckt. Aber es drängen sich auch neue Fragen auf: War mit dem 17. Juni 1991, im Augenblick der Unterzeichnung des deutsch-polnischen Vertrages über gute Nachbarschaft und freundschaftliche Zusammenarbeit das Zeitalter des »Philosophen von Sanssouci« wirklich zu Ende? Oder erschien Friedrich II. nicht doch noch einmal deutlich sichtbar am Himmel, als die beiden Hauptfiguren dieses historischen Ereignisses – der deutsche Kanzler Kohl mit seinem Außenminister Hans-Dietrich Genscher und der polnische Ministerpräsident Krzysztof Bielecki mit seinem Außenminister Krzysztof Skubiszewski – sich in Begleitung zahlreicher Gäste nach der Unterschriftszeremonie zum Bankett begaben? Zwei deutsche Flugzeuge mit Transparenten verkündeten unheilvoll »Schlesien bleibt unser« und »Verzicht ist Verrat«. War das Brummen der Flugzeugmotoren vielleicht nur ein ferner Nachhall der Schlesischen Kriege, die jener unnachsichtige Despot führte?

Die Kommentatoren in Presse, Rundfunk und Fernsehen zeigten sich hierzulande besorgt um die deutsche Minderheit in Polen – über die polnische Minderheit in Deutschland verlor niemand ein Wort. Gilt der deutsch-polnische Vertrag etwa nur in einer Richtung, könnte er gar zu einer neuen Form der Germanisierung werden? Die Debatte der Konferenz für Sicherheit und Zusammenarbeit in Europa, die am 19. und 20. Juni 1991 im Berliner Reichstag stattfand, reinigte diesen Ort von seiner beschämenden Vergangenheit, und nicht zuletzt deshalb entschied sich das deutsche Parlament, an seinen alten Sitz zurückzukehren.

In einem der Gespräche, die dieses Buch enthält, habe ich gesagt, die deutsche Demokratie handle keineswegs immer moralisch. Ich muß diese Behauptung jetzt korrigieren. Am Tage des 20. Juni 1991 gab der Bundestag, das deutsche Parlament, allen Parlamenten der Welt das beste Beispiel, indem er zeigte, wie man jenseits engstirniger Parteiinteressen zu handeln vermag. Aus der parlamentarischen Abstimmung ging nicht nur die Hauptstadt Berlin als Sieger hervor, sondern auch die Stadt Bonn, vor allem aber die Würde und Moral der deutschen Demokratie. Und dies dürfte der Welt ein Fünkchen Hoffnung geben, denn es deutet darauf hin, daß in der Mentalität der Deutschen eine grundlegende Wandlung vor sich geht.

Ich hatte einen merkwürdigen Traum, er war gleichsam eine inhaltliche Fortsetzung meines Gedichtes »Gerecht wie ein Deutscher«: An meinem Geburtstag besuchten mich zahlreiche Freunde aus aller Welt. Genau wie im Gedicht brachte ich einen Toast aus auf die ganz glückliche Menschheit, denn alle Steine hatten sich in verschiedenfarbige Blumen verwandelt.

»Du bist gerecht wie ein Deutscher!« riefen mir meine deutschen Freunde zu. Und ruhig träumte ich weiter, denn keiner wollte dem widersprechen.

»Aujourd'hui c'est mon anniversaire«

Berlin, am 18. Juli 1991

Anmerkungen

25 »*Tygodnik Powszechny*« – (»Allgemeines Wochenblatt«), seit 1945 in Krakau erscheinende katholische Wochenzeitung.

31 *KOR* – Komitet Obrony Robotników (deutsch: Komitee der Arbeiterverteidigung), 1976 im Warschauer Betrieb »URSUS« gebildet.
ROPCIO – Ruch Obrony Praw Człowieka i Obywatela (deutsch: Bewegung zur Verteidigung der Menschen- und Bürgerrechte); entstanden in den siebziger Jahren.

40 »*Chronik der Liebesunfälle*« – Film nach dem gleichnamigen Roman von Tadeusz Konwicki (geb. 1926), deutsch von Kristiane Lichtenfeld, Berlin und Weimar 1978.
Piłsudski – Józef (1867–1935), 1887 wegen antizaristischer Tätigkeit für fünf Jahre nach Sibirien verbannt, 1893 Mitbegründer der Polnischen Sozialistischen Partei, 1916/17 im neugegründeten Königreich Polen Mitglied des Staatsrates, nach der Internierung in Deutschland (1917/18) Oberbefehlshaber der polnischen Armee, kurz darauf auch Staatschef (bis 1922); nach seinem Staatsstreich im Mai 1926 bis zum Tode Kriegsminister, 1926–1928 und 1930 auch Premierminister, Initiator der Sanacja-Periode, die eine »Gesundung« des Landes einleiten sollte, wurde zur legendären Gestalt.

98 *Dmowski* – Roman (1864–1939), Mitbegründer und führender Ideologe der polnischen Nationaldemokratischen Partei, politischer Publizist, nationalistische und antisemitische Tendenzen.
Witos – Wincenty (1874–1945), Politiker, Funktionär der Bauernbewegung, 1920/21 und 1923–1926 Premierminister, Begründer der Zentrumlinken, Gegner von Piłsudskis Politik der nationalen Erneuerung.
Korfanty – Wojciech (1873–1939), Politiker, Publizist, einer der Führer der schlesischen Aufstände.
Sikorski – Władysław (1881–1943), im ersten Weltkrieg in der nationalen Unabhängigkeitsbewegung aktiv, 1921/22 Chef des polnischen Generalstabs, 1922/23 Premier- und Innenminister, nach Piłsudskis Staatsstreich (1926) in der Opposition, erster Ministerpräsident der bürgerlichen Exilregierung in London und seit Oktober 1939 Oberbefehlshaber der polnischen Truppen, kam bei einem Flugzeugunglück bei Gibraltar ums Leben.

98 *Sarmatische Traditionen* – Bezeichnung für Ideologie und Kultur des polnischen Adels in der ersten Hälfte des 18. Jahrhunderts, der Hang zu Prunk und Luxus aufwies.

100 »*Goldene Freiheit*« – Allgemeine Umschreibung für die dem polnischen Adel besonders im 17. und 18. Jahrhundert zugestandenen Privilegien (neminem captivabimus, liberum veto u. dgl.); diese sollten innerhalb des Adels formale Rechtsgleichheit herstellen.
102 *Szkopy* – Geringschätzige Bezeichnung für Deutsche (altpoln. für szkop = Hammel, Schöps).
104 »*Um eure und unsere Freiheit*« – Losung in russischer und polnischer Sprache der gegen die russische Okkupation Kämpfenden beim Novemberaufstand 1830/31, um die Gemeinsamkeit zwischen der polnischen Erhebung für nationale Unabhängigkeit und den sozialen Kämpfen der Russen gegen den Zarismus zu signalisieren; zweisprachige Aufschriften waren auch auf den Fahnen der polnischen Abteilungen, die den Ungarn 1848/49 bei ihrer revolutionären Erhebung gegen die Habsburger zu Hilfe eilten.

Romantik so kämpferisch – Die polnische Romantik vereinte die Rückbesinnung auf Traditionen und Folklore mit dem Unabhängigkeitskampf des seit 1772 geteilten und von Rußland, Preußen und Österreich-Ungarn beherrschten Landes; Anfänge 1822, im Vorfeld des Novemberaufstands von 1830/31, sie endete mit der Niederlage des Januaraufstandes von 1863/64. Ihre namhaftesten Vertreter, die sogenannten Dichter-Propheten Adam Mickiewicz (1798–1855), Juliusz Słowacki (1809–1849) und Zygmunt Krasiński (1812–1859) lebten und wirkten nach der Zerschlagung des Novemberaufstands in der Emigration, deren Zentrum sich in Paris befand.

»*Brief an Dantyszek*« – Fiktiver Brief des Dichters an den polnisch-lateinischen Poeten Jan Dantyszek (1485–1548), Diplomat, Bischof von Ermland, Berater des polnischen Königs Siegismund I. (1467–1548).

105 *Frycz-Modrzewski* – Andrzej (etwa 1503–1572), Schriftsteller und Publizist.

Skarga – Piotr (1536–1612), katholischer Schriftsteller, Jesuit, Vater der Gegenreformation.

Mochnacki – Maurycy (1803–1834), Literaturkritiker, Publizist und Politiker.

Świetochowski – Aleksander (1849–1938), Schriftsteller, Publizist, einer der führenden Vertreter des polnischen Positivismus.

Prus – Bolesław (1847–1912), Romancier (»Pharao«, »Die Puppe«).

Brzozowski – Leopold Stanisław (1878–1911), Lyriker, Freiheitskämpfer.

Wańkowicz – Melchior (1892–1974), Schriftsteller, Publizist.

106 *Piasten* – Erste polnische Dynastie, herrschte vom 10. bis 17. Jahrhundert.
107 *Katholischer Ursprung* – Wird der 966 durch den Piastenfürsten Mieszko I. empfangenen Taufe sowie dessen Bemühungen um die Christianisierung der von ihm beherrschten Gebiete zugeschrieben.
122 *Broniewski* – Władysław (1897–1962), namhafter Autor polnischer Revolutionslyrik, gehörte in der Zwischenkriegszeit zu den revolutionären Linken.
Poniatowski – Stanisław August (1732–1798), letzter polnischer König (1764–1795), unterstützte zunächst die Verfassung des 3. Mai, beugte sich jedoch letztlich dem zaristischen Druck.
Lager von Targowica – Verschwörung der polnischen Magnaten gegen die Verfassung des 3. Mai.
Manifest – Am 22. Juli 1944 hatte das einen Tag zuvor gegründete Komitee der Nationalen Befreiung ein Programm zur demokratischen Umgestaltung des Landes veröffentlicht.
123 *Miłosz* – Czesław (geb. 1911), Lyriker, Essayist, Übersetzer, Literaturhistoriker, seit 1951 in der Emigration, 1980 Nobelpreis für Literatur.
125 *Chłopicki* – Józef (1771–1854), General, Diktator im polnischen Novemberaufstand von 1830/31, Anhänger des konservativen Lagers.
135 *»Ordnung des Herzens«* – Übersetzt von O. J. Tauschinski, München – Wien 1970.
141 *»Hubal«* – Henry Dobrzański–»Hubal« (1896–1940), Kommandeur des letzten kämpfenden Bataillions in der September-Kampagne von 1939.
Rydz-Śmigły – Edward (1886–1941), Politiker und Militär, 1920 im polnisch-russischen Krieg Befehlshaber der Operationsgruppe, die Kiew einnahm, ab 1936 Marschall Polens in der Sanacja-Regierung, Oberbefehlshaber der September-Kampagne von 1939, floh am 17. September nach Rumänien, wurde interniert, kehrte 1941 in die Heimat zurück, starb unter dem Decknamen Adam Zawisza.
142 *Monte Cassino* – Berg in den italienischen Apenninen, im zweiten Weltkrieg Schlüsselposten in der Verteidigungslinie, im Mai 1944 nach erbitterten Kämpfen der Alliierten durch das 2. Polnische Korps eingenommen; ein polnischer Soldatenfriedhof ehrt die Opfer.
143 *»Endecja«* – Bezeichnung der Partei der Nationaldemokraten (nach der Aussprache der Anfangsbuchstaben = En-De).
150 *Eliza Orzeszkowa* – (1884–1910), Schriftstellerin, führende Vertreterin des polnischen Positivismus.

152 *Großpolen* – Wielkopolska, Gebiet in Polen, das die Bereiche der heutigen Wojewodschaft Posen umfaßt, Wiege der Staatlichkeit Polens, Gebiet des Polanen-Stammes, während der polnischen Teilungen unter preußischer Herrschaft.
Galizien – Offizielle Bezeichnung »Königreich Galizien und Lodomerien«, von 1772 bis 1918 unter österreichischer Herrschaft.
166 *Romuald Traugutt* – (1825–1864), Befehlshaber im Januaraufstand von 1863/64; anfänglich auf Seiten der »Weißen«, realisierte er später als Diktator das Programm der »Roten«, im April 1864 inhaftiert, an der Böschung der Warschauer Zitadelle hingerichtet.
167 *Belweder* – In Warschau im Jahre 1659 erbauter Palast, beherbergte gegen Ende des 18. Jahrhunderts eine Fayence-Manufaktur, 1818-1822 im neoklassizistischen Stil umgebaut, seit 1918 Repräsentationssitz der Staatsoberhäupter.
168 *Mai-Staatsstreich* – Marschall Józef Piłsudski hatte sich 1923 aus dem politischen Leben zurückgezogen, 1926 übernahm er mit dem sogenannten »Mai-Umsturz« die Macht in Polen und leitete damit die Sanacja-Periode ein.
174 *Zeitung* – Urban gibt in Warschau die Wochenzeitung »Nie« (»Nein«) heraus.
177 »*Chadek*«– von den Anfangsbuchstaben »Ch + D« abgeleitete Bezeichnung der Christ-Demokraten (Chrześcijańska Demokracja), katholische politische Bewegung, deren Anfänge in die zweite Hälfte des 19. Jahrhunderts fallen, in Polen seit Anfang des 20. Jahrhunderts.
181 *Balcerowicz* – Leszek (geb. 1947), Ökonom, Finanzminister, Initiator des Balcerowicz–Reformprogramms.
189 *Dąbrowski-Männer* – Mitglieder der polnischen »Jarosław-Dąbrowski-Brigade«, im spanischen Bürgerkrieg (1936–1939) auf der Seite der Republikaner kämpfend; benannt nach dem gleichnamigen polnischen General (1836–1871), einem revolutionären Demokraten, gefallen auf den Barrikaden der Pariser Kommune.
192 *Woroszylski* – Wiktor (geb. 1927), Lyriker, Publizist, Übersetzer.
193 *OKP* – Obywatelski Klub Parlamentarny (deutsch: Parlamentarischer Bürgerklub), steht der »Solidarność« nahe.
195 »*Die Hochzeit*« – (»Wesele«), 1901 in Krakau uraufgeführtes Nationaldrama von Stanisław Wyspiański (1869–1907), deutsch von Henryk Bereska (Leipzig 1977).
»*Das gelobte Land*« – (»Ziemia obiecana«), 1897/98 im »Kurier Codzienny« (»Tageskurier«) erstveröffentlichter Roman von Władysław Stanisław Reymont (1867–1925), deutsch von A. v. Guttry, München 1916, bearbeitet und ergänzt von Sigrid Moser, Leipzig 1984.

197 »*Finsternis bedeckt die Erde*« – (»Ciemności kryją ziemie"), Roman von Jerzy Andrzejewski (1956), deutsch von W. Henke und O. J. Tauschinski, München 1962.
197 »*Der Spielmann*« – (»Janko Muzykant«), Novelle von Henryk Sienkiewicz (1846–1916), deutsch von H. Loppe in „Polnische Meistererzählungen«, Berlin 1959, unter dem Titel »Janko, der Musikant« 1903 in der Übersetzung von T. Kroczek in Osnabrück erschienen.
205 *Gardzienice* – Polnische Theaterwerkstatt.

Die Gedichte von Jan Stanisław Skorupski wurden von Gerd Bussing aus dem Esperanto übersetzt. »Vertraulichkeiten« übertrug Hermann Tauterat.
Die Verse von Cyprian Kamil Norwid werden in der Übertragung von Henryk Bereska zitiert.

Bildnachweis

Tomasz Natanski (7), Ewa Prusińska (2), A. Skorupski (6), J. S. Skorupski (1, 3, 4, 5, 9, 10), Sł. Witek (8)